U0606030

我国私募股权资本的
运行机理研究

李靖 著

人民出版社

策划编辑:陈寒节
责任编辑:王艾鑫
装帧设计:徐 晖

图书在版编目(CIP)数据

我国私募股权资本的运行机理研究/李靖 著.—北京:人民出版社,
　2019.12
ISBN 978-7-01-021043-8

Ⅰ.①我⋯ Ⅱ.①李⋯ Ⅲ.①股权-投资基金-研究-中国
Ⅳ.①F832.51

中国版本图书馆 CIP 数据核字(2019)第 142707 号

我国私募股权资本的运行机理研究
WOGUO SIMU GUQUAN ZIBEN DE YUNXING JILI YANJIU
李 靖 著

人民出版社 出版发行

(100706 北京市东城区隆福寺街 99 号)

天津文林印务有限公司印刷　新华书店经销

2019 年 12 月第 1 版　2019 年 12 月天津第 1 次印刷
开本:710 毫米×1000 毫米 1/16　印张:19.5
字数:313 千字
ISBN 978-7-01-021043-8　定价:60.00 元

邮购地址:100706　北京市东城区隆福寺街 99 号
人民东方图书销售中心　电话:(010)65250042　65289539

版权所有·侵权必究
凡购买本社图书,如有印刷质量问题,我社负责调换。
服务电话:(010)65250042

目　录

提　　要

　　私募股权资本①的兴起与中小企业成长是一个共生现象。私募股权资本投资机构在中小企业的种子期、初创期、扩张期、成熟期和重建期等各阶段为其提供资本支持，使得货币资本、人力资本、信用资本、知识资本、技术资本以及社会资本等有机结合在一起。发展私募股权资本可以激发民间投资活力，拓宽居民投资渠道，丰富资本市场交易形态，健全多层次资本市场体系，从而提高社会资金的使用效率。

　　本书通过构建私募股权资本的运行框架，明确私募股权资本的内涵，总结出私募股权资本的运行机理。总结美国、英国、德国、日本等国私募股权资本行业发展的经验与教训，从中得到我国私募股权资本行业发展的启示。分析我国私募股权资本（募集、投资、投资后管理与退出阶段）行业发展的现状及存在的问题。研究我国私募股权资本募集、投资、投资后管理与退出四个阶段的运行机理。提出我国私募股权资本行业发展的对策建议。

　　提要部分主要对本书的主要内容、重要观点与对策建议，研究成果的突出特色，研究成果的学术价值、应用价值，以及存在的不足或欠缺，尚需深入研究的问题等进行介绍。

---

　　① 本书分析资本问题的基本立场：在社会主义市场经济条件下，资本的自然属性没有发生变化，仍然是一种有用物，但是资本的社会属性变了，它反映的是社会主义生产关系。在资本主义社会，资本是能够带来剩余价值的价值；在社会主义市场经济下，资本则是能够增加社会总财富的重要生产要素。劳动者的劳动不再是为资本增值服务，而是为包括自己在内的全体社会成员创造物质和精神财富，这是我们分析资本问题的基本立场。全书的立场一致，不再一一说明。参见刘严宁：《马克思的资本逻辑批判理论及其当代回响》，博士学位论文，上海师范大学，2016 年。

一、本书的主要内容、重要观点与对策建议

(一) 本书的主要内容

除绪论、研究总结与展望外，本书的主要内容包括以下 8 个部分：

1. 私募股权资本运行的理论分析框架。对私募股权资本内涵及类型进行分析；分析私募股权资本运行系统的构成；构建私募股权资本运行的理论分析框架。

2. 国外私募股权资本行业的发展状况与经验借鉴。分析国外私募股权资本行业发展情况，对全球主要国家（如美国、英国、德国、日本等）私募股权资本行业的发展情况进行总结；从私募股权资本募集、投资、投资后管理与退出等方面进行总结私募股权资本发展的国际经验，这些经验包括私募股权资本发展需要多样化的募集渠道、灵活的投资策略、有效的投资后管理与通畅的退出渠道等。

3. 我国私募股权资本行业发展现状与问题分析。介绍我国私募股权资本的发展历程；分析我国私募股权资本的募集、投资、投资后管理与退出四个阶段的现状；对我国私募股权资本（募集、投资、投资后管理及退出）发展存在的问题进行分析。

4. 我国私募股权资本募集机理研究。分析我国私募股权资本募集内涵与流程；分析私募股权资本募集的经济学含义；分析我国私募股权资本募集的组织制度选择；分析与评价我国私募股权资本的募集渠道，并对我国现阶段私募股权资本常见的几种募集渠道（如政府资金、银行资金、大型企业集团资金、外国资金以及富裕家庭和个人资金）的优势、劣势进行分析。

5. 我国私募股权资本投资机理研究。分析私募股权资本投资的内涵与流程；分析私募股权资本投资的经济学含义；分析私募股权资本投资阶段的信息不对称的表现形式，提出私募股权资本投资中信息不对称的克服方法；分析中小企业融资难及原因，分析中小企业生命周期与私募股权资本投资的规律；分析私募股权资本投资的风险及防范对策。

6. 我国私募股权资本投资后管理机理研究。分析私募股权资本投资后管理内涵与方式；分析私募股权资本投资后管理的经济学含义；分析投资后管理阶段 PE 与 EN 的博弈策略；指出私募股权资本投资机构在确定投资后管理时，主要考虑投资阶段、投资股份、投资行业、投资效果以及私募股权资本投资机构与中小企业双方的合作时间等因素；分析增值服务的内涵，探讨增值服务的内容，并通过达晨创投投资同洲电子的案例来分析增值服务理论。

7. 我国私募股权资本退出机理研究。分析我国私募股权资本退出内涵与流程；分析私募股权资本退出的经济学含义；分析我国私募股权资本 IPO、并购、回购、清算等几种退出渠道，并对上述四种退出方式进行比较；指出我国私募股权资本退出的影响因素；选取我国私募股权资本领域蒙牛乳业、英孚思为两个典型的案例，力图通过 IPO、并购两种私募股权资本退出方式来揭示私募股权资本投资机构的退出策略。

8. 我国私募股权资本行业的发展对策研究。根据我国私募股权资本（募集、投资、投资后管理以及退出阶段）存在的问题以及相应阶段的运行机理，提出拓宽私募股权资本募集渠道、优化私募股权资本投资策略、创新私募股权资本投资后管理方式与完善私募股权资本退出机制的对策。

(二) 本书的主要观点

1. 私募股权资本运行是一个复杂的系统，就其自身的结构而言是由众多的私募股权资本供给者、中小企业和私募股权资本投资机构及其他中介机构相互作用、相互联系结合而成的具有特定经济功能的有机整体。

2. 已有的研究成果，特别是马克思的资本循环与周转理论是研究私募股权资本运行理论的宝贵资源，是创建私募股权资本运行理论模型的直接理论来源。

3. 私募股权资本的循环与周转就是一个价值发现、价值创造、价值管理和价值实现的循环与周转过程。私募股权资本的运行过程包括私募股权资本的募集、投资、投资后管理与退出四个环节，四者环环相扣，任一环节的不畅都会影响整个私募股权资本运行的成败。私募股权资本通过资本募集、投资、投资后管理与退出，实现资本的周转与循环。

4. 私募股权资本募集是私募股权资本运行的起点。私募股权资本的募集一般呈现多渠道、多元化格局，社会上的许多主体是私募股权资本的潜在供给者，他们的资金通过多种方式汇聚到私募股权资本投资机构，私募股权资本投资机构通过一定的组织形式来管理与运用私募股权资本。

5. 私募股权资本投资机构募集好私募股权资本后，下一步的重要工作就是寻找中小企业进行投资。长期以来，"融资难"成为制约中小企业发展的"瓶颈"。因此，发展私募股权资本无疑为解决中小企业"融资难"问题开辟了一条新的路径。

6. 私募股权资本投资后管理阶段在私募股权资本的整体运作过程中起着关键性的作用。为了提升中小企业的内在价值，在私募股权资本投资机构向中小企业进行投资之后，还要对其进行投资后管理。私募股权资本投资后管理主要解决"价值管理"的问题，这也是私募股权资本区别于其他投资的标志之一。

7. 有效的退出机制是私募股权资本循环的保障。退出是私募股权资本运行最后惊险的一跃。私募股权资本的循环与周转，主要通过募集、投资、投资后管理与退出的循环来完成一进一出的过程，这也是私募股权资本增值的过程，完善的退出机制能够保证私募股权资本在时间和空间上有效地循环与周转。

（三）本书提出的对策建议

1. 拓宽私募股权资本募集渠道的对策。（1）积极发挥政府资金的引导作用；（2）规范商业银行涉足私募股权资本领域；（3）鼓励社保基金进入私募股权资本领域；（4）适度放宽保险资金的投资领域；（5）鼓励富裕家庭和个人投资私募股权资本；（6）加强对外国投资者的引导与监管。

2. 优化私募股权资本投资策略的对策。（1）选择复合型投资工具；（2）投资区域均衡化；（3）促进投资行为合理化；（4）优化投资环境。

3. 创新私募股权资本投资后管理方式的对策。（1）提高投资后管理意识；（2）组建投资后管理团队；（3）建立市场化的投资后管理机制；（4）建立科学的投资后管理监控模式；（5）明确投资后管理边界。

4. 完善私募股权资本退出机制的对策。（1）建立与完善多层次资本市场体系；（2）建立与完善私募股权资本行业的法律体系；（3）加快私募股权资本行业的人才培养和引进；（4）加快私募股权资本行业中介机构的发展；（5）构建顺畅的退出渠道。

三、研究成果的突出特色

与以前的研究相比，我们在已有研究的基础上做一些尝试性与探索性的工作，研究成果的突出特色主要体现在以下几个方面：

（一）研究成果的拓展性

我们在已有研究的基础上对马克思的资本循环与周转理论、资本有机构成理论等进行拓展。例如，私募股权资本出现后，资本有机构成仍然遵循 C:V 的基本计算原则。我们对计算公式加以调整：将作为无形资产的技术量化为私募股权资本的数额计为 C'，将作为智能劳动的创造与管理量化为私募股权资本的数额计为 V'，这时的生产资本总额导入资本运动所激发的新因素 $C'+V'$，此时，资本有机构成的公式变为 $(C+C'):(V+V')$。对资本有机构成公式 C:V 进行拓展的意义在于进一步说明技术的无形资产形态和创造与管理的智能劳动形态经私募股权资本的运作之后潜藏巨大的财富[1]。进一步推出的结论是，中小企业通过私募股权资本融资方式获得股权资本支持以后，应加大对技术创新的投入力度，并应加大对科技人员与管理人员的支持力度。

（二）研究内容的系统性

目前国内有大量学者对私募股权资本的募集、投资、投资后管理与退出各个方面分别进行研究，相关研究或侧重私募股权资本的募集阶段的研究，或侧重投资阶段的分析，或侧重投资后管理阶段的分析，或侧重退出阶段的

---

[1] 吕炜：《风险投资的经济学考察——制度、原理及中国化应用的研究》，博士学位论文，东北财经大学，2001年。

分析。这些研究是针对每个阶段的具体分析，将私募股权资本的募集、投资、投资后管理与退出四个阶段结合起来进行研究的还不多。我们基于马克思主义政治经济学原理的资本循环与周转理论，构建一个较为系统的私募股权资本循环与周转的理论模型，紧紧围绕私募股权资本的募集、投资、投资后管理与退出对私募股权资本运行的整个过程进行系统研究，揭示私募股权资本运行的特点与规律。

四、研究成果的学术价值、应用价值

（一）本书研究成果的学术价值

1. 拓展研究领域。本书从马克思主义政治经济学的基本理论出发，借鉴西方经济学理论，总结私募股权资本运行的一般规律。私募股权资本的募集、投资、投资后管理与退出是私募股权资本循环与周转的四个阶段。本书构建私募股权资本运行的理论模型，相对于国内金融专家、学者对我国公募市场成熟而系统的研究来说，在有关私募股权资本的研究方面对我国资本市场领域的研究进行了一定的拓展。

2. 丰富金融理论。现有的私募股权资本运行研究较多的集中于发达国家，诸如美国、英国、德国、日本等国家，而对于发展中国家的私募股权资本运行研究尚少。虽然我国私募股权资本行业起步较晚，但是近几年发展非常迅速。特别是以北京、天津、广东、上海、江苏、浙江为代表的私募股权资本行业发展日渐兴盛。因此，本书立足于我国私募股权资本运行实践，研究我国私募股权资本的募集、投资、投资后管理与退出的运行机理，有利于丰富我国的金融理论。

3. 丰富产融结合理论。私募股权资本是产融结合的重要模式，是产业创新与金融创新的必然趋势。私募股权资本可以突破以往产业资本与金融资本结合的局限性，较好地弥补产业资本与金融资本各自的不足，为推进产业创新与金融创新找准着力点，是当前我国产业资本和金融资本的最佳契合点。从这个视角对私募股权资本运行开展研究，将有效推动产业资本与金融资本的结合。

4. 丰富供给侧结构性改革理论。理论上，资本市场的资金供给应当是多层次的，能与多层次的企业融资需求相适应。我国多层次的资本市场体系应由公开资本市场与私募股权资本市场共同构成。私募股权资本的出现对完善我国多层次的资本市场有着极其重要的意义。一个完善的多层次资本市场是资本市场服务供给侧结构性改革的关键，对供给侧结构性改革的顺利推进有重大意义。

（二）本书研究成果的应用价值

1. 有利于拓宽中小企业的融资渠道。对中小企业来说，私募股权资本最直接的作用是极大地缓解了其"融资难"的问题。目前，我国中小企业的融资市场出现较大的"真空地带"，缺乏能够为中小企业提供融资的途径和渠道。私募股权资本的出现恰恰可以填补中小企业融资市场的"真空地带"。私募股权资本能够迅速募集社会资本，可以大大拓宽中小企业的融资渠道。

2. 有利于提高中小企业的管理水平与创新能力。一方面，私募股权资本对提高中小企业的管理水平有着重要作用。私募股权资本投资机构在对中小企业投入股权资本的同时也输入有效的管理模式，私募股权资本投资机构介入中小企业，为中小企业引入战略投资者和经营管理方面的专家，可以迅速提高中小企业的管理水平。另一方面，私募股权资本对提高中小企业的创新能力有着重要作用。私募股权资本进入中小企业的一个作用就是可以在产品技术研发方面为中小企业提供帮助，促使中小企业加快创新，形成核心竞争力。

3. 有利于私募股权资本投资机构获得高额收益。私募股权资本投资核心是私募股权资本投资机构通过对中小企业进行股权投资，在其价值增值后通过股权退出而获取收益。私募股权资本投资机构根据中小企业的发展状况募集资本，通过对中小企业的私募股权资本投资，并实施投资后管理，在这一过程中，私募股权资本投资机构的股权资本获得增值，从而获取高额收益。

4. 有利于提高我国资本市场的运行效率。目前，我国资本市场间接融资与直接融资比例发展不均衡、效率不高。改变这一现状可行的办法之一，就是通过发展私募股权资本行业来推动资本市场改革，提高直接融资比重。私募股权资本作为一种新型的投融资机制，具有明显的优势，可以有效降低私募股权资本投资者与中小企业的投融资成本，更好地支持中小企业的成长和发展，使资金的供给与需求有效对接，从而提高我国资本市场的运行效率。

五、存在的不足或欠缺，尚需深入研究的问题

由于各方面条件的限制，本书还存在一些需要改进的地方。虽然本书已经对私募股权资本的运行机理做了一定的研究，但在研究数据、案例分析、研究方法、研究深度上还存在一些不足，这些问题有待在今后的研究中进一步解决。

绪　　论

一、选题背景与意义

（一）选题背景

私募股权资本是市场经济高度发达的产物，是顺应中小企业融资需求而产生的一种新的投融资模式。与其他投融资方式相比，私募股权资本是一种集资本募集与投资于一体、汇资本管理与退出于一身的创新性投融资模式。私募股权资本是货币资本、人力资本、信用资本、知识资本、技术资本以及社会资本高度集成的产物。作为经济与金融创新的必然产物，私募股权资本有效填补了证券市场与银行信贷市场的"真空"。

私募股权资本已成为各国经济可持续发展不可缺少的重要力量。私募股权资本投资基金在一些发达国家占 GDP 的份额达 4％～5％。私募股权资本已经成为仅次于 IPO 和银行贷款的重要融资手段。例如，美国并购交易中的27％是由私募股权资本投资基金来完成的[①]，大批国际知名企业，如雅虎、谷歌、Facebook、Twitter 等是通过私募股权资本的支持成长起来的。目前，全球已涌现出许多像黑石、阿波罗、凯雷、KKR 等具有国际影响力的私募股权资本投资机构[②]。

在全球私募股权资本投资活动日益活跃的背景下，我国私募股权资本行

[①]　路林：《大力培育私募市场　激发资本市场生机与活力》，《上海证券报》2014 年 5 月 14 日。

[②]　蒋晓杰：《我国私募股权投资基金问题研究》，东北财经大学出版社 2015 年版，第 1—2 页。

业也逐渐发展起来。例如，在募集方面，2015 年，天使/VC/PE 机构新募集资本为 7849.47 亿元人民币；在投资方面，2015 年，已披露投资金额为 5254.96 亿元人民币；在退出方面，2015 年，共发生退出案例 3774 笔，其中新三板的退出案例超过五成，成为 VC/PE 机构退出的主渠道①。我国已经形成包括天使投资、创业投资（风险投资）、发展资本、并购资本、夹层资本、重整资本、Pre-IPO 资本等一系列本土的私募股权资本。私募股权资本逐渐成为推动我国中小企业快速成长的一股重要力量。例如，盛大、腾讯、阿里巴巴、尚德、分众传媒、大唐微电子等正是在私募股权资本的资助下发展壮大起来的。快速发展的私募股权资本行业，为我国资本市场注入了无限活力。未来一段时期将是我国多层次资本市场发展的黄金时期，私募股权资本作为连接资本市场与中小企业之间最直接有效的工具，将快速成长为仅次于银行贷款和公募上市的重要投融资工具。在此背景之下，我们选择《我国私募股权资本的运行机理研究》作为本书的题目。

（二）研究意义

私募股权资本的兴起与中小企业成长是一个共生现象。私募股权资本是中小企业发展的"推进器"。私募股权资本投资机构在中小企业的种子期、初创期、扩张期、成熟期和重建期等各阶段，为其提供资本支持②。私募股权资本市场涵盖广泛，参与主体有创业投资机构、风险投资机构、私募股权资本投资机构、中小企业、私募股权资本投资者、政府以及一些中介机构等。因此，本书对我国私募股权资本的运行机理进行理论研究和实证分析具有一定的理论意义和现实意义。

1. 理论意义与学术价值

（1）拓展研究领域。本书从马克思主义政治经济学的基本理论出发，借鉴西方经济学理论，总结私募股权资本运行的一般规律。私募股权资本的募

① 清科研究中心：《十大关键词回顾 2015 中国 VCPE 市场，细数那些你赶上的和错过的风口》，2016 年 1 月 29 日、2016 年 6 月 17 日，http://research.pedaily.cn/201602/20160202393191.shtml。
② 卢永真：《重视私募股权基金在技术创新中的推动作用》，《中国证券报》2012 年 12 月 19 日。

集、投资、投资后管理与退出是私募股权资本循环与周转的四个阶段。本书构建私募股权资本运行的理论模型，对我国私募股权资本行业发展有一定的理论借鉴意义。相对于国内金融专家、学者对我国公募市场成熟而系统的研究来说，本书有关私募股权资本的研究对我国资本市场领域的研究进行了一定的拓展。

（2）丰富金融理论。现有的私募股权资本运行研究较多的集中于发达国家，诸如美国、英国、德国、日本等国家，而对于发展中国家的私募股权资本运行研究尚少。虽然我国私募股权资本行业起步较晚，但是近几年发展非常迅速。特别是以北京、天津、广东、上海、江苏、浙江为代表的私募股权资本行业发展日渐兴盛。因此，本书立足于我国私募股权资本运行实践，研究我国私募股权资本的募集、投资、投资后管理与退出的运行机理，有利于丰富我国的金融理论[①]。

（3）丰富产融结合理论。私募股权资本是产融结合的重要模式，是产业创新与金融创新的必然趋势。私募股权资本可以突破以往产业资本与金融资本结合的局限性，较好地弥补产业资本与金融资本各自的不足，为推进产业创新与金融创新找准着力点，是当前我国产业资本和金融资本的最佳契合点[②]。从这个视角对私募股权资本运行开展研究，将有效推动产业资本与金融资本的结合。

（4）丰富供给侧结构性改革理论。理论上，资本市场的资金供给应当是多层次的，能与多层次的企业融资需求相适应。我国多层次的资本市场体系应由公开资本市场与私募股权资本市场共同构成。但是，由于我国私募股权资本市场的发展明显滞后，受到市场结构和层次的制约，已不能适应供给侧结构性改革的需要。私募股权资本的出现对完善我国多层次的资本市场有着极其重要意义。一个完善的多层次资本市场是资本市场服务供给侧结构性改革的关键，对供给侧结构性改革的顺利推进有重大意义。现阶段，发展私募

---

① 蒋悦炜：《私募股权基金与中国中小企业公司治理研究》，博士学位论文，上海交通大学，2012年。

② 卢永真：《私募股权基金在国有企业改革发展中的功能研究》，博士学位论文，西南财经大学，2011年。

股权资本市场,不仅可以丰富资本市场交易形态、健全多层次资本市场体系,还能够有效激发民间投资活力。从这个视角看,本书可以为丰富供给侧结构性改革理论做一些探索。

2. 实践意义与应用价值

(1) 有利于拓宽中小企业的融资渠道。对中小企业来说,私募股权资本最直接的作用是极大地缓解"融资难"的问题,主要表现在:在外源融资方面,银行等商业性金融机构不会将一般的中小企业作为优质客户群对待;政策性金融对中小企业的支持能力有限;主板、中小板以及创业板准入门槛过高;中小企业在债券市场上融资门槛也较高。然而,在中小企业发展过程中对于资金的需求大。在中小企业成长初期,其有形资产数量偏小,自我积累能力有限,中小企业很难通过内源式融资发展、壮大。依靠传统的外源式融资渠道获得的资金非常有限,这无疑严重制约中小企业的发展。目前,我国中小企业的融资市场出现较大的"真空地带",缺乏能够为中小企业提供融资的有效途径和渠道。私募股权资本的出现恰恰可以填补中小企业融资市场的"真空地带"。私募股权资本能够迅速募集社会资本,可以大大拓宽中小企业的融资渠道,减少其对传统融资模式的依赖。

(2) 有利于提高中小企业的管理水平与创新能力。一方面,私募股权资本对提高中小企业的管理水平有着重要作用。私募股权资本投资机构在对中小企业投入股权资本的同时也输入有效的管理模式,私募股权资本投资机构介入中小企业,为中小企业引入战略投资者和经营管理方面的专家,可以迅速提高中小企业的管理水平,从而促使中小企业迅速做大做强。另一方面,私募股权资本对提高中小企业的创新能力有着重要作用[1]。私募股权资本进入中小企业的一个作用就是可以在产品技术研发方面为中小企业提供帮助,促使中小企业加快创新,加速中小企业成长,形成核心竞争力[2]。即通过私募股

① 项先权、唐青林:《私募股权投资基金实战操作与法律实务文本》,知识产权出版社 2008 年版,第 26 页。

② Peneder M., "The impact of venture capital on innovation behaviour and firm growth", *Venture Capital*, 2010, Vol. 12, No. 2, pp. 83-107.

权资本支持中小企业的科技创新行为，开发新的产品、新的市场和新的发展机会，迅速形成拉动国民经济新的增长点。私募股权资本致力于激发中小企业科技创新的内在动力，提升中小企业科技创新的盈利空间与潜在价值。

（3）有利于私募股权资本投资机构获得高额收益。私募股权资本投资的核心是私募股权资本投资机构通过对中小企业进行股权投资，在其价值增值后通过股权退出而获取收益。私募股权资本投资机构根据中小企业的发展状况募集资本，通过对中小企业的私募股权资本投资，并实施投资后管理，可以帮助中小企业完善治理结构，推动中小企业快速成长壮大，从而促进国家的科技创新、产业的发展与转型升级以及经济发展方式的转变。在这一过程中，私募股权资本投资机构的股权资本获得增值，从而获取高额收益。

（4）有利于提高我国资本市场的运行效率。目前，我国资本市场间接融资与直接融资比例发展不均衡，效率不高。改变这一现状可行的办法之一，就是通过发展私募股权资本行业来推动资本市场改革，提高直接融资比重。私募股权资本是对传统投融资方式的创新，由此形成的私募股权资本市场扩大了传统资本市场的有效边界。这对资本市场效率的提高，资源配置优化起到重要的促进作用。私募股权资本作为一种新型的投融资机制，具有明显的优势，可以有效降低私募股权资本投资者与中小企业的投融资成本，更好地支持中小企业的成长和发展，使资金的供给与需求有效对接，从而提高我国资本市场的运行效率。

总之，发展私募股权资本行业不仅可以为中小企业提供新的融资途径，而且可以实现产业资本、人力资本和货币资本的融合，可以推动"大众创业、万众创新"工作在我国有序开展，进一步激发各类主体的创业热情和创新潜能，筑造经济发展新引擎，引领经济发展新常态。

二、理论回顾

（一）西方资本理论梳理

在经济学文献里，经济学家历来把资本作为重要的概念来阐述经济问题。

资本（capital）是经济学中的一个重要经济范畴，是人类现实生活中的一种客观存在。据法国史学家费尔南·布罗代尔考究，"资本"一词源于拉丁语的"caput"。在古罗马，"资本"的本义指牛或其他家畜的头①。亚里士多德在《政治学》一书中零散地分析货殖，认为货殖的目的是增加更多的财富，而且是无止境的，这里的货殖其实就是资本②。从经济学史看，资本是随着商品经济的出现而出现的，在原始社会末期与奴隶社会，商品经济已经萌芽，但占绝对主导地位的仍然是自给自足的自然经济，因而此时没有学者专门论述资本和投资问题。本书主要对西方经济学主要流派代表人物的一些资本理论进行梳理。

1. 重商主义的资本理论

重商主义时期，一些经济学家对资本理论进行阐述。在 15 世纪到 16 世纪中叶，早期的重商主义的代表人物约翰·海尔斯、威廉·斯塔福德、法国的博丹和孟克列钦认为金银是财富的唯一形态，主张限制出口，反对对外贸易，以阻止资本流向国外。在 16 世纪下半叶到 17 世纪中叶，晚期重商主义的代表人物托马斯·孟、马林斯、法国的柯尔陪尔认为一切经济活动的目的是为攫取金银。晚期的重商主义实际认为货币就是资本，资本就是货币，资本是在流通中产生增值，资本积累只能采取货币的形式③。"G—G′，生出货币的货币——money which begets money——资本的最初解释者重商主义者就是这样来描绘资本的。"④ 重商主义的资本观加速货币向工业资本的转化，使商业资本得到空前的繁荣，促进资本的原始积累，为资本主义生产方式的确立创造条件。但我们应该看到，重商主义以流通领域为主要研究对象，看不到生产资本的循环，把资本与它的货币形式混为一谈，陷入货币金属论的泥潭，存在明显的理论局限性。

---

① 参见布罗代尔：《15 至 18 世纪的物质文明、经济和资本主义（第 2 卷）》，顾良译，施康强校，三联书店 1993 年版。

② 参见亚里士多德：《政治学》，吴寿彭译，徐大同选编，商务印书馆 2006 年版。

③ 李志传：《中国外汇储备增长与出口导向型经济结构——基于重商主义思想的研究》，博士学位论文，中国社会科学院研究生院，2010 年。

④ 马克思：《资本论（第一卷）》，人民出版社 2004 年版，第 181 页。

2. 古典经济学派的资本理论

弗朗斯瓦·魁奈、威廉·配第、亚当·斯密和大卫·李嘉图的资本理论是古典经济学派的资本理论集中体现。

最先创造性地研究资本理论的是重农学派。重农学派认为物质的创造和其量的增加来源资本的生产，资本的来源是生产而不是流通。重农学派认为真正的生产是农业生产。资本就是农业物质产品，如种子、食物等生活资料以及劳动工具、耕畜、房屋等生产资料。重农学派的创始人弗朗斯瓦·魁奈把资本的使用局限在农业部门里，认为工业资本不是生产资本，只有投在农业上的资本才是生产资本。弗朗斯瓦·魁奈提出"实际上，现在人所共知的土地、工业和手工业的产品，形成了每年的恢复和更新的财富。"[1] "财富是每年由土地、工业和对外贸易创造的"[2] 的经典论断，将资本视为一种生产要素，认为社会财富的来源是农业，"工业劳动不增加财富"[3]。弗朗斯瓦·魁奈把资本和生产联系在一起，用资本指生产投资（垫支概念）。继弗朗斯瓦·魁奈之后，杜尔阁相当完备地划分资本主义社会中工资、利润、利息和地租等各种收入范畴[4]。重农学派的资本理论对资本理论研究发展的一大贡献是抓住生产资本的重要表现形式来阐释资本主义生产方式。重农学派最大的谬误是只看到资本的自然物质属性，忽视工业、商业的作用。把资本和它的生产形式混为一谈，忽视资本的货币形式。

古典政治经济学创始人威廉·配第理解的财富包括土地、房屋、货物、船舶、货币、贵金属和宝石，且他认为土地是财富之母，劳动是财富之父，劳动是创造财富的能动的要素。威廉·配第在有些场合对作为资本的货币和作为货币的货币做区分。他认为作为资本的货币可以增值，而作为货币的货

[1] 弗朗斯瓦·魁奈：《魁奈〈经济表〉及著作选》，晏智杰译，华夏出版社2006年版，第151页。
[2] 弗朗斯瓦·魁奈：《魁奈〈经济表〉及著作选》，晏智杰译，华夏出版社2006年版，第155页。
[3] 弗朗斯瓦·魁奈：《魁奈〈经济表〉及著作选》，晏智杰译，华夏出版社2006年版，第70页。
[4] 参见张风林：《西方资本理论》，辽宁大学出版社1995年版。

币不可以增值①。威廉·配第比较深刻地分析了资本的本质和特点，但是，在不少场合他没有区分资本和货币。

亚当·斯密认为资本是人类储蓄起来取得收入的那部分资财。他认为"一个人所拥有的财货……他的全部财货就分成两部分。他希望从中取得收入的部分，称为资本"。②"一旦资本在某些人手中积聚起来以后，当然就有一些人，利用手中的资本来驱使勤劳的人劳动，给他们提供原材料与生活资料，以获得劳动产物的售卖或劳动使原材料加工增值的一种利润。劳动产品与货币、劳动或其他货物的交换所得除了足够支付原材料的资本和劳动工资的剩余部分，属于企业家作为他把资本投在这企业而得的利润。"③"资本的利润，随着该资本所产生的商品的价格的变动而变动。"④ 他认为要增加国民财富，就必须依靠两个方法：一是分工；二是资本积累。斯密认为资本积累是经济扩张的关键因素。他认为"为投资者提供收入或利润的资本使用方法有两种：资本为投资者提供收入或利润，其使用的方法有两种：第一，资本可用来生产、制造或购买物品，然后再卖出去以取得利润……这样的资本是流动资本。第二，资本又可用来改良土地、购买有用的机器和工具，或用来配备无须更换所有权人或无须进一步流通即可提供利润的东西。这样的资本是固定资本。"⑤"每个人把资本用以支持国内产业，必然会努力指导那种产业，使其生产物尽可能有最大的价值。"⑥

大卫·李嘉图认为资本积累的扩大是国民财富增加的根本原因，一国的经济增长表现为实物产品或使用价值量的增加。此外，李嘉图还提出资本与劳动相互替代的理论，后来被称为"李嘉图效应"。李嘉图认为"即使在亚当

---

① 威廉·配第：《赋税论》，邱霞、原磊译，华夏出版社 2006 年版。

② 亚当·斯密：《国民财富的性质与原理（二）》，赵东旭、丁毅译，中国社会科学出版社 2007 年版，第 611 页。

③ 亚当·斯密：《国民财富的性质与原理（一）》，赵东旭、丁毅译，中国社会科学出版社 2007 年版，第 113 页。

④ 亚当·斯密：《国民财富的性质与原理（一）》，赵东旭、丁毅译，中国社会科学出版社 2007 年版，第 265 页。

⑤ 亚当·斯密：《国民财富的性质与原理（二）》，赵东旭、丁毅译，中国社会科学出版社 2007 年版，第 611—613 页。

⑥ 亚当·斯密：《国民财富的性质与原理（四）》，赵东旭、丁毅译，中国社会科学出版社 2007 年版，第 975 页。

·斯密所说的那种早期状态中，虽然猎人们自己可能制造并积累一些资本，但他们用这资本捕杀猎物。没有某种武器，无法捕猎海狸和野鹿。"[①] 在这里李嘉图不知道资本的历史性和社会性，把资本和生产手段混淆起来。价值理论、工资理论、利润理论等是大卫·李嘉图资本理论的突出贡献。李嘉图的"资本"理论也是马克思研究资本理论的直接出发点。

总之，威廉·配第、亚当·斯密、大卫·李嘉图等古典经济学家看到资本背后所体现的人与物的关系或物与物的关系，没有看到资本背后的人与人之间的社会关系。

3. 庸俗经济学派的资本理论

资产阶级庸俗经济学家詹姆斯·穆勒、西尼尔、萨伊和马尔萨斯等对资本理论开展广泛的研究。庸俗经济学重视对经济现象的实证分析。

詹姆斯·穆勒提出"资本生产力论"。他认为资本是蓄积劳动或间接的劳动，是劳动的一种形态；劳动是直接劳动。他认为不仅直接劳动创造价值，而且蓄积劳动或间接的劳动也创造价值。价值受时间因素影响，不是由资本价值决定。他完全推翻劳动价值论，把劳动价值论的观点庸俗化[②]。

西尼尔的庸俗经济理论主要体现在资本节欲论上。他认为劳动和节欲决定商品价值。资本是资本家对其个人消费的牺牲而获得的生产资料和流通资料。"节欲"与劳动相比，"节欲"更为重要。资本家可以获得利息与利润两部分收入，其中，资本家节欲所获得的报酬是利息；资本家从事生产管理所获得的报酬是利润。工人因为"放弃自己的安逸和休息所作出的牺牲"可以获得工资收入。此外，他认为劳动和资本之间是一种互相需要的关系，资本不借助于劳动也没有作用；劳动不借助于资本就不能正常地劳动[③]。西尼尔的错误主要表现在认为"节欲"能够自行创造价值。

法国经济学家萨伊认为一切社会生产所不可缺少的三个要素是劳动、资本、土地，这三个要素既创造商品使用价值也创造商品价值，这三个要素的

---

①　李嘉图：《政治经济学及赋税原理》，周洁译，华夏出版社 2005 年版，第 9—10 页。

②　詹姆斯·穆勒：《政治经济学要义》，吴良健译，商务印书馆 2010 年版。

③　西尼尔：《政治经济学大纲》，蔡受百译，商务印书馆 2009 年版。

所有者要取得各自的收入。他认为只有分配在整个人类劳动机构上的货币才是生产资本，并不是所有的货币都是生产资本。资本包括劳动者所拥有的原料、劳动者在执行他的部分生产任务时所需要的生活必需品以及各种技艺所使用的工具等[①]。萨伊认为人们增加自己的财富要靠"勤劳"和"节俭"。客观评价萨伊把生产要素分成劳动、资本、土地三个要素是比较科学的，而其主要缺陷在于不是把劳动看作创造价值的唯一要素，把资本、土地也看作是创造价值的要素。

马尔萨斯认为资本是当前财富中被用来在未来财富的生产与分配中谋取利润的部分[②]。他认为工资是工人的劳动耗费的回报，地租是大自然的恩赐，利润是贱买贵卖的结果，价值不是劳动决定的，而是由流通资本决定的。

4. 新古典学派的资本理论

新古典学派以马歇尔为代表，马歇尔于 1890 年出版《经济学原理》，标志着新古典学派的建立[③]。马歇尔把资本分为消费资本和辅助资本两种形态，认为消费资本是直接维持工人的生活资料；辅助资本在物质构成上包括原料、工厂、机器、生产工具、船舶、码头以及各种金融资产等。资本是一切收入的源泉之一，能够自行带来收入。此外，马歇尔利用供给与需求相结合的方法考察资本与利息的确定性问题。马歇尔的资本理论最大缺陷是否定资本对劳动的剥削。

奥地利资产阶级经济学家庞巴维克提出"迂回生产"理论。迂回生产链条长、环节多，相对于简单生产，迂回生产是复杂的商品生产体系。他认为大量的资本在生产中的运用使得迂回生产具有较大的生产力。此外，他认为"获利资本"或"私人资本"能够带来利息的资本[④]。

5. 现代西方经济学的资本理论

在现代西方经济学中，经济学家们把资本看作既定的生产要素，他们开

---

① 萨伊：《政治经济学概论》，陈福生、陈振骅译，商务印书馆 1963 年版。
② 马尔萨斯：《政治经济学原理》，厦门大学经济系翻译组译，商务印书馆 1962 年版。
③ 参见马歇尔：《经济学原理》，刘生龙译，中国社会科学出版社 2007 年版。
④ 庞巴维克：《资本实证论》，陈端译，商务印书馆 2009 年版。

始较多的动态考察资本。现代西方经济学有很多流派，我们只选取几个比较重要的资本理论进行介绍。

凯恩斯把资本与投资、储蓄、消费、就业等问题联系在一起。投资者的行为与利率、预期收入相关。他认为，人们的货币需求行为是由"交易动机、预防动机、投机动机"三大动机决定的[①]。凯恩斯的货币需求函数为：

$$L = L_1 + L_2 = L_1\ (Y)\ + L_2\ (r)\ = ky - hr$$

其中，L_1 表示"交易动机和预防动机引起的货币需求，是 Y 的函数"；L_2 表示"投机动机的货币需求，是 r 的函数"；L 是"流动性偏好函数，因为货币最具有流动性，所以流动性偏好函数也就相当于货币需求函数。"[②]；k 为出于交易动机、预防动机所需货币量同实际收入的比例关系；h 为"货币投机需求的利率系数"[③]；L 与收入 Y 成正相关的关系，L 与利率 r 成负相关的关系。如图 0-1 中（a）所示，曲线 L_1 与利率无关，所以是一条与货币需求横轴垂直或与利率纵轴平行的直线。但 L_2 则与利率有关，利率越高，货币需求越少；反之，利率越低，货币需求越多，所以是一条向右向下倾斜的曲线。如图 0-1 中（b）为 L_1 与 L_2 相加，表现为货币总需求曲线 L[④]。

新古典综合派的主要代表萨谬尔森。他在《经济学》教科书中提出"资本净生产率"的主要观点。萨谬尔森把一切生产要素分为自然资源、人类劳动资源与"中间性"生产要素三大类，其中，自然资源、人类劳动资源是"初级生产要素"，"中间性"生产要素指的是资本。人们为将来得到更多的消费品，会把自然资源、人类劳动资源转变成资本。资本的净生产力带来更多的消费品[⑤]。

希克斯认为资本是一种预期的价值。他认为实际的资本量就是价值量，而资本的价值也就是按资本的将来要获得的最终纯产品的资本化的价值，即以资本所获得的利息利润按现时利息率折合的资本的价值[⑥]。

① 凯恩斯：《就业、利息和货币通论》，徐毓枬译，商务印书馆 1983 年版。
② 曹龙骐：《金融学（第二版）》，高等教育出版社 2006 年版，第 260 页。
③ 高鸿业：《西方经济学（宏观部分）》，高等教育出版社 2011 年版，第 421—422 页。
④ 曹龙骐：《金融学（第二版）》，高等教育出版社 2006 年版，第 260—261 页。
⑤ 萨谬尔森、诺德豪斯：《经济学（第十六版）》，萧琛等译，华夏出版社 1999 年版。
⑥ 希克斯：《经济学展望》，徐皖奇译，商务印书馆 1986 年版。

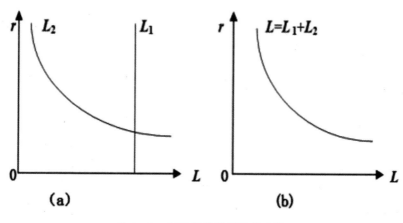

图 0—1 凯恩斯的货币需求曲线

资料、图片引自曹龙骐：《金融学（第二版）》，高等教育出版社 2006 年版，第261 页。

此外，随着社会生产力的发展与时代的进步，资本范畴越来越广。西奥多·舒尔茨提出"人力资本"的概念[1]，约翰·肯尼思·加尔布雷思提出"知识资本"的概念[2]。

综上所述，西方资本理论"比较全面深入地研究资本主义经济的动态运行即经济增长的问题"，"从技术经济角度对资本主义经济运行过程进行全面深入的研究"[3]。但是，西方经济学家很少去考察资本的社会关系，具有很大的阶级局限性。

（二）马克思的资本理论

马克思在对弗朗斯瓦·魁奈、亚当·斯密、大卫·李嘉图等经济学家的资本理论进行扬弃之后，全面系统地分析固定资本与流动资本、不变资本与可变资本等一系列问题，创立资本循环与周转理论。已有的研究成果，特别

---

[1] 西奥多·舒尔茨：《对人进行投资》，吴珠华译，商务印书馆 2017 年版。

[2] 约翰·肯尼思·加尔布雷思：《权力的分析》，陶远华、苏世军译，河北人民出版社 1988 年版。

[3] 陈宝：《资本·现代性·人——马克思资本理论的哲学诠释》，博士学位论文，复旦大学，2007 年。

是马克思的资本循环与周转理论是研究私募股权资本运行理论的宝贵资源，是创建私募股权资本运行理论的直接理论来源。所以，我们认为，私募股权资本的运行机理直接理论依据是马克思的资本循环与周转理论。另外，我们还需借鉴西方经济学中各种流派的"资本"理论。

在经济学发展史上，马克思在批判、吸收英国古典政治经济学理论的基础上创立经典著作《资本论》。在《资本论》中，马克思分析产业资本循环与周转规律，深入地剖析"资本"的属性，认为资本的本性在于通过不断的运动实现价值的增值。马克思的《资本论》为本书研究工作奠定坚实的理论基础。可以这样说，私募股权资本的运行机理研究就是一项对马克思的资本理论进行继承、发展和深化的研究。

1. 关于资本的本质属性

马克思认为资本是能够带来剩余价值的价值。"它生出剩余价值的运动是它自身的运动，它的增殖也就是自行增殖。它所以获得创造价值的奇能，是因为它是价值。……它会产仔，或者说，它至少会生金蛋。"[①] 资本在本质上体现的是资本家对雇佣工人之间的剥削关系。马克思认为"资本作为自行增值的价值，不仅包含着阶级关系，包含着建立在劳动作为雇佣劳动而存在的基础上的一定的社会性质。它是一种运动，是一个经过各个不同阶段的循环过程，这个过程本身又包含循环过程的三种不同的形式。因此，它只能理解为运动，而不能理解为静止物。那些把价值的独立性看作是单纯抽象的人忘记了，产业资本的运动就是这种抽象的实现。在这里，价值经过不同的形式，不同的运动，在其中它保存自己，同时使自己增值、增大。"[②]

2. 关于资本的有机构成理论

在资本构成问题上，由于资本的不同部分在创造剩余价值的过程中起到的作用不同，马克思把资本划分为不变资本与可变资本。不变资本"在生产

---

① 马克思：《资本论（第一卷）》，人民出版社 2004 年版，第 180 页。
② 马克思：《资本论（第二卷）》，人民出版社 2004 年版，第 121—122 页。

过程中并不改变自己的价值量"[1]；可变资本"在生产过程中改变自己的价值"[2]，创造出剩余价值，"这个剩余价值本身是可以变化的，是可大可小的。这部分资本从不变量不断变为可变量"[3]。马克思认为资本的技术构成是指"生产资料量和为使用这些生产资料而必需的劳动量之间的比率"；资本的价值构成是指"不变资本和可变资本的比率"；资本的有机构成是指"由资本技术构成决定并且反映技术构成变化的资本价值构成"[4]。

3. 关于产业资本的循环与周转理论

（1）产业资本循环

马克思的产业资本循环是指产业资本依次经过购买、生产、销售三个阶段，分别采取货币资本、生产资本、商品资本三种不同的职能形式，从而实现价值增值，最后回到原出发点的运动。马克思在《资本论》中把产业资本循环全过程用公式表示为[5]：

$$G - W < \frac{A}{P_m} \cdots P \cdots W' - G'$$

其中，G 表示货币，W 表示商品，"A 表示劳动力"，"P_m 表示生产资料"，"虚线表示流通过程的中断，P 表示生产过程，W' 和 G' 表示由剩余价值增大了 W 和 G"[6]。要使资本循环能顺利进行，资本所有者必须把全部资本按一定比例分成货币资本、生产资本和商品资本三个部分，必须同时连续不断地顺次通过购买、生产和销售三个阶段。

马克思的资本循环公式系统地阐述产业资本运作过程。马克思认为，产业资本要实现价值增值，就要不断地循环运动。马克思认为"在这里，资本表现为一个价值，它经过一系列互相联系的、互为条件的转化，经过一系列的形态变化，而这些形态变化也就形成总过程的一系列阶段。在这些阶段中，

---

① 马克思：《资本论（第一卷）》，人民出版社 2004 年版，第 243 页。
② 马克思：《资本论（第一卷）》，人民出版社 2004 年版，第 243 页。
③ 马克思：《资本论（第一卷）》，人民出版社 2004 年版，第 243 页。
④ 马克思：《资本论（第一卷）》，人民出版社 2004 年版，第 707 页。
⑤ 马克思：《资本论（第二卷）》，人民出版社 2004 年版，第 31—138 页。
⑥ 马克思：《资本论（第二卷）》，人民出版社 2004 年版，第 32 页。

两个属于流通领域，一个属于生产领域。在每个这样的阶段中，资本价值都处在和不同的特殊职能相适应的不同形态上。在这个运动中，预付的价值不仅保存了，而且增长了，它的量增加了。最后，在终结阶段，它回到总过程开始时它原有的形式。因此，这个总过程是循环过程。"① 马克思认为"资本的循环过程是流通和生产的统一，包含二者在内。"② 产业资本循环包括货币资本循环、生产资本循环和商品资本循环三个循环形式，用公式表示如下：

$$G-W\cdots P\cdots W'-G'\cdot G-W\cdots P\cdots W'-G'\cdot G-W\cdots P$$

其中，$G-W\cdots P\cdots W'-G'$ 是货币资本循环；$P\cdots W'-G'-W\cdots P$ 是生产资本循环；$W'-G'-W\cdots P\cdots W'$ 是商品资本循环。马克思认为"产业资本的连续进行的现实循环，不仅是流通过程和生产过程的统一，而且是它的所有三个循环的统一……资本的每个不同部分能够依次经过相继进行的各个循环阶段，从一个阶段转到另一个阶段，从一种职能形式转到另一种职能形式，因而，只是由于产业资本作为这些部分的整体同时处在各个不同的阶段和职能中，从而同时经过所有这三个循环。"③ "资本的循环，只有不停顿地从一个阶段转入另一个阶段，才能正常进行。"④

（2）资本周转

资本周转指周期的、反复的资本循环。马克思认为"资本的循环，不是当作孤立的行为，而是当作周期性的过程时，叫作资本的周转。""资本的周转时间，包含着总资本价值从一个循环周期到下一个循环周期的间隔时间，包含着资本生活过程的周期性，或者说，包含着同一资本价值的增值过程或生产过程更新、重复的时间。"⑤ 循环则是一次的周转，周转是反复进行的循环。

产业资本循环与周转理论是关于产业资本运动形态、运动过程及其相互关系的理论。它是马克思对产业资本运动规律进行哲理性经济分析的结晶。马克思的产业资本循环与周转理论为研究私募股权资本循环提供至关重要的

---

① 马克思：《资本论（第二卷）》，人民出版社 2004 年版，第 60 页。
② 马克思：《资本论（第二卷）》，人民出版社 2004 年版，第 70 页。
③ 马克思：《资本论（第二卷）》，人民出版社 2004 年版，第 119 页。
④ 马克思：《资本论（第二卷）》，人民出版社 2004 年版，第 63 页。
⑤ 马克思：《资本论（第二卷）》，人民出版社 2004 年版，第 174 页。

理论思想和基石，对于分析私募股权资本运行有重要的指导意义。私募股权资本运行既要遵循中小企业的成长与发展规律，又要遵循资本运动的一般规律，加速循环与周转，才能从根本上提高私募股权资本运行的效率，促进私募股权资本行业的健康发展。

综上所述，马克思的产业资本理论指出资本的本质是一种生产关系，是生产性范畴、社会性范畴、历史性范畴。资本的生命在于运动。把资本看成是一种社会关系的存在物是马克思资本理论区别于西方经济学资本理论的最大特点。马克思的不变资本和可变资本、资本有机构成、资本循环与周转理论是私募股权资本运行机理的重要理论渊源。马克思从不变资本与可变资本角度分析生产资本的构成，认为只有活劳动才能创造价值。这是当今私募股权资本运行过程中要重视人力资本投资的理论依据。马克思的资本有机构成理论对于当今私募股权资本运行的理论与实践有重要的借鉴意义。根据资本有机构成的原理，要实现私募股权资本的增值，就必须逐步增加对生产资料中技术设备、创新技术的投资；更应重视对劳动力特别是技术人员与管理人员的投资。因而马克思的资本有机构成理论是研究私募股权资本运行的理论基础。马克思的产业资本循环与周转理论实际上是当今私募股权资本运行研究范畴拓展的基础。

三、研究内容与思路

（一）研究内容

本书的研究内容分为十部分：

1. 绪论。从本书的选题背景与研究意义出发，对开展我国私募股权资本的运行机理研究的必要性进行阐述；对资本的有关理论进行回顾；对本书的主要内容、研究思路、研究对象进行介绍；对本书的研究目标与研究方法进行介绍。

2. 私募股权资本运行的理论分析框架。对私募股权资本内涵及类型进行分析；分析私募股权资本运行系统的构成，指出私募股权资本运行系统本身的构成要素包括私募股权资本市场主体、私募股权资本市场中介、私募股权资本市场交易工具；构建私募股权资本运行的理论分析框架。

3. 国外私募股权资本行业的发展状况与经验借鉴。分析国外私募股权资本行业发展情况，对全球主要国家（如，美国、英国、德国、日本等）私募股权资本行业的发展情况进行总结；从私募股权资本募集、投资、投资后管理与退出等方面进行总结。总结私募股权资本发展的国际经验，这些经验包括私募股权资本发展需要多样化的募集渠道、灵活的投资策略、有效的投资后管理与通畅的退出渠道等。

4. 我国私募股权资本行业发展现状与问题分析。介绍我国私募股权资本的发展历程；分析我国私募股权资本的募集、投资、投资后管理与退出四个阶段的现状；对我国私募股权资本（募集、投资、投资后管理及退出）发展存在的问题进行分析。

5. 我国私募股权资本募集机理研究。分析我国私募股权资本募集内涵与流程，分析与介绍私募股权资本募集的内涵与特点，分析私募股权资本的募集流程，剖析私募股权资本募集声誉制度及其作用；分析私募股权资本募集的经济学含义，主要运用马克思主义政治经济学原理分析私募股权资本的募集过程；分析募集阶段的信息不对称现象；分析我国私募股权资本募集的组织制度选择；分析与评价我国私募股权资本的募集渠道，对我国现阶段私募股权资本常见的几种募集渠道（如政府资金、银行资金、大型企业集团资金、外国资金以及富裕家庭和个人资金）的优势、劣势进行分析。

6. 我国私募股权资本投资机理研究。分析私募股权资本投资的内涵与流程，介绍私募股权资本投资阶段的尽职调查的程序与内容；分析私募股权资本投资的经济学含义；分析私募股权资本投资阶段的信息不对称的表现形式，提出私募股权资本投资中信息不对称的克服方法；分析中小企业融资难及原因，分析中小企业生命周期与私募股权资本投资的规律；分析私募股权资本投资风险的分类、特性、风险识别、度量的方法、风险形成的原因，提出防范风险的对策。

7. 我国私募股权资本投资后管理机理研究。分析私募股权资本投资后管理内涵与方式；分析私募股权资本投资后管理的经济学含义，私募股权资本投资机构将募集来的私募股权资本投资到中小企业之后，通过投资后管理，实现生产资料与劳动力的结合，生产出包含创新利润在内的创新产品；分析投资后管理阶段 PE 与 EN 的博弈策略，构建 PE 与 EN 的一次博弈模型、PE 与 EN 的有限次重复博弈模型、PE 与 EN 的无限次重复博弈模型；指出私募股权资本投资机构在确定投资后管理时，主要考虑投资阶段、投资股份、投资行业、投资效果以及私募股权资本投资机构与中小企业双方的合作时间等因素；分析增值服务的内涵，探讨增值服务的内容，并通过达晨创投投资同洲电子的案例来分析增值服务理论。

8. 我国私募股权资本退出机理研究。分析我国私募股权资本退出内涵与流程；分析私募股权资本退出的经济学含义，运用马克思主义政治经济学原理分析私募股权资本退出的职能是由股权资本转化为货币资本，私募股权资本投资机构收回初始投资，实现价值增值；分析我国私募股权资本 IPO、并购、回购、清算等几种退出渠道，并对上述四种退出方式进行比较；指出我国私募股权资本退出的影响因素；选取我国私募股权资本领域蒙牛乳业、英孚思为两个典型的案例，力图通过 IPO、并购两种私募股权资本退出方式来揭示私募股权资本投资机构的退出策略。

9. 我国私募股权资本行业发展的对策研究。根据我国私募股权资本（募集、投资、投资后管理以及退出阶段）存在的问题以及相应阶段的运行机理，提出拓宽私募股权资本募集渠道、优化私募股权资本投资策略、创新私募股权资本投资后管理方式与完善私募股权资本退出机制的对策的对策建议。

10. 研究总结与展望。根据前面的研究，总结本书的主要结论，介绍本书研究的主要特色，分析本书的不足之处，提出研究展望。

（二）研究思路

本书紧紧围绕我国私募股权资本的运行机理这一中心主题来开展研究。第一，对私募股权资本运行的理论进行回顾。第二，构建起私募股权资本运行的理论框架。第三，分析国外私募股权资本募集、投资、投资后管理与退出的发展概况，总结私募股权资本发展的国际经验，从中得到可以适合我国私募股权资本发展的有益成分与应吸取的教训。第四，分析我国私募股权资本行业发展历程、现状，对存在的问题进行分析。第五，分析与探讨我国私募股权资本募集、投资、投资后管理与退出阶段的运行机理。第五，根据我国私募股权资本发展存在的主要问题以及运行机理，提出了我国私募股权资本行业发展的对策建议。本书具体的研究思路如图 0－2 所示。

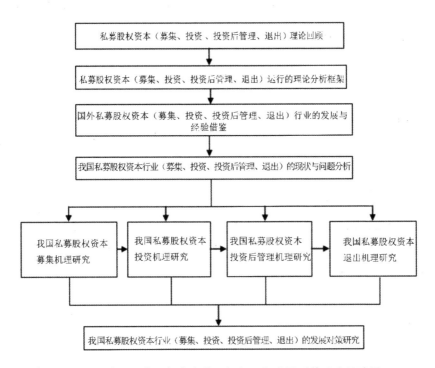

图 0－2　我国私募股权资本的运行机理与发展对策研究思路图

（三）研究对象

1. 本书涉及的私募股权资本投资机构主要指广义的私募股权资本投资机构，包括创业投资机构、风险投资机构、私募股权资本投资机构等。

2. 本书涉及的企业主要指中小企业。

3. 本书涉及的样本数据，均未包括我国的香港、澳门、台湾三个地区的数据。

4. 本书涉及的私募股权资本，主要指广义上的私募股权资本。

（四）资料与数据来源

本书研究所涉及的数据与案例主要来源国家有关部门公布的有关数据（包括私募股权投资、风险投资、创业投资等）、wind 数据库、清科研究中心每季度公布的私募股权资本行业发展报告、ChinaVenture 每季度公布的私募股权资本行业发展报告、相关文献提供的数据、调研获得的数据以及其他途径能收集到的资料与数据。

四、研究目标与方法

（一）研究目标

本书研究最主要的目标旨在探究我国私募股权资本的运行机理。具体目标如下：

1. 运用马克思主义政治经济学原理，构建私募股权资本运行的理论分析框架，明确私募股权资本的内涵，总结出私募股权资本的运行机理，更好地认清私募股权资本的本质属性。

2. 总结美国、英国、德国、日本等国私募股权资本行业发展的经验与教训，从中得到我国私募股权资本行业发展的启示。

3. 研究我国私募股权资本募集、投资、投资后管理与退出四个阶段的运行机理。

4. 分析我国私募股权资本行业（募集、投资、投资后管理与退出阶段）运行存在的问题，并提出相应的对策建议。

（二）研究方法

鉴于私募股权资本在我国的发展与实践经验，其研究既绕不开具有中国特色之政治经济叠加的双重作用，也离不开马克思主义政治经济学理论的指引。因此，本书的研究以马克思主义政治经济学理论为指导，借鉴西方经济

学理论。重点研究当前我国私募股权资本运行的一些基本理论问题,本书主
要采取以下研究方法:

1. 跨学科研究法与系统分析法

本书运用跨学科的理论与方法从整体上对私募股权资本的运行机理进行
综合研究,仅仅运用单个学科的方法不能很好地解决私募股权资本运行的机
理。本书涉及以下学科理论:一是经济学与金融学,包括政治经济学、微观
经济学、宏观经济学、制度经济学、产业经济学、货币银行学、证券投资学、
公司金融学等;二是管理学,包括管理科学与工程、博弈论、财务管理、企
业管理、风险管理、信息管理等。与跨学科研究法相对应,本书运用系统分
析法,把私募股权资本的募集、投资、投资后管理与退出作为一个大循环、
一个大系统,对私募股权资本运行进行综合分析,找出现有私募股权资本运
行存在的问题,从而提出促进我国私募股权资本行业健康发展的对策建议。

2. 比较分析法

本书始终一直贯穿着比较分析法,虽然我国和美国、英国、德国、日本
私募股权资本行业在发展阶段、运行机理、制度环境和文化背景等存在较大
差异,但通过比较与归纳仍然能够找出私募股权资本运行的共同规律与差异,
分析出共性和个性的内容。本书中的比较分析包括对美国、英国、德国、日
本私募股权资本募集、投资、投资后管理与退出等方面的情况进行比较,总
结私募股权资本运行的国际经验,为我国私募股权资本运行提供经验借鉴。
进而结合我国国情对私募股权资本的运行机理进行研究。

3. 文献阅读与实地调查相结合的方法

文献阅读与实地调查相结合是本书研究方法的基础,贯穿着本书整个过
程的研究。由于私募股权资本本身属于经济学和管理学的交叉研究领域,该
研究虽然起步较晚,但仍然积累了大量文献资料。但对于私募股权资本运行
机理研究资料相对较少,而且散见于一些相关研究之中。通过文献阅读和分
析,以间接方式获得私募股权资本运行信息,在掌握国内外研究现状基础上,

构建研究框架，论述私募股权资本的运行机理。在本书的研究问题形成之前，首先对私募股权资本募集、投资、投资后管理与退出领域相关的文献进行大量的收集和整理。通过搜索国家图书馆、学校图书馆、互联网的资料，收集大量与私募股权资本有关的文献。然后对文献深入、全面与系统的汇总、比较、梳理和分类。我们在阅读大量中英文文献的基础上，明确本书的主要研究问题及可采用的研究方法，由此进行相关的理论分析。以此为基础提出本书具体要研究的问题。然后对切合主题的文献进行精读，确认本书研究内容的可行性。

此外，我们在充分和广泛调查的基础上行文，对我国有代表性的城市（如北京、上海、广州、深圳、成都、南京、西安、贵阳等地）的私募股权资本行业发展的现状进行深入调查与了解。

4. 案例研究方法

作为一种实证研究，案例研究方法是一种全面的综合性研究方法。当前案例研究方法受到国内学者的重视，其使用范围越来越广泛，研究成果也越来越丰富。案例研究是对私募股权资本运行机理的再现和描述。本书选择同洲电子、蒙牛乳业、英孚思为3个典型案例进行探索性研究。为说明一些问题，在一些章节也列举适当的案例。通过案例研究方法，本书对私募股权资本的运行进行描述和探索，对现存理论进行检验，发现私募股权资本在运行中存在的问题，最后提出解决对策与建议。

小结

在本章，我们主要完成四个任务：

一、从本书的选题背景与研究意义出发，对开展我国私募股权资本的运行机理研究的必要性进行阐述。

二、对相关理论进行回顾。对西方重商主义的资本理论、古典经济学派的资本理论、庸俗经济学派的资本理论、新古典学派的资本理论、现代西方经济学的资本理论等资本理论进行梳理；对《资本论》中有关资本的运行机理进行分析与论述。

三、对本书的主要内容、研究思路、研究对象进行介绍，从而为后续的研究奠定基础，为后续的研究工作明确一个清晰的语言体系。

四、对本书的研究目标与方法进行介绍。指出本书的研究目标旨在探究我国私募股权资本的运行机理，本书主要运用跨学科研究法与系统分析法、比较分析法、文献阅读与实地调查相结合的方法、案例研究方法等方法开展研究。

本章介绍本书的基本情况，为后续研究提供一个清晰的研究框架与逻辑起点。

第一章 私募股权资本运行的理论分析框架

第一节 私募股权资本内涵及类型分析

一、相关概念界定

（一）私募

私募是一种以场外市场为主非公开向特定的机构投资者与个人投资者进行资本募集的一种方式。我们主要从两方面对私募的概念进行界定：一方面，从发行方式看，私募是以非公开方式发行；另一方面，从发行对象看，私募是针对特定的投资对象，不是公众投资者，私募是指"私下募集"，即向特定的私募股权资本投资者募集资金[①]。私募不能公开地向社会公众募集，而只能非公开地向特定的投资者募集。一般来说，私募主要接受民商事法律规范的调整，私募的各方当事人履行相应的义务、承担相应的责任，享有相应的权利。

（二）公募

公募基金是面向广大社会公众公开发行的受益凭证。公募基金是由专业

---

① 李磊、陈传进：《私募股权投融资指引》，经济科学出版社 2009 年版，第 4 版。

基金管理公司管理的，受政府主管部门监管。公募基金的特点是信息披露公开透明、风险分担、可申请在交易所上市，以众多投资者为发行对象，投资者范围大，资金募集潜力大，等[1]。例如，中小企业通过公募股权融资所筹资金的金额大，在用款限制上较为宽松，没有还本压力，无到期日，具有永久性。对于中小企业来说，上市有利于帮助中小企业建立较规范的现代企业制度，为中小企业带来良好声誉，更能提高中小企业的知名度。然而，我国股票市场对中小企业首次公开发行有较多的条件限制，我国众多的中小企业很难在股票市场融资。

（三）产业投资基金

我国的产业投资基金的概念来源国外的私募股权资本投资基金概念，两者都是通过向未上市的中小企业进行股权投资，并参与投资后管理，待中小企业发展壮大后，通过转让股权以实现资本增值。产业投资基金主要向机构投资者募集资金，投资于特定产业或地区。产业投资基金是一个中国化的概念，也是一个分歧较多的概念。从投资对象的阶段、规模和类型上来看，产业投资基金不是面向需要第一桶金的小型创业期企业，而是面向已初具规模的处于发展期的需要再融资的企业，这与创业投资不同；从投资领域上来讲，产业投资基金实质上是股权投资基金，主要投资于企业的股权，不是直接投资于证券市场，这与证券投资基金有区别[2]。例如，我国第一支经国务院同意、国家发展和改革委员会批准设立的人民币股权投资基金是渤海产业投资基金（基金投资人包括全国社会保障基金理事会、中银集团投资有限公司、中国邮政储蓄银行有限责任公司、国开金融有限责任公司、中国人寿保险集团公司、天津市津能投资公司、天津城市基础设施建设投资集团有限公司、中国人寿保险股份有限公司和渤海产业投资基金管理有限公司），总规模人民

① 程翼、魏春燕：《公募基金、私募基金与风险投资》，《中国投资》2008 年第 2 期，第 114—117 页。
② 窦尔翔：《中国产业投资基金发展的路径选择》，《中国人民大学学报》2006 年第 5 期，第 8—15 页。

币 200 亿元，首期规模人民币 60.8 亿元，首期封闭存续期 15 年[①]，见表 1—1。

表 1—1　国内大型产业投资基金基本情况

基金名称	批次	获批时间	基金规模（亿元）
渤海产业投资基金	第一批	2006 年 12 月	200
上海金融产业基金	第二批	2007 年 9 月	200
广东核电基金			100
山西能源基金			100
中新高科产业投资基金			100
四川绵阳高科基金			60
华禹水务产业投资基金	第三批	2008 年 7 月	300
东北装备工业产业投资基金			200
天津船舶产业投资基金			200
城市基础设施产业投资基金			100

资料、数据引自阚景阳：《国内私募股权投资基金发展现状及对策研究》，《西南金融》2001 年第 1 期，第 47—51 页。

（四）机理及运行机理

1. 机理

"机理"也称"机制"，对应的英语单词为"Mechanism"[②]。在《现代汉语词典（第 6 版）》里，"机理"有三种解释：（1）"机器的构造和工作原理，如计算机的机制。"（2）"机体的构造、功能和相互关系，如动脉硬化的机

---

① 渤海产业投资基金管理有限公司网站：http：//www. bohaicapital. com/cn/aboutus. asp? nid＝2.

② "Mechanism"的第一种解释为"working parts of a machine collectively；structure or arrangement of parts that work together as the parts of a machine do"；第二种解释为"way in which sth works or is constructed"。见《牛津现代高级英汉双解词典》，商务印书馆，牛津大学出版社 1995 年版，第 705 页。

制。"（3）"指某些自然现象的物理、化学规律，如优选法中优化对象的机制。"① 按照第一种解释，我们可以把私募股权资本的运行系统看作一台"机器"，私募股权资本市场运行系统也有其自身的"构造"，私募股权资本的募集、投资、投资后管理、退出也有其"工作"原理。这是本书有关"机理"部分研究的切入点。

2．运行

运行指"周而复始地运转"。② 私募股权资本一个完整的运行周期包括私募股权资本的募集、投资、投资后管理、退出四个阶段。私募股权资本运行可以理解为私募股权资本"募集——投资——投资后管理——退出"周而复始地运转。

3．运行机理

在本书的研究中，我们主要是按"机理"的第一种解释来论述私募股权资本的运行机理，即私募股权资本"募集——投资——投资后管理——退出"周而复始的运转过程。同时阐述私募股权资本募集、投资、投资后管理、退出的一般"工作"原理。

二、私募股权资本的内涵与特征分析

（一）私募股权资本的形成

私募股权资本是资本长期发展演化的历史产物。私募股权资本首先是一种资本，这是私募股权资本最本质的属性。从历史和逻辑的角度来看，私募股权资本的产生、发展首先是与资本的发展演化紧密相关的。资本市场在长

---

① 中国社会科学院语言研究所词典编辑室：《现代汉语词典》（第 6 版），商务印书馆 2012 年版，第 596—597 页。

② 中国社会科学院语言研究所词典编辑室：《现代汉语词典》（第 6 版），商务印书馆 2012 年版，第 1613 页。

期的发展演化中，逐渐形成正式的资本市场（如证券市场）与非正式的资本市场（如私募股权资本市场）两个不同层面的市场。正式的资本市场通常所指的是狭义资本市场，在这一市场上的投融资交易也叫"公募"；非正式的资本市场主要是由特定的资本需求者和资本供给者按照一定的约定条件完成交易，在这一市场上的投融资交易则叫作"私募"。正是在这两个层面资本市场的各自发展和演化过程中，私募股权资本应运而生①。

马克思认为"商品流通是资本的起点。商品生产和发达的商品流通，即贸易，是资本产生的历史前提。世界贸易和世界市场在 16 世纪揭开资本的近代生活史。"② 中世纪的商人、贵族、职员发现以有限合伙制为基础的投资运作方式，不仅可以增加总体收益，而且可以节约交易成本，于是他们借助合作伙伴关系经营贸易航运的活动，这是最早的私募股权资本萌芽。到近现代社会以后，衍生出越来越多金融产品（如股票、债券、基金等）来，越来越多的私募股权资本成为全球富人用赋闲资本追逐高额回报的重要手段。

从创新论者的角度看，私募股权资本是金融资本与产业资本相互结合的产物。私募股权资本是一种金融制度创新，它是顺应中小企业的融资要求而产生的新的金融工具。私募股权资本诞生之际必须在社会上存有一种适合其发展的氛围，这一氛围表现为一种鼓励创新、自由与冒险精神的市场形态。金融制度创新不仅导致私募股权资本数量的激增，而且导致资本能量与社会财富一起激增。因此，制度创新是私募股权资本发展最根本的动力与源泉。随着中小企业的发展，传统的投融资体系在资源配置上的缺陷日益显现出来。初创期的中小企业往往只有一个好的创意或者是一项新的技术，既无有形资产抵押担保，又无赢利记录，因而难以获得银行贷款或上市融资③。而此时，私募股权资本刚好可以为中小企业发展提供所需要的资金。从私募股权资本发展的渊源中，我们可以发现私募股权资本诞生与成长的基本轨迹与真实面貌。同时，私募股权资本在其发育成长的进程中还显现出一些引人注目的基

---

① 刘友芝：《我国文化企业的多层次直接融资模式探析》，《浙江大学学报》2013 年第 3 期，第 125—133 页。

② 马克思：《资本论》（第一卷），人民出版社 2004 年版，第 171 页。

③ 惠恩才：《创业投资的发展演化与运行机制剖析》，《经济社会体制比较》2008 年第 5 期，第 134—139 页。

本特征。

综上所述，私募股权资本是经济发展到一定阶段的产物，在其形成和发展的漫长过程中，经过不断的博弈和试错，逐步形成特有的组织形式、投融资方式、制约机制，并在正式规则层面得到政府的认同与参与，最终成为一种新的制度。从博弈论的角度看，是博弈参与人包括私募股权资本投资机构、中介机构、投资者、中小企业等利益主体之间的策略互动，最后成为自我实施的一种博弈均衡过程。私募股权资本是组织形式与运行结构的结合，投资行为与融资行为的结合，是产业资本与金融资本的结合，是投资理念与投资方式的结合，是投资行为与管理行为的结合，是"融资"与"融智"的结合[1]，是思维方式与管理模式的结合，是货币资本、人力资本、信用资本、知识资本、技术资本与社会资本的结合。

（二）私募股权资本的内涵分析

私募股权资本的概念发源于创业投资。"Private Equity"（简称 PE）在译成中文的时候有不同译法，如在我国各媒体最常用的是"私募股权"，还有"私募股权资本"。在实务领域使用则更为随意，讲到 PE 时有时指的是 PE 市场，有时指的是权益资本，有时指的是 PE 投资家或专业人员，有时甚至指 PE 投资机构。本书所称的"私募股权资本""Private Equity"及"PE"指的都是广义的私募股权资本。从广义的概念来定义私募股权资本更能客观而全面地审视和研究其作为一种资本的本质特征，从而期望得出某些有价值的结论[2]。私募股权资本是一个很宽泛的概念，包含的内容非常丰富。私募股权资本是介于直接投资与间接投资之间的一种创新的金融资本形式，可以从广义与狭义两个角度来理解私募股权资本。

广义的私募股权资本以私募股权资本投资机构为纽带。首先，私募股权资本投资机构吸收社会众多分散的闲置资金形成私募股权资本投资基金。其次，私募股权资本投资机构用募集来的私募股权资本对中小企业进行私募股

---

① 田惠敏：《私募股权资本与民营经济发展研究》，经济科学出版社 2015 年版，第 3 页。

② 刘旸：《美国私募权益资本研究——兼论中国私募权益资本的发展方向》，博士学位论文，吉林大学，2010 年。

权资本投资，相关资本按照投资阶段可划分为创业（风险）资本、发展资本、并购资本、夹层资本、重振资本、Pre-IPO 资本，以及其他如上市后私募投资、不良债权等①。私募股权资本投资机构对中小企业进行投资后管理，使私募股权资本得到增值，最终通过中小企业的上市、并购或管理层回购等方式退出获利的一类资本。其精髓是资本增值的最大化。通过所投资中小企业上市或转让退出，以获得高额资本回报②。私募股权资本不仅仅只是一种货币资本，它还结合人力资本、信用资本、知识资本、技术资本以及社会资本等，私募股权资本出现的主要目的是为实现资本价值的增值。

　　狭义的私募股权资本主要是指创业投资后期的私募股权资本部分，这其中并购资本和夹层资本在资金规模上占最大的一部分③。这时，中小企业已经形成一定的规模，并产生稳定现金流。我国的私募股权资本多指后者，以与创业（风险）资本区别④。私募股权资本概念划分如图 1—1 所示。

　　综合上述私募股权资本的各种定义来看，我们认为，当前学术界对私募股权资本定义的阐释还存在一些不足，有的定义对私募股权资本投资及退出过程强调较多，而对私募股权资本募集、投资后管理等关注较少。在梳理文献的基础上，我们认为：私募股权资本是私募股权资本投资机构采用了非公开方式向特定投资者募集资本，然后向未上市的中小企业进行股权投资，并进行投资后管理，在适当的时机以适当的方式退出，从而实现股权资本增值的一种资本形式。马克思在《资本论》中提到货币资本、生产资本、商品资本三种资本职能形式。随着生产力水平的不断发展，资本的表现形式也在不断增多，现代意义上的私募股权资本就是在第三次科技革命后的 20 世纪 40 年代产生的⑤。具体来说，私募股权资本的含义包括以下几个方面的内容：

---

　　① 刘玉霞、罗显华：《私募股权投资基金的概念、分类及其相关概念比较分析》，《北方金融》2015 年第 9 期，第 16—22 页。

　　② Kaplan S. N., Schoar A.，"Private equity performance: Returns, persistence and capital flows"，*The Journal of Finance*，2005，Vol. 60，No. 4：1791—1823.

　　③ 李磊、陈传进：《私募股权投融资指引》，经济科学出版社 2009 年第 5 版。

　　④ 陈芳：《我国 VC、私募投资基金及产业投资基金的联系及发展中的对策研究》，《金融理论与实践》2010 年第 1 期，第 86—90 页。

　　⑤ 杜斌、庞加兰：《风险投资业的发展演进与制度变迁》，《经济师》2005 年第 2 期，第 229—230 页。

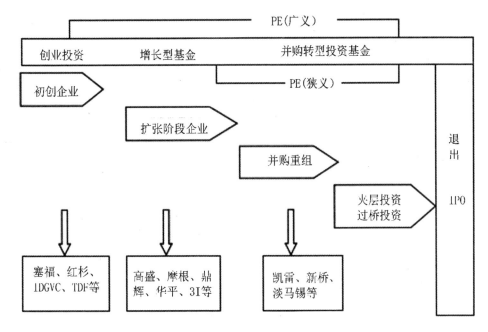

图1—1 私募股权资本概念划分图

资料、图片引自邓康桥:《我国私募股权市场的发展机制研究》,硕士学位论文,东北财经大学,2006年。

1. 从私募股权资本的募集来看。私募股权资本通过非公开的方式进行募集。在这个环节,主要是私募股权资本投资机构从政府资金、社保资金、保险资金、银行资金、大型企业集团资金、外国投资资金、富裕家庭和个人资金等渠道募集股权资本组建私募股权资本投资基金。私募股权资本作为一种金融中介,它一般不通过在公共媒体做广告等形式从特定投资者手中募集资本。私募股权资本供给者通常为资本雄厚、大体量资本持有者,他们有较高风险承受能力。私募股权资本与银行资本募集来源有很大区别,银行资本募集来源中很大一部分是社会公众零散的资金。

2. 从私募股权资本的投资来看。私募股权资本主要对非上市的中小企业进行的股权投资。私募股权资本投资考虑的首要因素是中小企业未来的成长性,是投资项目的科技含量,追求的不是眼前的短期利润而是风险收益。私募股权资本与其他资本在投资偏好上也有很大区别,私募股权资本需求者多为中小企业。同时，由于中小企业经营历史较短，管理欠规范，故私募股权资本投资风险较大。

3. 从私募股权资本的投资后管理来看。私募股权资本最大的一个特点就是私募股权资本投资机构除为中小企业提供狭义的货币形态资本外，还要介入中小企业的投资后管理，为中小企业提供增值服务（Value-added service）和实施监控，以确保私募股权资本增值。因此，私募股权资本投资机构要通过投资后管理帮助中小企业创造价值。它需要私募股权资本投资机构不仅要有项目识别能力，而且还要有专业的管理能力。

4. 从私募股权资本的退出来看。私募股权资本的成功退出是一国私募股权资本发展成熟的重要标志之一。上市、并购、回购和清算等是私募股权资本常见的退出渠道，其中上市是最佳的退出方式[①]。成功退出可实现私募股权资本的"募集——投资——投资后管理——退出"的有序流动和良性循环，促进更多中小企业发展。退出是私募股权资本运行的重要环节。私募股权资本从中小企业退出是实现价值增值的一个重要过程。私募股权资本投资机构在投资时应当考虑退出方式、退出程度与退出时机。首先，要对各种退出方式的不同特点要有清楚的认识，在事前对各种退出方式可能出现的结果做充分的估计；其次，因为不同的退出程度带来的收益不同，好的企业部分退出，还可以保留今后退出部分有更多的收益。

（二）私募股权资本的特征分析

私募股权资本作为一种从产业资本分离出来的独立资本形态，具有其自身独特的属性。具体说来，私募股权资本具有以下特征：

1. 私募股权资本是一种权益性资本。私募股权资本与其他投融资模式不同，不需要担保和抵押，不是借贷资本，而是一种长期性的流动性差的权益性资本[②]；不是产业资本，而是金融资本，追求高收益，同时面临的风险也比较高。传统商业银行的借贷看重的是资金的安全性、流动性与盈利性，一般

---

① 苗苗、孙珺超、顾铭：《私募股权投资并购退出机制研究》，《甘肃金融》2017年第9期，第60—64页。

② 刘正民：《私募股权与科技创新》，华东师范大学出版社2014年版。

从企业的现状及其实物资产出发，通过抵押等信用形式实现资本的借贷，最终目的是获得借贷资本的利息。私募股权资本投资的最终目的是通过投资和提供增值服务把中小企业做大，然后退出获取收益。追求利益最大化是私募股权资本运行的第一动力，私募股权资本投资机构不是以控制所投资的企业为目的。它的投资方向取决对未来资本增值的预期，它的投资不是分享某个中小企业的利润，私募股权资本投资机构投放到中小企业的私募股权资本通常是一种权益性资本，这决定私募股权资本投资机构是中小企业积极参与型投资者。

2. 私募股权资本是一种创新资本。在市场经济发展的过程中，货币作为一种媒介使得资本在市场运动过程中的价值的具体形式得以表现。随着 IPO 的产生与发展，使得现代资本形态由货币的具体形态向股票、债券、私募股权资本等形式转变，市场对于货币资本的依赖作用越来越小，使得股票、债券、私募股权资本等逐渐代替货币资本成为推动中小企业发展的最大推力与持续的动力。在现代资本市场快速发展的今天，私募股权资本能够很好地和现实的生产资本、人力资本结合，从而转化为中小企业生产、发展的动力[①]。资金与创新是形成私募股权资本的两大主要要素。私募股权资本是一种金融与创新相结合的投融资机制。具有增长潜力的未上市中小企业是私募股权资本的主要投资对象。从这个意义上讲，私募股权资本投资机构对投资对象的选择，不仅要求投资对象有一定的科技含量，而且要求投资对象有一定的创新性。

3. 私募股权资本是一种高能资本。私募股权资本是专业化、知识化和信息化的投资，因此人的因素显得尤为关键。在一定程度上，私募股权资本实质上并不是对生产资料的投资，而是对人的一种投资。私募股权资本对人的重视与其对智力资本的重视是密不可分的。创新是私募股权资本的精髓，私募股权资本是资本和智力的结合，是资本与管理的有机结合。通常情况下，私募股权资本投资机构不仅参与中小企业的投资，同时也积极参与投资后管

---

① 邓艳华、刘伟平：《中小企业引入私募股权投资基金的若干思考》，《福建论坛》（人文社会科学版）2015 年第 11 期，第 19—24 页。

理，并为其提供增值服务。因此，私募股权资本是集货币资本、人力资本、信用资本、知识资本、技术资本以及社会资本等多种资本于一体的高能资本①。

综上所述，私募股权资本集高风险与高收益于一身，集资本流动、科技创新与企业管理等诸多要素于一体，它通过灵活的投融资方式，为中小企业的成长提供所需要的资金。可以说，私募股权资本是人力资本、货币资本与社会资本的结合，是劳动力市场、技术市场、产品市场与资本市场的结合；是投融资行为与管理行为的有机结合。

（三）私募股权资本的类型分析

私募股权资本的种类主要是根据私募股权资本投资机构募集资本的方式、投资方式、投资后管理理念以及退出方式等来进行划分。例如，针对中小企业的不同投资阶段私募股权资本可以区分为：创业投资、收购资本、成长资本、夹层资本、重振资本、上市和财务困境等。例如，鼎晖和弘毅投资就分别有自己鲜明的投资策略，鼎晖重点关注风险投资，成功的案例有新浪、蒙牛、分众传媒、航美传媒和泛华保险等。相比之下，弘毅投资则是专注于收购业务。同时，私募股权资本投资机构的投资策略随着其组织形式、基金管理团队偏好和经济形势及市场的变化而调整。目前，私募股权资本常见的分类方法如下：

1. 天使投资。天使投资（Angel Investment）是指富裕的个人投资者用自有资金投资于早期创业企业的投资活动，即中小企业在建立初期接受的第一批投资，也可称为"种子投资"。天使投资一般是个体或小型的商业行为，具有个体性和初创期特征。天使投资是自主创新企业的"垫脚石"。天使投资的魅力在于以小博大，早期投入很少，等到中小企业发展壮大后退出，可以获得几十倍甚至几百倍的收益。国外，天使投资成功的例子很多。例如：苹果公司在早期得益的是天使投资；福特汽车公司得益于 5 位天使投资者的投资；

---

① 王荣：《农业高新技术产业化风险投资研究》，博士学位论文，山东农业大学，2010 年。

贝尔电话公司在创建时也得益于天使投资等①。我国也有很多天使投资成功的案例。例如：腾讯联合创始人曾李青的德讯投资、乐百氏董事长何伯全的广东今日投资、新东方董事徐小平设立的真格基金等。

2. 创业资本（风险资本）。创业资本（Venture Capital）是顺应创业企业的融资需求而产生的新的金融工具。创业资本是由创业投资机构投入到具有巨大竞争潜力的从事某种新思想或新技术生产的小型企业中的一种权益资本。创业资本本质上是新经济背景下的结合资本、技术、管理与创业精神等在内相容性金融制度创新。创业资本的发展水平是一个国家或地区的技术进步、创业精神和商业性投资运作的综合作用结果。创业资本常常被誉为"经济增长的发动机"。创业资本的基本职能就是为创业企业提供支持其创业和发展所需要的股权资本，并为创业企业提供增值服务。例如：2000年凯雷集团为携程旅行网提供创业资本，凯雷集团为携程旅行网注入800万美元资金取得少数股权，约占携程旅行网25％的股份②。

3. 并购资本。并购资本（Buy-out/Buy-in Capital）通过对相对成熟的中小企业进行业务改造或者兼并重组所进行的股权投资，在股权投资增值后以上市、转售或管理层回购等方式出售股份的方式退出。并购资本一般会选择合适的时机及时退出，其目的并非在于取得对中小企业的控制权。并购资本是当今私募股权资本投资运用较为广泛的投资方式③。并购资本重点关注那些发展成熟的中小企业，通过参股、控股以及重组等方式帮助中小企业改善经营，然后在其增值后再出售或者上市。理论研究表明，并购资本能使被并购企业财务结构发生变化，从而享受政府税收优惠。此外，并购资本可以通过收购、控制公司涉猎广泛的行业，直接参与企业集团竞争④。在20世纪中期，并购资本最早出现在美国，随后在欧洲及亚洲市场得到快速发展。在我国，一些

---

① 刘昱洋：《提高天使投资成功率的措施研究》，《金融理论与实践》2012年第9期，第107—111页。

② 袁华江：《中国矿业融资的经济选择：夹层融资》，《石家庄经济学院学报》2010年第2期，第45—49页。

③ Kelly R.，"Drivers of private equity investment activity：are buyout and venture investors really so different?"，*Venture Capital*，2012，Vol. 14，No. 4，pp. 309—330.

④ 裴力：《私募股权并购基金的后期运作》，《金融博览》2011年第6期，第32—33页。

上市公司（如长园集团、朗玛信息、中恒集团、延华智能、北大医药）在成立并购基金后不久便出现并购案例。2015 年我国并购市场交易数量上升 37％，交易金额达到 7340 亿美元，上升 84％，创下历史记录[①]。

4. 夹层资本。夹层资本（Mezzanine Capital）是一种附有权益认购权的无担保长期债权，是私募股权资本市场的一种投资形式，兼有股权资本投资和债务资本投资双重性质的资本形态。既可兼顾债权收益来降低风险，也可受益于企业财务业绩的增长所带来的股权收益。夹层资本投资灵活，通过融合不同的债权及股权特征，夹层投资可以产生无数的组合，夹层资本的投资工具主要有可转换优先股、可转换债券、次级债券等金融工具的组合。在现有的法律与法规前提下，中小企业获得夹层资本的关键是在融资计划当中设计出合理的金融契约。据不完全统计，2011 年，欧洲投资基金投入夹层资本 2.36 亿欧元帮助创新型中小企业融资[②]。截至 2013 年，我国夹层基金规模约 130 亿元[③]。2015 年 10 月 15 日，弘毅投资融得二期人民币夹层基金，规模超过 20 亿元人民币[④]。

5. 重整资本。重整资本（Turnround Capital）是投资于处于面临破产、重组或低价出售或财务困境中的企业的私募股权资本。一般来说，中小企业发生重组或者面临破产时，股权价格较低，这时是重整资本进入最好的时机。经验表明，一旦企业具有核心生存能力或企业价值被严重低估，重组的目标就较容易实现。接受重整资本的中小企业不一定是未上市的企业，也有可能是已经上市的但是发展陷入困境的企业。重整资本的投资策略一般是"困境——控制"的方式，重整资本可能通过收购这类上市公司的股份，帮助企业重新发展，摆脱困境或重整成功，从而实现企业的重新上市，或者把企业从退市的边缘挽救回来，产生新的市场价值，然后再退出。美国著名私募投资

---

① 2015 年并购交易金额增长 84％达到 7340 亿美元，2016 年 1 月 29 日，2016 年 7 月 19 日，http//district. ce. cn/zg/201601/29/t20160129_8643576. shtml。

② 曹建如：《欧盟支持创新型中小企业的金融机制——以欧洲投资基金为例》，《全球科技经济瞭望》2013 年第 1 期，第 34—39 页。

③ 杨芮：《"新国十条"铺路：险资迈入私募股权投资新时代》，《第一财经日报》2014 年 9 月 15 日。

④ 弘毅投资官网：http：//www. honycapital. com/index. php? s＝/Home/Invest/jiaceng。

基金银湖基金收购康萨可公司案，就是典型的重振资本投资①。

6. 发展资本。发展资本（Development Capital）往往投资于中小企业成长期或扩张期。这类资本的一个重要作用就在于为中小企业突破再投资利润和杠杆比率的限制，为它们进一步在公开资本市场上融资打下基础。尽管该阶段的私募股权资本投资回报并不太高，但对于私募股权资本投资机构而言，却具有很大的吸引力，原因就在于所投资的中小企业已经进入扩张期，中小企业管理层也具备良好的业绩记录，有相对稳定的现金流。例如，九鼎中国成长基金专注于我国境内消费品、医药、农业、先进制造业和新兴产业领域内成长期与成熟期的未上市企业投资。

7. Pre-IPO 基金。Pre-IPO 基金是私募股权资本的一种，Pre-IPO 基金在企业上市前便持有企业的股权，在企业上市后，转让该企业的股权，通过企业上市前后的价差获利。其与天使投资相比，具有投资的风险较少、回收快的优点；与普通的股票型基金相比，具有回报高的优点，一些运作良好的 Pre-IPO 基金可获得比普通股票型基金高十多倍的收益率②。对于私募股权资本投资机构来说，其目的在于可以获取短期利益。投资时间的长短同时意味着投资风险的大小，投资时间越短风险越小，私募股权资本投资机构进入的价格就越高；反之亦然。总体来说，Pre-IPO 基金的价格应与投资进入的时间长短呈反比。例如：2015 年 5 月 20 日，北大未名生物医药 Pre-IPO 基金募集金额达 9760 万元人民币③。

8. PIPE。PIPE（Private Investment in Public Equity）是指对上市公司非公开发行股权的投资，目的是为帮助已上市企业扩大公司资本、实现再融资。PIPE 最大的特点在于将私募发行与公开市场相结合，一方面，PIPE 以普通私募发行制度为基础，通常是上市公司与特定投资者通过私下谈判发行证券；另一方面，PIPE 兼具某些"公开发行"的特征。PIPE 的这种融资方式和特

---

① 肖金泉：《国际私募——企业通往国际资本市场的桥梁与跳板》，中信出版社 2008 年版，第 38 页。

② 耿建新：《续芹·Pre-IPO 基金的兴起与展望》，《财务与会计》2007 年第 8 期，第 32—33 页。

③ 《北大未名生物医药 Pre-IPO 基金季度投资报告》2015 年 8 月 18 日，2016 年 7 月 19 日。见 http://www.starluckwm.com/? newsid＝2573&.p＝home_xhnewsdc。

点非常受那些希望快速成长的上市公司欢迎，在 PIPE 发行中不需要昂贵的路演，监管机构的审查更少一些，这使得融资成本和时间都大大降低。例如，2014 年 11 月 22 日，祖禾资本宣布发起设立国内首只综合性 PIPE 私募股权母基金，总规模 20 亿元，首期募资 3 亿元已经到位[①]。

三、私募股权资本与相关概念的比较

（一）私募股权资本市场与一般资本市场的区别

私募股权资本市场在募集渠道、投资方式、投资后管理、退出方式等方面都与一般资本市场有很大差别，具体表现在以下几个方面：

1. 募集渠道不同。私募股权资本大多来自机构投资者包括保险基金、战略投资者、养老基金、退休基金等长期效益类机构投资者以及富裕家庭与个人。一般资本市场的资本来自社会公众和各类机构投资者。

2. 投资方式不同。私募股权资本投资目的是为经营中小企业，通过投资和提供增值服务把中小企业做大，并不是为获得中小企业的所有权，不是为控股。投资周期一般在 3~7 年，而且根据中小企业需要可以延长，流动性较差，投资周期长，投资风险大，投资失败率高。私募股权资本市场的投资对象主要是科技型中小企业。依据其投资对象的不同，形成从事计算机软件、生物制药、新材料、通信技术等高新技术产业的专业私募股权资本。一般资本市场主要是一次性投资，投资周期较短，流动性较强，投资成功率较高，投资风险小。一般资本市场的投资对象主要是成熟的大中型企业。投资对象相对分散的，对象的选择取决于其盈利性[②]。

3. 投资后管理不同。私募股权资本投资机构要参与企业经营管理决策，协助处理企业危机事件，监控财务业绩和经营状况，帮助制定企业发展策略

---

① 李意安：《祖禾资本打造收支创新 PIPE 私募股权投资并购基金》，2014 年 11 月 23 日，2016 年 7 月 19 日，见 http://www.eeo.com.cn/2014/1123/269203.shtml。

② 李赛敏：《论对私募基金的法律规制》，《法律科学》（西北政法大学学报）2008 年第 5 期，第 95—110 页。

和营销计划，参与到企业的董事会，并提供各种增值服务，介入程度较深。一般的投资为企业提供管理咨询服务，一般不参与企业管理决策[①]。

4. 退出方式不同。私募股权资本退出方式包括首次公开发行上市、并购、股份回购、清算等。一般资本市场根据投融资双方的协议来确定退出方式。

(二) 私募股权资本与非法集资的区别

非法集资是指法人、其他组织或个人没有依照法定的程序经有关部门批准，承诺高回报或者高利息来诱惑公众发行股票、债券、彩票、投资基金等进行资金募集的行为。非法集资只是对于类似的一系列犯罪行为的统称，在中国刑法上并不是一个明确的罪名[②]。根据我国现行的金融制度，单位或者个人依照法定的程序经有关部门批准的资金募集渠道主要有证券公司集合理财计划、股票、债券、信托、保险、短期融资券、证券投资基金、商业银行等几类。上述正规的融资渠道在很大程度上忽视中小企业的融资需求，更多地向国有大中型企业倾斜。在这种制度背景下，非法集资是我国经济转轨时期出现的一种不正常现象，非法集资活动频繁发生，表现形式也层出不穷，对监管秩序构成了一种挑战。政府对非法集资活动的打击历来很重视，也下大力气进行过整治，但由于进行非法集资活动的投资公司在处理相关业务时，手段和方法非常隐蔽，监管难度增大[③]。因此，私募股权资本与非法集资存在着很大区别，具体表现在以下几个方面：

1. 性质不同。私募股权资本与非法集资二者的本质区别是：法律允许私募股权资本交易行为不进行批准和注册登记，属于法律非禁止的行为，因此，它不属于非法行为；而非法集资由于违反法律规定的程序被称为"非法"，是法律规定所禁止的行为。

[①] MacMillan I C., Kulow D. M., Khoylian R., "Venture capitalists' involvement in their investments: Extent and performance", *Journal of business*, venturing, 1989, Vol. 4, No. 1, pp. 27—47.

[②] 陈宝富、周少怡：《私募与非法集资犯罪的边界》，《法学》2013 年第 11 期，第 152—156 页。

[③] 王颖欣、李晓文：《私募与非法集资的法律适用》，《中国金融》2016 年第 13 期，第 80—82 页。

2. 募集对象不同。私募股权资本对投资者的投资资格等有所限制，主要向特定的投资者进行资本募集；非法集资对投资者的资格没有限制，主要向不特定的社会公众进行资金募集。

3. 利益分配不同。私募股权资本是一种直接投融资行为，私募股权资本投资者与私募股权资本投资机构希望获得的是股权资本的增值；非法集资一般在一定期限承诺向出资人高回报或者高利息①。

4. 后果不同。私募股权资本属于法律非禁止的行为，由于其参与人数特定、人数有限，监控部门可以监控其不当运作对资本市场的负面影响；非法集资属于法律禁止的行为，由于其参与人数非特定，其运作不透明、不规范，监控部门很难监控其不当运作对金融体系的负面影响。

(三) 私募股权资本投资基金与私募证券投资基金的区别

私募股权资本投资基金是通过对有成长价值的中小企业进行股权投资，适当时在二级市场转让股权来实现私募股权资本增值的一种投融资行为。

私募证券投资基金通过在二级市场投资于可流通的上市公司股权或衍生品。国外证券市场中有很多类型的基金（例如，股票基金、对冲基金、期货基金和期权基金等）具有私募证券投资基金的特征，如在东南亚金融危机中兴风作浪的"量子基金"就是对冲基金的典型代表。当前，我国资本市场上存在券商集合资产管理计划、君子协议型私募基金、管理自有资金的投资公司、信托公司集合资金信托计划等几种私募证券投资基金形式。私募证券投资基金是适应经济发展需要而应运而生的，是市场发展到一定阶段的产物，已成为影响我国证券市场稳定的重要力量之一，私募证券投资基金的出现推动金融创新，改善资本市场结构，拓宽人们的投融资渠道，促进经济发展，具有广阔的市场需求，蕴含巨大的资本能量②。

私募证券投资基金与私募股权资本投资基金的主要区别在于投资对象不

---

① 夏斌、陈道富：《中国私募基金报告》，上海远东出版社 200 年版，第 46—47 页。

② 窦尔翔、何小锋、康从升：《基金资本市场链的机理与效应——基于股权基金与证券基金的比较》，《经济体制改革》2011 年第 1 期，第 106—111 页。

同，私募证券投资基金"投资于证券市场，特别是公共二级市场的基金"[①]；私募股权资本投资基金主要投资于非上市公司的股权。

（四）私募股权资本投资基金与产业投资基金的区别

产业投资基金是指对非上市企业进行股权或准股权投资，并为被投资企业提供增值服务，按契约分享投资收益的一种金融工具。产业投资基金与私募股权资本投资基金相同的是两者均为实业投资形式，募集形式都是私募，投资目标都是非上市公司的股权。两者存在的差别如下[②]：

1. 性质不同。私募股权资本投资基金通常由拥有投资专业经验或能为投资对象提供丰富增值服务的机构或主体发起，采取完全的市场化运作模式，以增值盈利为主要目标，以商业规则和合同责任制为基本准则，且具有强烈的私营属性。产业投资基金是中央或地方政府为实现一定的经济发展目标而设立的基金，具有半官方色彩。其资金来源一般为政府划拨和社保基金，其投向为中央和地方政府所鼓励或倡导的产业和特定行业，主要是支持特定产业的发展和促进行业进步，起着引领社会其他资金投资的风向标作用。产业投资基金属于国家在经济上进行宏观调控的间接手段[③]。

2. 投资对象不同。私募股权资本投资基金投资于种子期或成长期的企业。产业投资基金投资于成长期、成熟期与衰退期的企业。

3. 投资倾向不同。私募股权资本投资基金投资一般注重于将科技成果转化为产品。产业投资基金投资注重于解决国家政策扶持产业发展中的资金问题。

4. 投资规模不同。私募股权资本投资基金的规模要小于产业投资基金，私募股权资本投资基金的单笔投资额通常小于产业投资基金的单笔投资额。产业投资基金的规模要大于私募股权资本投资基金，因为投资阶段以及投资目的不同，产业投资基金的单笔投资额通常大于私募股权资本投资基金的单

---

① 罗显华：《私募股权投资基金的运作与银行发展》，中国书籍出版社 2015 年版。

② 黄亮：《我国文化产业投资基金研究》，博士学位论文，中国艺术研究院，2013 年。

③ 窦尔翔：《中国产业投资基金发展的路径选择》，《中国人民大学学报》2006 年第 5 期，第 8—15 页。

笔投资额。

5. 投资风险不同。私募股权资本投资基金的风险较大。产业投资基金的风险较小于私募股权资本投资基金的风险。

第二节　私募股权资本运行系统构成分析

就私募股权资本运行的自身结构而言，是由众多私募股权资本供给者（即私募股权资本投资者，向私募股权资本投资机构提供股权资本的法人与自然人）、中小企业（私募股权资本需求者）和私募股权资本投资机构及其他中介机构相互作用、相互联系结合而成的具有特定经济功能的有机系统。私募股权资本作为货币资本、人力资本、信用资本、知识资本、技术资本以及社会资本交集而成的特殊资本，将私募股权资本供给者、中小企业和私募股权资本投资机构三大主体联结成一个有机组织体。私募股权资本运行是一个复杂的过程。尽管世界各国私募股权市场的发达程度各不相同，然而就私募股权资本运行系统的构成要素来说大体相同，不外乎以下三个方面，即私募股权资本市场主体（包括私募股权资本需求者与供给者）、私募股权资本市场中介（见图1－2）、私募股权资本市场交易工具。

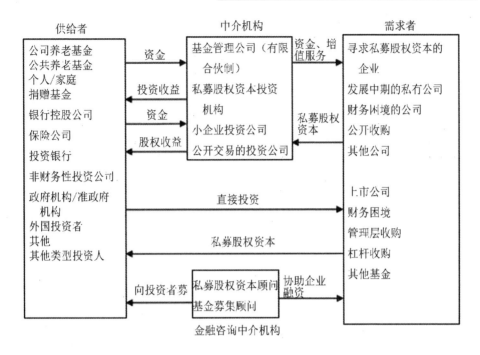

图1-2 私募股权资本运行系统的构成

资料、图片引自周立群、王静：《私募股权募资、投资与退出分析》//曹和平：《中国私募股权市场发展报告（2010）》，社会科学文献出版社2010年版，第233页。

一、私募股权资本市场主体

私募股权资本市场的参与主体就是指私募股权资本市场的交易者。这些交易者可以是私募股权资本的供给者，也可以是私募股权资本的需求者，还可能以双重身份出现。私募股权资本供给者提供的私募股权资本与私募股权资本投资机构的专业知识具有交易性。对于私募股权资本运行来说，市场参与主体具有决定性的意义。第一，私募股权资本市场的规模大小和发达程度由交易主体数量上的多少所决定，众多交易者的参与，可以保持私募股权资本市场的繁荣和稳定。第二，私募股权资本参与主体的竞争导致私募股权资本市场业务的不断创新，促进私募股权资本运行效率的提高，更好地满足私募股权资本需求者和供给者的需要。第三，私募股权资本运行的参与主体的多少与交易的频繁程度影响着私募股权资本市场的深度与广度。根据交易者和交易关系，可将私募股权资本运行的参与主体划分为私募股权资本需求者和私募股权资本供给者两大类[①]。

（一）私募股权资本需求者

中小企业是私募股权资本的需求者。中小企业在发展的各个阶段需要不同规模、不同用途的资本支持。中小企业是私募股权资本需求者，是因为中小企业自身没有足够的资金，中小企业在种子期、初创期、扩张期、成熟期和重建期或者并购其他企业由于资金的不足，面临财务危机，就需要相应的资金，使得中小企业能够进行周转，此时中小企业是私募股权资本的需求者。中小企业的特点决定私募股权资本行业高风险和高收益并存[②]。鉴于此，有时候将投资的中小企业称为风险企业。在初创期，一方面，自有资金的积累无法满足中小企业发展的需要；另一方面，中小企业很难从金融机构获得信贷支持。因此，最初的启动资金是创业期[③]的中小企业最需要的。在扩张期，用于扩张规模、提高生产能力的资金是成长期的中小企业最需要的。在重建期，一些企业存在经营上的问题，经过改造可能显著提高盈利能力，因此，并购和改制资金是改制重组企业最需要的。

1. 寻求私募股权资本的企业。传统的早期私募股权资本需求者通常是一些具有较大运营风险的中小企业；晚期私募股权资本需求者通常拥有一个比较完善成熟的技术，是一些经营基本稳定的中小企业，它们在市场中的不确定因素很少，风险相对较小，这一类型的中小企业需要私募股权资本投资机构来帮助其提高现有生产能力，以保持中小企业的可持续发展。

---

① Yates G., Hinchliffe M., "A practical guide to private equity transactions", *Cambridge University Press*, 2010.

② 王延伟、曲吉光、曲平、等：《科技型中小企业的融资次序及其实现路径》，《金融发展研究》2016 年第 7 期，第 70—74 页。

③ 例如，在初创期，尤其是具有增长潜力的中小企业是传统意义上的私募股权资本需求者，在初创期，自有资金的积累无法满足发展的需要，而信用和抵押物缺失使中小企业很难从通过商业银行借贷等正常渠道融资，因此迫切需要资金支持，私募股权资本追求高收益、能承受风险的特点以及管理优势正好迎合了中小企业初创期的资金需求。

2. 市场发展中期的企业。随着中小企业的不断发展，一些稳定期的大中型企业甚至上市公司也逐渐变成为私募股权资本需求者。处于发展中期的中小企业与寻求私募股权资本的中小企业有明显的区别：第一，处于发展中期的中小企业通常是一些建立时间较长的中小企业，它们规模较大，经营比较稳定；第二，处于发展中期的中小企业大多是一些传统的零售和制造业，有着稳定的现金流，但盈利增长缓慢；第三，处于发展中期的中小企业通常有可以用来做抵押与担保的资产。

3. 财务困境中小企业。财务困境又称"财务危机"。关于财务困境，目前还没有形成统一的概念。中小企业通常是因为债务融资过度而无力偿还债务，甚至处于破产的境地。在激烈的市场竞争中，中小企业随时都有发生财务困境的可能。企业管理差，经营不善是导致中小企业财务困境的内部原因；激烈的市场竞争、经济政策变化带来的不利影响是导致中小企业财务困境的外部原因。私募股权资本投资机构对处于财务困境的中小企业未来发展方向有一定影响力和决定权。对于私募股权资本投资机构来说，私募股权资本投资机构不仅仅需要寻找财务困境中小企业，而且需要寻找产生巨额亏损的中小企业。私募股权资本投资机构的核心任务是通过一段时间的现金流"输液"让财务困境中小企业"起死回生"。在货币政策与财政政策收紧或宏观经济下滑的时候，会出现许多财务困境中小企业。

4. 科技型中小企业。私募股权资本投资机构特别偏爱那些在高技术领域具有领先优势的中小企业，比如生物医药、信息技术、节能环保、新材料、新能源领域。科技型中小企业对资金需求依赖度较高，具有高投入、高风险、高收益的特点。这类企业一旦创业成功，便可为私募股权资本投资机构带来高收益回报。因此，这些中小企业常常可以从私募股权资本投资机构募集到足够的资金。

5. 其他中小企业。一些中小企业通过私募股权资本融资的交易费用要比公开市场融资低很多；一些中小企业不愿意披露信息而采取私募股权资本融资；一些中小企业是为方便省时而采取私募股权资本融资；一些上市中小企业也可能成为私募股权资本市场上的融资者①。

(二) 私募股权资本供给者

私募股权资本的供给者主要指私募股权资本投资者。私募股权资本供给者是私募股权资本的实际所有者，他们将自身闲置的资金交给私募股权资本投资机构管理运作以谋求高额回报。如果没有私募股权资本的供给者，私募股权资本运行将会是"无源之水、无本之木"。一般来说，实践中，私募股权资本市场上主要以机构投资者为主，个人投资者为辅。私募股权资本的供给者具有一定货币资金，对货币资金具有支配权。私募股权资本的供给者既可以是政府资本与各类机构，也可以是富裕家庭与个人，甚至可以是外国投资者。充足的私募股权资本供给对私募股权资本市场的发展具有重要意义。目前，私募股权资本的供给者主要是以下几类：

1. 政府机构/准政府机构。政府机构/准政府机构通常有小中小企业投资公司、产业战略基金、中小企业发展公司等类型。政府机构/准政府机构对私募股权资本进行投资对缓解中小企业的融资难题有一定的促进作用。私募股权资本形成初期，一些国家的政府机构/准政府机构都曾直接进入私募股权资本领域，借以启动私募股权资本领域的投资活动。

2. 银行控股公司。对于私募股权资本投资机构来说，银行控股公司作为投资者，其资金的风险性大于退休基金。银行控股公司投资私募股权资本项目的是为获得介于私人资本投资和其他商业银行产品之间的经济上的好处。银行控股公司是私募股权资本的早期投资者②。

3. 公司养老基金和公共养老基金。公司养老基金和公共养老基金在机构投资者中具有代表性，一般占发达国家私募股权资本来源的 40%～50%③。公司养老基金和公共养老基金大多委托私募股权资本投资机构进行具体投资，通过利润分成实现其投资回报。

---

① 王磊：《我国私募股权投资的融资研究》，博士学位论文，西北大学，2009 年。

② 徐建华：《风险投资公司筹资阶段的风险管理》，《中国金融学院学报》2000 年第 2 期，第 27—31 页。

③ 孙薇：《欧洲私募股权资本发展现状与经验总结》，硕士学位论文，同济大学，2007 年。

4. 非金融系统大公司发起的基金。非金融系统的大公司发起基金的目的是收购新兴中小企业，通常在新兴中小企业创业中后期进入，控股企图明显，借此巩固非金融系统的大公司在行业中的技术优势和垄断地位。非金融系统的大公司发起的基金在美国居其总量第二位，日益成为私募股权资本的重要来源。

5. 捐赠基金。在美国，捐赠基金大部分是通过合伙制参与私募股权资本，是私募股权资本的第二大资本供给者。捐赠基金中的相当一部分资金投资于私募股权资本，其业绩一直在大学捐赠基金的业绩排名中处于领先地位。一般情况下没有附带苛刻条件，所以不存在流动性风险。因此，捐赠基金是私募股权资本最佳的投资者①。

6. 富裕家庭与个人。富裕家庭与个人是私募股权资本供给主体之一，是西方国家私募股权资本市场上一支活跃的力量（其中，大部分是天使投资）。在我国也同样存在着富裕家庭与个人投资者，我国中小企业起步的第一笔资金往往是来自家庭或亲朋好友的债权或股权投资。

7. 外国投资者。在不同国家，私募股权资本的外国投资者有不同的特点。在美国，外国投资者主要是看重在美国的私募股权资本运作可以实现较高收益，此外，美国的经济成熟稳定；在欧洲，外国投资者主要看重的是培育其私募股权资本市场，侧重介入风险基金的发起；在亚洲，外国投资者主要是看重私募股权资本市场的发展潜力，意在通过输入私募股权资本和投资后管理服务开拓与占领私募股权资本市场领地。

二、中介机构

中介机构是指通过设计、创立和运用各种金融工具，为私募股权资本投资者、私募股权资本投资机构以及中小企业建立沟通和连接渠道的专业性服务机构。在政府与私募股权资本投资机构之间、私募股权资本的出资者与资本管理者之间、私募股权资本投资机构与中小企业之间、私募股权资本运行

①　孙晓靓：《我国私募股权基金的融资渠道研究》，硕士学位论文，天津财经大学，2012年。

过程中的各类参与者与市场之间都存在许多中介机构（见图1—3），使得私募股权资本运行的各阶段成为一个顺畅的资本循环和增值过程。如果没有中介机构的参与，资金运动链条就会中断，私募股权资本的运行也就无法进行。私募股权资本中介机构是伴随着私募股权资本的发展而出现的，中介机构包括专业的投资顾问、人力资源方面的顾问、股票的经纪人，有一些是为私募股权资本投资机构提供公关、市场营销和数据方面的专家和团体以及其他方面的专业服务机构，正是因为中介机构的存在，使得在私募股权资本的相关各方交易的成本降低。通过中介机构可以大大提高私募股权资本的运行效率，社会资本转化为私募股权资本有效的办法是通过私募股权资本投资中介机构来实现[①]。

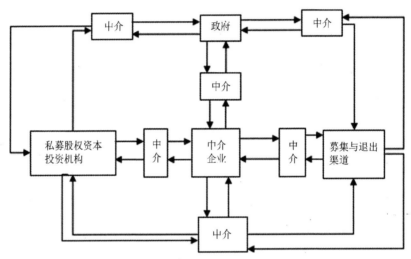

图1—3　私募股权资本中介服务组织示意图

资料、图片引自文先明：《风险投资中信息不对称及风险分析研究》，博士学位论文，中南大学，2004年。

　　在私募股权资本行业发展的初期，私募股权资本投资者要自行承担投资前的尽职调查、投资后管理以及退出等相关工作并直接投资目标企业。但大多数私募股权资本投资者缺乏必要的投资知识和投资经验，未能对投资目标

────────

①　文先明：《风险投资中信息不对称及风险分析研究》，博士学位论文，中南大学，2004年。

企业进行尽职调查从而加大直接投资的难度，这促进了私募股权资本投资中介机构的发展。从发达国家私募股权资本行业的发展来看，私募股权资本市场中介机构主要有会计师事务所、律师事务所、投资银行、基金募集顾问、基金管理公司、私募股权资本投融资顾问、资信评估机构、财务顾问、专业市场调查机构、技术咨询机构、产权交易所等中介机构。中介机构在私募股权资本市场中的作用十分重要，在一定程度上，私募股权资本投资成功与否主要取决于有无素质良好的中介机构参与[1]。私募股权资本交易的发生往往离不开中介机构，其作用在于促进私募股权资本市场上的资金融通，在资金供给者和资金需求者之间架起联系的桥梁，满足融资者和投资者的需要[2]。一般来说，私募股权资本投资中介有以下几种：

（一）私募股权资本投资机构

私募股权资本投资机构从资本供给者手中募集私募股权资本，再以股权投资的形式投到具有高成长性的中小企业中，是私募股权资本供给者和私募股权资本需求者之间的中介机构。私募股权资本投资机构不仅负责私募股权资本的募集、项目的筛选、合同的签订，并参与中小企业的投资后管理为中小企业提供增值服务，还直接确定私募股权资本退出的时间和方式，通过IPO、并购、回购、清算退出以期获得高额回报。私募股权资本投资机构把私募股权资本的循环与周转作为一种盈利工具，它同时面对私募股权资本的原始供给者和最终需求者，本身是以私募股权资本需求者和供给者的身份存在的，具有供求的双重身份。私募股权资本投资机构主要追求成本最为低廉、质量最佳的私募股权资本供给源，其融资能力取决于其经营业绩和自身市场声誉。

私募股权资本投资机构是联结与沟通私募股权资本供给者与私募股权资本需求者（中小企业）的桥梁与纽带。对私募股权资本需求者（中小企业）而言，私募股权资本投资机构是私募股权资本的提供者，与商业银行一样也

---

① Yates G.，Hinchliffe M.，"A practical guide to private equity transactions"，*Cambridge University Press*，2010.

② 董运佳：《美国私募股权投资基金研究》，硕士学位论文，吉林大学，2009 年。

是社会资金融通的中介机构。对私募股权资本供给者来说，他们是私募股权资本的需求者，私募股权资本投资机构是私募股权资本市场体系中的最有活力的主体，是私募股权资本运行的核心。中小企业越处于早期，需要私募股权资本投资机构提供的支持越宽泛，对私募股权资本投资机构的要求就越高[1]。为实现私募股权资本的增值，私募股权资本投资机构不仅要对各种生产要素进行科学的组合和管理，而且要对私募股权资本进行有效的运行。不仅要对私募股权资本的募集、投资、投资后管理与退出等一系列私募股权资本的运行战略策略进行科学谋划，而且必须具备驾驭私募股权资本投资机构之间竞争局面的能力。

（二）私募股权资本募集顾问

私募股权资本募集顾问主要是帮助私募股权资本投资机构向私募股权资本投资者募集私募股权资本，并提供服务的机构。私募股权资本募集顾问为私募股权资本投资机构提供专业化服务。主要包括以下几个方面服务的具体内容[2]：

1. 帮助私募股权资本投资机构完善募集计划书，完善或调整投资策略。

2. 为私募股权资本投资机构制定有效的管理费比例，对私募股权资本投资机构的管理团队的经验和能力做充分的解释，对私募股权资本投资机构过去的业绩状况做出有利说明。

3. 向私募股权资本投资者推荐私募股权资本投资机构和递交募集计划书，安排私募股权资本投资者考察私募股权资本投资机构。

4. 辅导私募股权资本投资机构接受私募股权资本投资者各方面调查。

5. 全面审核私募股权资本投资机构与私募股权资本投资者签订的协议条款。

6. 根据私募股权资本的特点、需求，为私募股权资本投资机构推荐最适合的私募股权资本投资者。

---

[1]　王荣：《农业高新技术产业化风险投资研究》，博士学位论文，山东农业大学，2010年。

[2]　邱柯萍：《私募股权基金在我国的实践与发展研究》，硕士学位论文，南京理工大学，2009年。

（三）私募股权资本投融资顾问

私募股权资本投融资顾问是具有专业分析能力的咨询机构或者投资银行。私募股权资本投融资顾问扮演私募股权资本投资机构与中小企业之间的媒介关系。私募股权资本投融资顾问可帮助私募股权资本投资机构寻找有增长潜力的中小企业，以防范私募股权资本投资的风险；私募股权资本投融资顾问可帮助中小企业寻找符合其成长与发展特点的私募股权资本投资机构，以提高中小企业的融资成功率。

（四）其他中介

主要包括资信评估公司及其他已进入信息咨询服务业务为主的中介机构，主要有资信评估机构与咨询类中介。

从以上分析，我们可以看出，在私募股权资本的运行中，各类中介机构的服务将私募股权资本运行的各个环节及相关参与主体紧密联系起来，使私募股权资本的募集、投资、投资后管理与退出四个环节成为一个顺畅的资本循环和增值过程。可以说，没有中介机构的参与，私募股权资本的运行就无法进行。

三、交易工具

交易工具是连接私募股权资本投资机构、私募股权资本投资者以及中小企业的纽带。实践当中，私募股权资本投资机构往往通过交易工具的设计和复杂的契约来约束私募股权资本运行参与主体的经济行为[1]。普通股、债券、衍生复合工具是私募股权资本资本市场常见的交易工具。

---

[1] 杨金梅：《解构私募——私募股权投资基金委托代理问题研究》，中国金融出版社 2009 年版，第 163 页。

（一）普通股

普通股是私募股权资本市场中最重要的投资工具。普通股契约规定私募股权资本投资机构和中小企业按股权份额行使权利。私募股权资本投资机构以普通股形式向中小企业注入私募股权资本，并享有普通股的权利，如重大决策参与权、有限责任、投票权、剩余控制权、剩余财产分配权、盈余分配权、优先认股权、中小企业成长收益的分享权，但是私募股权资本投资机构的面临的投资风险大[①]。

（二）债券

私募股权资本投资机构以债权形式对中小企业进行投资。对中小企业来说，中小企业一开始就在高负债的资本结构下运行，还本付息的压力较大。债券投资的优点表现在两个方面：其一，债券投资的盈利稳定，私募股权资本投资机构可获取固定的利息收入；其二，债券投资的安全性高，债券投资的风险比其他证券投资的风险要小，此外，在中小企业破产或清算时，私募股权资本投资机构享有优先的清偿权。但债券投资的缺点是私募股权资本投资机构不能分享中小企业的未来增长潜力与成长利益[②]。

（三）衍生复合工具

衍生复合工具是附着在基本金融工具（普通股和债券）衍生出来的金融产品，主要有优先股（包括可转换优先股、累积优先股、可赎回优先股、附特别投票权优先股等[③]）、可转换债券和股票期权等。衍生复合工具在私募股权资本行业中被广泛采用。其中可转换优先股、可转换债券是最适合于私募股权资本的衍生金融产品。一般来说，简单的融资工具组合比单一的股权融

① 侯利宏：《私募股权投资中投资人几个特殊权利在中国法下的运用》，《西南政法大学学报》2013 年第 2 期，第 32—38 页。

② 范柏乃、袁安府：《风险投资工具、股权定价与合同设计》，《证券市场导报》2002 年第 6 期，第 30—37 页。

③ 李文涛：《私募有限合伙基金法律制度研究》，知识产权出版社 2009 年版，第 146 页。

资或债务融资更有激励效果。

（四）三类交易工具的比较

从中小企业融资的角度与私募股权资本投资机构的角度对股票、债券、衍生复合工具进行比较。从表1—2、表1—3的对比分析，我们发现衍生复合工具里的可转换优先股较好的符合中小企业和私募股权资本投资机构双方的需求，是私募股权资本投资中的一种较理想的投资工具。

表1—2 中小企业融资方式的比较

融资类型	资金成本与现金流	融资风险	股权稀释
普通股	无税盾效应。	降低财务风险。	股权稀释且控制。
债权	有税盾效应，每年有相应现金流流出。	加大财务风险。	股权无稀释。
优先股（不可转换）	无税盾效应，现金流流出递延至赢利后。	降低财务风险，赢利后加大现金流流出。	股权稀释且导致控制权丧失。
可转换优先股	无税盾效应，由于可以将股息转换普通股而不会有现金流流出。	降低财务风险，也减免赢利后的支付困境，保证普通股股东的权益。	股权稀释，控制权丧失效应递延，而此时由于私募股权资本获利退出而股权风险化，因此也不会导致控制权丧失。

表1—3 私募股权资本投资机构投资方式比较

投资收益	投资风险	代理成本（监督成本）	
普通股	不确定	投资风险大。	获得控制权，对管理者激励不足而代理成本相对较高。
优先股（不可转换）	固定股息，收益低。	存在优先获利权和优先清偿权而投资风险小。	代理成本低。
可转换优先股	在中小企业经营良好时可以享受享受增值收益。	在中小企业经营不善时，可以享受优先清偿权投资风险较小。	不获得控制权对管理者有一定激励，并且存在一定表决权代理成本相对较低。

表1—2、表1—3资料、数据引自余晓明：《可转换优先股在风险投资中的运用》，《技术经济与管理研究》2003年第6期，第50—51页。

第三节　私募股权资本运行的理论分析框架

一、私募股权资本运行的基本条件分析

私募股权资本是一种综合各种金融工具、各级金融市场以及金融机构的资本循环体系。各国围绕私募股权资本运行而设立私募股权资本市场。私募股权资本投资者、私募股权资本投资机构、中小企业以及中介服务组织等都是这个市场的参与者。在现实生活中，各国通过一系列的制度安排来实现私募股权资本的良好运行，具体体现为中小企业创新活动对资本的需求催生出执行特定职能的资本、产业资本与私募股权资本之间形成特殊分工、私募股权资本运行需要与高素质人才结合。

（一）中小企业创新活动对资本的需求催生出执行特定职能的资本

目前，中小企业是我国技术创新的主体和重要源泉，在这个背景下，中小企业创新活动又得以在自觉基础上发展成为一种社会经济生活中的持续现象。正是现代中小企业创新活动对外源资本自觉而持续的需求催生出执行特定职能的私募股权资本发展成为一个专门行业。但中小企业的创新活动充满诸多不确定因素，如创新活动的速度、研发活动是否成功、未来市场对新产品的需求情况等，这些都使得中小企业很难获得银行贷款等传统融资途径的支持。从中小企业技术创新运行的整个过程来看，技术创新面临的最大障碍是资金不足。与此相适应，专业的私募股权资本也就随之幸运而生，私募股权资本为中小企业融资开辟新的渠道，可为中小企业技术创新提供资金保障[①]。私募股权资本就其本源而言，是适应创新活动对外源性股权资本的需求

---

① Lerner J. , Sorensen M. , "Strömberg P. Private equity and long-run investment: The case of innovation", *The Journal of Finance*, 2011, Vol. 66, No. 2, pp. 445−477.

而起源并演进的新型投融资制度[①]。

(二) 产业资本与私募股权资本形成特殊的分工

现代经济高度发展得益于分工水平的提高带来生产效率的迅速提升。分工加深生产迂回程度，提高分工个体的专业化水平，促进技术知识的积累、创新和扩散[②]。产业资本与私募股权资本形成特殊的分工加深生产迂回程度，提高分工个体的专业化水平，促进技术知识的积累、创新和扩散私募股权资本整个运作过程必然涉及一系列复杂分工环节，特别是其中的关键分工环节涉及私募股权资本投资者、私募股权资本投资机构、中介服务机构和中小企业，围绕这些关键分工环节衍生出与之紧密衔接的复杂分工网络体系。这种网络体系中，与投资分工相关的大量专业信息、知识与资本被整合的结果就是进一步促使生产效率大幅度提高，使私募股权资本运行所需要的各种资源配置优化，私募股权资本所达到的效率远远超过一般生产过程效率对于普通投资领域的利润反馈，大大提高私募股权资本的运行效率。由于现代创业大潮的兴起，社会生产过程分工成为创办企业与成熟制造两个阶段。资本也裂变为产业资本与私募股权资本两种形态。产业资本与私募股权资本在各自领域的目标也有差异，产业资本追求的是平均利润，而私募股权资本追求的是超过平均利润的超额利润。

(三) 私募股权资本与高素质人才的结合

私募股权资本以资本人格化与人才资本化双轮驱动，推动社会创业创新活动向前发展，保持经济持续发展的活力。私募股权资本是专业化、知识化和信息化的投资，因此人的因素显得尤为关键，在某种意义上，私募股权资本实际上是对人的投资。私募股权资本对人的重视，是和它对于智力资本和

---

① 邓强：《创业理论的演进脉络——创业研究的创业者异质型人力资本实现视角提炼》，《研究与发展管理》2010 年第 1 期，第 60—67 页。

② Romer P．，M．，"Growth based on increasing returns due to specialization"，*The American Economic Review*，1987，Vol. 77，No. 2，pp. 56—62.

无形资产的重视密切相关的。私募股权资本的精髓是创新、资本和智力的结合。在中小企业创业过程中，有两类关键人物：一是管理型的中小企业家，他们具有专业管理技能并实际经营中小企业的能力，能够使中小企业不断增值；二是创业型的中小企业家，他们勇于创新，敢于承担责任，并具有创业与创新精神，同时他们可能是中小企业核心技术的发明者[①]。私募股权资本对人才素质的要求及管理投入正是私募股权资本运行的内在要求。私募股权资本运行集资本、技术、管理、智能于一体，运行过程中汇集大量的金融专家、技术专家、管理专家与创业家及其他各方面的专家。

总体来看，私募股权资本作为中小企业创新与金融创新的产物，人们把私募股权资本理解成是一种新的投资方式是不全面的，这样容易忽略这种新资本形态在各个方面上与其他资本表现出的异质性，容易忽略私募股权资本这种新的资本形态对于中小企业创新作用，同时，也不利于我们发挥这种新资本形态在提升国家自主创新能力上的巨大潜力和长远作用。因此，借助于马克思主义的经济学基本原理解释与论证私募股权资本的运行机理具有重要的意义。

二、私募股权资本运行的宏观机理

一般来说，私募股权资本运行是指私募股权资本从资本募集到退出，价值增值不断往返的过程。私募股权资本投资机构从私募股权资本投资者（包括机构投资者与个人投资者）手中募集资本，此时，资本从私募股权资本投资者手中流向私募股权资本投资机构，经过私募股权资本投资机构的投资筛选决策，私募股权资本流向中小企业促进其快速发展，私募股权资本得到增值后，私募股权资本投资机构从中小企业中退出获取投资收益，私募股权资本投资机构再将收益回馈给私募股权资本投资者，这样私募股权资本的运行构成一个循环。周而复始的循环，形成私募股权资本的周转。理论上，私募

---

① 刘启亮：《人力资本经营者财务：一个理论构架》，《中国工业经济》2004 年第 2 期，第 55—61 页。

股权资本的运行应该是一个永远发挥私募股权资本经济效益的循环往复的环
状闭合运动系统（见图 1-4）。私募股权资本的运行要经过私募股权资本募
集、投资、投资后管理与退出阶段四个大的阶段。私募股权资本运行的募集、
投资、投资后管理与退出四个阶段环环相扣，互相影响。具体论述如下：

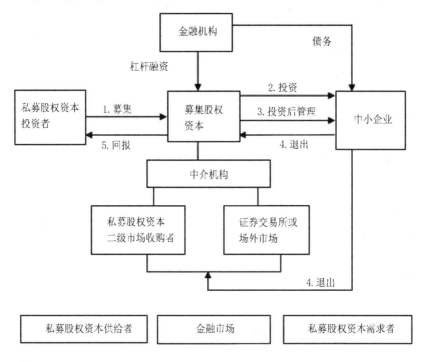

图 1-4　私募股权资本运行机理的理论模型图

参考资料：刘旸：《私募权益资本的循环增值和宏观经济效应》，《中央财经大学
学报》2010 年第 7 期，第 44—49 页。

（一）私募股权资本募集

私募股权资本的募集是私募股权资本运行周期的起点。私募股权资本募
集直接决定私募股权资本投资机构的投资方向、投资规模及投资数量。私募
股权资本募集特点主要体现在私募股权资本投资机构以非公开发行的方式从
私募股权资本投资者（包括机构投资者与个人投资者）手中募集资本。从理
论上讲，私募股权资本的来源一般呈现多渠道、多元化格局。在这一阶段，

私募股权资本机构凭借自己的声誉从机构投资者与个人投资者手中募集私募股权资本，并与他们签订资本募集协议，选择适当的组织形式组建私募股权资本投资基金。社会上的许多主体（包括政府、金融机构、中小企业和个人等）都可能是私募股权资本的潜在供给者，他们的资本通过多种方式汇集到私募股权资本投资机构。从某种意义上讲，在私募股权资本运行的四个阶段中，最重要的，也是最困难的不在投资和退出阶段，而在募集阶段。私募股权资本的募集受多种因素的影响，如经济发展水平、资本利得税、首次公开发行市场强弱、资本准入条件、政府政策等[①]。经验丰富的私募股权资本投资机构可能在几天或几周的时间内完成一支私募股权资本投资基金的募集。募集来的私募股权资本投资基金最终以什么样的组织形式设立，更多地受到税制和政策的诱导。

（二）私募股权资本投资

私募股权资本投资机构主要对未上市中小企业的进行股权投资，投资期限一般 3～7 年，私募股权资本投资目的是私募股权资本投资机构在所投资的中小企业相对成熟后从中小企业退出，以获取私募股权资本投资收益。对于私募股权资本投资机构而言，同样存在一个私募股权资本的投向问题，私募股权资本不仅必须在不同的产业与部门之间保持合理的私募股权资本投资结构与发展速度，同时还必须在不同地区之间保持平衡，才能保持社会总产品的平衡[②]。由于私募股权资本投资周期长、流动性低，私募股权资本投资机构在投资阶段要做好以下几个方面的工作：

1. 对中小企业进行一系列的尽职调查，如了解中小企业所属行业情况、产品的市场占有率及市场潜力、管理层和员工情况、发展战略、商标专利权的期限、财务情况、土地和房产的产权情况、纠纷或诉讼情况等。

2. 对中小企业的成长性及预期投资回报进行客观评价。私募股权资本投资机构要考虑在 3～7 年后通过 IPO、并购、回购、清算等方式退出的可

---

① 李靖：《我国私募股权资本募集渠道多元化研究》，《海南金融》2016 年第 3 期，第 50—53 页。

② 杨君：《风险资本运作论》，博士学位论文，四川大学，2002 年。

能性。

3. 设计一系列的条款（主要有优先认股权条款、回购条款、反摊薄条款、肯定条款、共同买卖条款等）对所投资中小企业进行激励与约束，从而保障私募股权资本投资机构的权益。[①]

4. 做好私募股权资本投资风险的防范。

（三）私募股权资本投资后管理

私募股权资本投资中小企业的风险较高，私募股权资本投资机构为保证实现预期的利润，对中小企业进行投资后管理。私募股权资本是资本与管理的有机结合，私募股权资本投资机构对中小企业进行私募股权资本投资后，还要介入中小企业的经营管理，对私募股权资本的运用进行监控，并向中小企业提供增值服务。私募股权资本投资给中小企业带来的不仅仅是资本，更重要的是为中小企业提供投资后管理，这是私募股权资本与其他投融资方式最主要的区别。通常情况下，私募股权资本投资机构与中小企业两者的利益紧密相连。中小企业生产经营的好坏与私募股权资本投资的收益率息息相关。私募股权资本投资机构通过为中小企业提供资本支持，促进其快速成长。在这个过程中，形成私募股权资本募集、投资、投资后管理与退出的机制，从而促进经济的发展，更为重要的是在投资过程中形成一套行之有效的投资后管理模式。私募股权资本投资后管理的方式有参与中小企业的董事会、直接或间接介入中小企业的人事管理、重构中小企业管理团队、帮助中小企业开拓产品或服务市场、帮助中小企业建立商业模式、参与中小企业中长期发展规划的制定和实施、参与中小企业经营战略和重大经营方针的制定、直接或间接参与中小企业的各项决策、派专家为中小企业提供各种咨询服务、为中小企业提供新的管理思维和新的发展思路、协助中小企业进行后续融资[②]。促使货币资本、人力资本、信用资本、知识资本、技术资本以及社会资本实现

---

① 佘延双：《私募股权基金投资矿产资源勘查行业的策略研究》，博士学位论文，中国地质大学，2012 年。

② 赵广财：《我国风险投资后管理中存在的问题及对策》，《学术交流》2004 年第 9 期，第 114—117 页。

有效结合。

（四）私募股权资本退出

私募股权资本退出，是指私募股权资本投资机构为实现投资目标，为获取高额回报而转让其所持有的中小企业股权的行为。私募股权资本投资机构对中小企业进行私募股权资本投资的最终目的是通过私募股权资本退出来实现投资收益。因此，私募股权资本投资机构在投资之前就要对各种退出方式进行评估。当中小企业已经发展成熟，私募股权资本投资机构将选择合适的方式或途径退出。因此，私募股权资本投资机构必须在适当时机以适当的方式（主要有上市、并购或回购、清算等）从中小企业退出①，从而实现私募股权资本的增值，获取投资收益。私募股权资本从中小企业中退出以后，将获得的收益按照募集时的协议条款进行分配，私募股权资本投资者获得回报与资本增值。至此，私募股权资本完成一个完整的循环与周转过程，然后进入下一个"募集—投资—投资后管理—退出"的循环与周转过程②。

从以上分析我们可以看出，私募股权资本的运行机理具有如下特征：

第一，私募股权资本投资机构在私募股权资本投资中介机构（如律师事务所、会计师事务所、投资银行等）的帮助下向私募股权资本投资者（包括机构投资者、个人投资者等）募集私募股权资本后，私募股权资本投资机构通过寻找、筛选、评估，向那些技术、市场、管理等各方面都达到其要求的中小企业进行私募股权资本投资，并进行投资后管理提供有关服务，增值后通过首次公开上市、出售或中小企业回购股份等方式退出实现投资收益，私募股权资本投资机构再依据约定的分配方式向私募股权资本投资者分配资本收益。也就是私募股权资本运行是私募股权资本的"募集—投资—投资后管理—退出"循环与周转过程。

第二，私募股权资本的募集、投资、投资后管理与退出都是创造和实现私募股权资本增值的重要条件。私募股权资本循环是募集、投资、投资后管

① 田惠敏：《私募股权基金与民营经济发展》，《中国市场》2014年第36期，第41—45页。
② 刘旸：《私募股权资本的循环增值和宏观经济效应》，《中央财经大学学报》2010年第7期，第44—49页。

理与退出四个阶段的统一。投资阶段，私募股权资本投资机构对中小企业投资后，中小企业开始生产经营；投资阶段与投资后管理阶段的是私募股权资本增值的生产过程，也是私募股权资本增值的源泉所在；而募集阶段与退出阶段（特别是退出阶段）则关系到私募股权资本增值的最终实现。保持私募股权资本运动的连续性是私募股权资本增值的必要条件，即从募集、投资、投资后管理与退出四个阶段必须依次持续进行，不能中断。私募股权资本无论在哪个阶段出现问题，都不利于私募股权资本的循环，更不利于私募股权资本增值的实现。

第三，私募股权资本增值的源泉在于投资、投资后管理阶段，而增值的实现关键在于募集阶段与退出阶段。因此，在加强投资、投资后管理的同时，尤其要搞活募集阶段与退出，加速私募股权资本的循环与周转。这里，搞活募集与退出的关键在于建立科学的私募股权资本的募集机制与退出机制，继续发展多层次的资本市场。

第四，私募股权资本的循环与周转就是一个价值发现、价值创造、价值管理和价值实现的循环与周转过程[①]。一般私募股权资本的运行分为募集、投资、投资后管理与退出四个阶段。私募股权资本的运行过程具有循环往复的特征，使"募集—投资—投资后管理—退出"过程的不断循环与周转。私募股权资本运行的四个环节，时间跨度长、流动性较差、收益慢、风险较大。在整个私募股权资本的募集、投资、投资后管理与退出每个阶段相互影响、相互制约，共同决定私募股权资本的运行。私募股权资本不停顿地在募集、投资、投资后管理、退出四个阶段运行。如果私募股权资本在募集阶段停顿下来，私募股权资本就会闲置于私募股权资本投资者手中。如果私募股权资本在投资阶段停顿下来，一方面私募股权资本就会闲置在私募股权资本投资机构手中，另一方面中小企业也会出现融资难的问题；如果私募股权资本在退出阶段停顿下来，私募股权资本的价值增值就无法实现，私募股权资本投资机构就会面临投资的风险。内在的私募股权资本循环以募集开始，又以退

---

① Acharya V.，V.，Gottschalg O. F.，Hahn M.，et al.， "Corporate governance and value creation: Evidence from private equity"，*The Review of Financial Studies*，2013，Vol. 26，No. 2，pp. 368—402.

出告终，要使募集和退出的转化得以顺利进行，从而使私募股权资本循环与周转得以顺利进行。

本章小结

在本章，我们主要完成三个任务：

一是对私募股权资本内涵及类型进行分析。对私募股权资本的相关概念进行界定。在已有研究的基础上，对私募与公募、产业投资基金、机理及运行机理的概念进行界定；介绍私募股权资本的形成，对私募股权资本的内涵与特征进行分析；对私募股权资本的分类进行讨论；对私募股权资本市场与一般资本市场、非法集资、私募证券投资基金、产业投资基金等概念进行比较分析。

二是分析私募股权资本运行系统的构成。指出私募股权市场本身的构成要素包括私募股权资本市场主体、私募股权资本市场中介、私募股权资本市场交易工具。私募股权资本市场主体划分为私募股权资本需求者（包括寻求私募股权资本的企业、市场发展中期的企业、财务困境中小企业、公开收购、科技型中小企业、其他中小企业等）和私募股权资本供给者（包括政府机构/准政府机构、银行控股公司、公司养老基金和公共养老基金、非金融系统的大公司发起的基金、捐赠基金、富裕家庭与个人、外国投资者等）两大类；私募股权资本市场中介包括私募股权资本投资机构、私募股权资本募集顾问、私募股权资本投融资顾问及其他中介。

三是构建私募股权资本运行的理论分析框架。对私募股权资本运行的基本条件、私募股权资本运行的宏观机理等进行分析与论述。

通过本章的研究，我们可以确立本书研究的理论框架与逻辑结构。

第二章 国外私募股权资本
行业发展状况与经验借鉴

　　私募股权资本作为一种金融创新，是私募股权资本投资机构对非上市企业进行的股权投资的资本形式。私募股权资本一般认为是以 1946 年美国研究与发展公司（American Research & Development；ARD）的成立为其起始标志。此后，私募股权资本在英国、德国、日本等国家逐渐发展起来，并促进全球经济的发展。20 世纪 40 年代，现代私募股权资本开始在美国兴起。20世纪 80 年代以后，随着全球电子信息技术与网络技术的迅猛发展，美国的私募股权资本迅速地影响到其他国家，其他国家也纷纷仿照美国成立相应的私募股权资本投资机构，在本国及国外进行私募股权资本的募集和投资活动[①]。私募股权资本投资活动已经成为一个全球化的经济现象。例如，在 2006 年前20 年私募股权资本的收益要好于指数的收益，其中亚太地区的表现尤为抢眼。但 2008 年美国金融危机的爆发，使得私募股权资本行业发展出现断层式塌陷。私募股权资本投融资规模出现明显的下降，全球私募股权资本募集下降 2%，全球私募股权资本投资下降 36.4%。2010 年以来，随着世界经济的缓慢复苏，私募股权资本投资再次进入了发展的快车道。2011 年，全球私募股权资本募集与投资额增速均超过 30%，美国一家研究机构预计，未来五年全球私募股权资本的规模将是 2007 年的 2 倍，达到 5 万亿美元[②]。2015 年，虽然世界经济复苏乏力，但私募股权本投资机构对旅游业充满信心。2016 年7 月，凯雷集团宣布投资印加铁路，帮助其升级换代，计划投资额达 1780 万

---

　　① 朱奇峰：《中国私募股权基金发展论》，博士学位论文，厦门大学，2009 年。
　　② 王胜、胡玲燕：《私募股权投资基金：趋势、机遇与策略》，《新金融》2013 年第 2 期，第33—37 页。

美元；同月，阿波罗全球投资集团宣布购入一家位于拉斯维加斯的分时度假公司，投资额达 22 亿美元[①]。因此，了解与借鉴国外私募股权资本行业的发展经验，对于我国私募股权资本行业发展具有重要的借鉴意义。

第一节　国外私募股权资本行业发展状况分析[②]

国外私募股权资本发展较早，最早产生在美国。私募股权资本的发展史主要是美国、英国、德国和日本等发达国家的私募股权资本发展史。目前，美国拥有全世界最发达的私募股权资本市场，英国、德国、日本等其他发达国家的私募股权资本市场也是在借鉴美国模式的基础上发展而来。由于各国的经济发展情况以及体制、背景、认知和文化等方面的不同，私募股权资本在各个国家的运行（募集、投资、投资后管理与退出）也呈现不同的特点[③]。本书主要从私募股权资本的募集、投资、投资后管理与退出等方面介绍与分析美国、英国、德国、日本等国私募股权资本行业的发展情况。

一、美国私募股权资本发展情况分析

美国是世界上最早建立私募股权资本市场体系的国家，也是当前全球私募股权资本发展最成熟的国家。私募股权资本已经覆盖美国企业成长的各个阶段，有力地支撑美国经济结构的转型和创新型经济的发展。

（一）有关私募股权资本募集情况分析

从募集方式上看，一些大的投资机构（例如私人养老基金、公共养老基

---

① 黄修眉：《全球私募股权青睐旅游业 A 股市场现跨界"旅游＋"》，《每日经济新闻》2016 年 8 月 11 日。

② 本节部分内容引自王飞、李靖：《私募股权资本发展的国际经验及启示》，《武汉金融》2017 年第 9 期，第 52—57 页。

③ Talmor E.，Vasvari F.，"International private equity"，*John Wiley & Sons*，2011.

金、保险基金、捐赠基金、金融机构、大公司）、外国投资者和一些富人是私募股权资本募集的主要来源。这些机构与个人投资者投资经验比较丰富、拥有良好的投资策略和投资理念，并且这些机构与个人资金规模大、长期稳定，促进美国私募股权资本行业的快速发展。例如，2014 年美国私募股权资本募集最大的来源是养老基金，占比 25.3%（其中，养老金计划占比 12.5%，州或市政养老金占比 12.8%）[①]。此外，私募股权资本投资机构利用公募方式募集资本也是一种发展趋势。2007 年，黑石集团通过在纽约证券交易所上市募集约 40 亿美元[②]。为扩充资本与增强竞争力，KKR 的母公司于 2010 年在纽约上市。随后，大型私募股权资本投资机构（如 Och-Ziff 资本管理公司、凯雷等）纷纷公开发行募集资本。2012 年 3 月 27 日美国众议院通过的乔布斯法案对私募股权资本募集政策做了一些调整，比如 "取消私募发行中的广告劝诱禁令" "降低小型公开发行门槛" "降低新兴成长公司监管成本" "制定众筹（Crowdfunding）豁免注册规则"[③]。此外，为进一步拓宽私募股权资本的募集渠道，美国也对《D 条例》《A 条例》进行修改。

（二）有关私募股权资本投资情况分析

美国私募股权资本的投资领域广泛，投资手法多样。到 "2011 年，全球 PE 投资约为 2740 亿美元，其中美国 PE 投资金额达到 1440 亿美元，占到全球总额的一多半"[④]。时至今日，美国已成为全球最大的私募股权投资市场。美国私募股权资本投资机构在投资环节主要关注私募股权资本投资对象及其所处阶段、投资行业分布、投资地区分布、投资工具选择。具体体现在以下几个方面：

[①] 邓寰乐、周晓聪：《对私募基金行业的再认识——解读美国证监会私募基金行业统计报告》2015 年 11 月 6 日、2016 年 5 月 13 日，http://www.amac.org.cn/sy/389909.shtml。

[②] 宋芳、柏高原：《美国私募基金监管法律制度研究及对我国的启示》，《理论与现代化》2012 年第 5 期，第 91—96 页。

[③] 赵英杰、张亚秋：《JOBS 法案与美国小企业直接融资和监管制度变革研究》，《金融监管研究》2014 年第 2 期，第 88—104 页。

[④] 杨蕾：《美国私募股权投资发展对我国的启示》，《中小企业管理与科技》2016 年第 8 期，第 21—22 页。

1. 从投资对象与阶段看，美国私募股权资本投资机构最初是为满足中小企业融资发展起来的，投资对象主要集中在种子期和创立期且迅速成长的中小企业。但如今美国私募股权资本投资机构投资标的涵盖所有阶段的企业。私募股权资本投资机构开始向成长型和成熟型企业转移，不再局限于中小企业，甚至包括上市公司①。

2. 从投资行业来看，美国私募股权资本明显地集中在软件、生物技术和工业能源等产业。例如，在美国 2012 年的风险投资总投资额中，软件占比达 23.64%；生物技术占比达 16.64%；工业能源占比达 12.38%②。又如，2015 年在美国约 591 亿美元的创业投资中，其中生物医疗行业的投资约占 18.9%，总额约为 112 亿美金，在所有行业中仅次于软件行业排名第二③。

3. 从投资地区分布来看，美国私募股权资本投资主要集中在环境好、名校多、新兴产业集中的区域，如加利福尼亚州（硅谷地区）、马萨诸塞州、新英格兰地区、得克萨斯州和纽约州。例如，全美风险投资额的 32% 集中在硅谷地区；10% 左右集中在新英格兰地区④。

4. 从投资工具来看，能够在股权和债权间任意转换的投资工具最受欢迎，普通股、优先股、可转换债、附认股权证公司债券等是常用的私募股权资本投资工具。

（三）有关私募股权资本投资后管理情况分析

美国的私募股权资本投资机构不仅为企业提供资本支持，还会为企业提供投资后管理，目的就是使被投资企业价值增值。在美国，私募股权资本投资机构在进行高附加值投资活动时，其中一个最重要的行为就是参与被投资

---

① 许诗洁：《美国私募股权投资基金的发展状况及启示》，《现代经济信息》2015 年第 10 期，第 363、365 页。

② 惠树鹏：《美国风险投资支持高技术产业发展对我国的启示》，《对外经贸实务》2014 年第 12 期，第 80—82 页。

③ 《美国生物医疗创业投资发展概况——浅析对中国生物医疗创业投资的启示》，《经济师》2016 年第 9 期，第 94—96 和第 107 页。

④ 李哲、郭金来：《美国风险投资基本经验与启示》，《中国市场》2015 年第 48 期，第 26—32 页。

企业的投资后管理。从投资后管理方式来看，美国私募股权资本投资机构在进行私募股权资本投资的同时还要参与董事会，为企业提供人才引进与培训等方面的支持。有私募股权资本投资背景企业的董事会与没有私募股权资本投资机构背景的企业董事会相比，私募股权资本投资机构更多地参与企业战略的制定和评估[①]。

(四) 有关私募股权资本退出情况分析

目前，美国已建立比较畅通的私募股权资本退出渠道，主要体现如下：

1. 私募股权资本投资机构在美国全美证券交易所或者 NASDAQ 市场上市抛售股票退出。20 世纪 80 年代，美国经济逐渐恢复好转，资本市场日趋活跃，私募股权资本以 IPO 退出方式为主。2000 年以后，IPO 退出方式逐渐衰退。2004—2013 年，IPO 在美国狭义私募股权资本退出中约占 10％。2014 年起，IPO 退出方式比以前年份有显著上升，通过 IPO 退出比例达 24％[②]。

2. 通过企业内部的管理层收购私募股权资本投资机构所持有的股权，私募股权资本投资机构通常可获得 70％的投资收益。

3. 私募股权资本投资机构在通过向其他企业或者私募股权资本投资机构转让股权实现退出，私募股权资本投资机构可获得 3 倍左右的投资收益。

4. 从 2007—2014 年第一季度，美国二次出售占私募股权资本退出比例逐年增加，其中 2007 年占比为 36％，2012 年占比为 40％，2013 年占比为44％，2014 年第一季占比达到 45％[③]。

二、英国私募股权资本发展情况分析

英国作为欧洲老牌资本主义国家，私募股权资本行业发展水平远高于欧

---

① 周陇：《论我国私募股权基金监管法律制度的构建》，硕士学位论文，天津财经大学，2012年。

② 王媛：《美国私募股权基金退出机制对我国的启示》，《新金融》2015 年第 10 期，第 33—37页。

③ 高志立：《美国私募股权基金退出机制及启示》，《财会通讯》2016 年第 7 期，第 104—106 页。

洲的平均水平。19 世纪的"海外和殖民地政府信托"是英国现代意义私募股权资本行业发展的开端。英国政府很早就意识到中小企业"股权融资缺口"（Equity gap）的存在。例如，英国政府早在 1948 年就发布第一份关于鼓励弥补股权融资缺口的告示，并通过各种政策鼓励更多社会资本投入私募股权资本行业，由此扶持并壮大包括 3I、ECI 资本和 Cinven 等在内的知名公司。20 世纪 80 年代初保守党执政以来，出台信贷担保计划、放松投资管制、制定激励、取消收入附加税、放松保险公司投资私募股权资本的限制等一系列政策，帮助中小企业获得资金支持，大力推动其私募股权资本行业的发展。为对私募股权资本投资者提供税收优惠，1994 年英国开始实施《公司投资法规》；为鼓励个人投资创业投资信托基金，1995 年英国通过《创业投资信托法案》；为鼓励境内公司投资于创业投资市场，2000 年英国通过《公司创业投资法律》；为支持偏远地区的中小企业，2002 年英国成立社会发展创业投资基金；为给高新技术公司的早期发展创造平台，2004 年英国又推出高新技术基金和早期发展基金[①]。目前，英国是整个欧洲的私募股权资本行业中规模最大、业绩表现良好、增长最为迅速的国家[②]。

（一）有关私募股权资本募集情况分析

英国金融业实行混业经营，私募股权资本领域对于投资者准入的规定较为宽松，因此私募股权资本募集渠道也就相对较多，私募股权资本募集来源主要包括养老基金、保险公司资金、银行资金及个人资金等。此外，国外资金也是英国私募股权资本的重要来源之一，这是英国与美国私募股权资本募集的一个差异，英国政府对国外投资者投资于私募股权资本领域有特殊优惠政策。为引导更多的私人资本进入私募股权资本市场，尤其是使更多的资本关注早期创新企业，英国除了根据实际情况对相关税收优惠政策进行不断地调整和完善外，还通过出资设立基金，并作为有限合伙人之一的方式促进私人资本更多流向早期创新企业。为此，英国目前主要推出三种不同政府基金

---

① 李新：《海外私募股权基金发展经验与启示》，《商业时代》2011 年第 27 期，第 77—78 页。

② 魏景芬：《私募股权基金投融资风险评价及预警研究》，博士学位论文，北京交通大学，2016年。

运作方式，以促进更多的私人资本投资于早期的中、小型企业，并设立 CfEL 有限责任公司（Capital for Enterprise）对这些基金进行有效管理。这三类政府基金分别是：

1. 企业资本基金（Enterprise Capital Funds，简称 ECF）（见表 2—1）。该基金于 2006 年推出，除了为企业提供融资支持外，还希望通过该基金培养优秀的基金经理。每支基金的 2/3 由政府出资，剩余 1/3 由私人出资，按照商业模式运作，政府不干预基金的投资活动。该基金的政府投资部分采取 4.5％的回报模式，如果投资失败，则由政府和私人按各自投资比例承担损失。截至 2013 年，该基金的总规模累计达 1.5 亿英镑。

2. 英国创新投资基金。该基金成立的目的是为调动更多的私募股权资本支持创新企业发展。在基金的投资回报方面，资金的收益和损失均按照政府和私人各自的投资比例分配。英国创新投资基金主要由 Hermes 环境创新基金和英国未来科技基金共同组成，其中，英国未来科技基金是由英国政府和欧洲投资基金设立的。

3. 商业天使联合投资基金。该基金成立的目的是为融资需求在 25 万英镑以下的小企业提供融资支持，以此支持中小企业的可持续发展。该基金的单笔投资一般在 10～100 万英镑之间，且不能高于 49％的投资比例。该基金截至 2013 年的规模为 5000 万英镑[①]。

表 2—1　ECF 旗下 12 只基金基本情况

基金名称	投资重点	基金经理
塞拉芬资本	通用技术	塞拉芬资本
可持续发展技术合作伙伴	清洁技术	Disruptive 资本
Amadeus 和天使种子基金	种子阶段技术	阿玛迪斯资本
IQ 资本基金 I	通用技术	IQ 资本
投石车增长基金 I	通用技术	Catapult 资本通用技术
黎明企业资本基金	科技、媒体和电信部门	黎明资本
MMC 企业资本基金	通用技术	MMC 创投

① 本部分的资料引自国家发改委经济研究课题组：《英国创业资本投资早期创新企业相关政策及启示》，《经济参考研究》2013 年第 63 期，第 42 页。

续表

基金名称	投资重点	基金经理
牛津科技管理基金	成长型股权投资基金	长壁创投/牛津科技管理
全景基金 ECF1	早期科学、工程和技术	全景增长股权投资
激情资本 ECFt	早期数字媒体和技术初创企业	激情资本
概念投资基金 2	基于互联网的服务企业（包括云计算）	概念资本
长壁创投 ECF	早期科学、工程和技术	长壁创投

资料、数据引自国家发改委经济研究所课题组：《英国创业资本投资早期阶段案例研究》，《经济研究参考》2013 年第 63 期，第 50—58 页。

（二）有关私募股权资本投资情况分析

在私募股权资本投资方面，英国私募股权资本投资涉及领域比较广泛，但以主流产业为主。英国政府性质的私募股权资本投资机构重点关注成熟期的投资，而民间私募股权资本投资机构则重点关注成长期和种子期的投资。与美国相比，英国私募股权资本投资更加国际化，英国私募股权资本主要投向高新技术产业与传统产业。据英国风险投资协会的一项调查，在 1985 年，所投资的 543 家企业中，风险投资投向初创阶段的企业占 16.9%，成长阶段约占 11.4%，扩张阶段约占 47.7%，管理收购占 16.8%，风险投资投向其他的占 7.2%[①]。英国的私募股权资本投资领域涉及原材料到消费服务领域，尤其是以信息技术、生命科学等新型科技产业为主[②]。英国的私募股权资本占全球总投资的 12%。伦敦是欧洲最大的私募股权资本管理中心。在过去 20 年里，英国私募股权资本投资机构总共向全球约 3 万家公司投资超过 2000 亿英镑[③]。

[①] 魏建国、龚克：《英国风险投资业的发展研究》，《华中科技大学学报（人文社会科学版）》2002 年第 5 期，第 87—90 页。

[②] 国家发改委经济研究课题组：《英国创业资本投资早期创新企业相关政策及启示》，《经济参考研究》2013 年第 63 期，第 37 页。

[③] 王家强、瞿亢、韩丽颖：《全球金融业概貌——兼析英国金融业的地位》，《国际金融》2012 年第 11 期，第 13—21 页。

（三）有关私募股权资本投资后管理情况分析

作为现代私募股权资本行业发展较早的国家，经过长时间的发展，英国已经建立起一套完整和成熟的私募股权资本投资后管理模式。有限合伙制、公司制、创业投资信托公司和其他组织形式是英国私募股权资本投资基金的组织形式。在 20 世纪 90 年代后，英国的私募股权资本投资基金以有限合伙制为主，其中最大的民间私募股权资本投资基金 3I 就是采用有限合伙制。但英国官办的最大风险投资机构——英国技术集团采用的是公司制。在 1995 年，英国通过《创业投资信托法案》，创业投资信托这种公开上市基金的形式也开始在英国流行起来。英国私募股权资本机构的大多数经理人员有丰富的管理经验。他们除了为创业企业提供股权资本、技术和出口咨询外，还向企业提供管理服务、政策咨询[①]。例如，在英国剑桥高技术产业集群，私募股权资本投资机构能迅速帮助一个小企业建立起它的人际网、领导队伍、营销渠道等。私募股权资本投资机构为投资企业提供的帮助是巨大的。在英国，私募股权资本机构为投资对象提供的不仅是资金，而且还要对投资对象进行监督、控制和管理。

（四）有关私募股权资本退出情况分析

英国私募股权资本退出渠道呈现出多样化趋势。发达的金融市场可以使企业的股权较为自由地在私募股权资本投资机构、金融机构、证券机构以及同业收购主体间交易和转让，为中小企业尤其是为早期创新企业公开上市创造良好平台，并形成良好的私募股权资本退出渠道。在英国的主板市场，IPO和并购是英国私募股权资常见的退出方式（如表 2-2 所示）。由于退出机制相当健全，在私募股权资本无法实现 IPO 退出时，大多会选择并购方式退出。除了主板市场之外，英国资本市场体系中还存在全国性二板市场（与美国纳斯达克市场相类似）与三板市场（与美国 OTCBB 市场相类似）为中小企业提

---

① 张秀岩：《英国风险投资对我国的启示》，《中国经济时报》2005 年 7 月 7 日。

供融资服务①。1995 年 6 月，伦敦交易所设立二板市场。通过市场的培育，在三板市场挂牌交易的公司可以按照相应的规则进入全国性二板市场交易②。目前，英国主板市场有 318 家海外公司、1031 家英国公司；在全国性二板市场有 223 家海外公司、892 家英国公司（如表 2－3 所示）③。

表 2－2　英国创业资本退出方式（2011 年）

退出方式	涉及公司数量		退出次数		退出金额	
	数量（家）	占比（%）	数量（次）	占比（%）	金额（亿英镑）	占比（%）
IPO	9	2	10	1	2.19	2
优先股赎回	103	17	218	24	15.12	13
上市后股权出售	45	8	70	8	6.62	6
出售给其他私募股权投资公司	70	12	83	9	22.49	19
出售给金融机构	65	11	137	15	7.71	6
管理层回购	39	7	46	5	2.74	2
同行收购	139	23	188	21	25.61	22
清算	63	11	88	10	32.76	28
其他	65	11	74	8	3.72	3
合计	598	10	914	100	118.94	100

表 2－3　全国性二板市场与主板市场上市条件比较

	AIM 市场	主板市场
公众持股	无公众持股要求	不低于 25% 的公众持股比例
财务记录	无最低财务记录要求	通常要求三年的营运记录
文件审核	上市文件无须上市管理局审批，需要保荐人审批	上市管理局对上市文件的预审核
保荐人制度	所有阶段都需要保荐人	部分交易需要保荐人

表 2－2、2－3 资料、数据引自国家发改委经济研究所课题组：《英国创业资本投资早期创新企业相关政策及启示》，《经济研究参考》2013 年第 63 期，第 36—50 页。

---

① 李晓龙、赵志宇：《私募股权退出机制的经济法视角探析》，《天津法学》2013 年第 2 期，第 49—55 页。

② 赵辉：《我国私募股权基金退出问题分析》，硕士学位论文，上海师范大学，2012 年。

③ 国家发改委经济研究所课题组：《英国创业资本投资早期创新企业相关政策及启示》，《经济研究参考》2013 年第 63 期，第 36—50 页。

三、德国私募股权资本发展情况分析

德国的私募股权资本行业最早可追溯到 1965 年由银行和私人投资的第一个风险投资基金。主要是由于当时快速发展的德国中小企业因缺乏自有资金，从而为私募股权资本行业提供股权投资的机会，其稳定资金来源主要是当时德国的家族企业。到 20 世纪 70 年代，国家和州政府相继投资成立类似的风险投资公司，其重点为中型企业发展提供融资。至 20 世纪 80 年代，私募股权资本行业开始在德国的兴起，其投资重点主要投向处于初创期和早期的新型企业。20 世纪 90 年代中期以前，德国的私募股权资本行业发展一直较为缓慢，从 1965 年的第一只风险投资基金的成立到 1995 年，整个德国较为活跃的风险投资基金也仅有 60 余家，私募股权资本市场发展缓慢，在这段时间里，人们对私募股权资本的概念不甚了解，直到 90 年代中期以后，私募股权资本开始为德国民众所了解和接受，私募股权资本由此也开始进入快速发展的阶段，无论是资本规模还是基金数量都得到迅猛的发展[①]。尽管近几年德国的私募股权资本行业发展迅速，但与美国、英国的私募股权资本行业相比仍然还有一定的差距。

（一）有关私募股权资本募集情况分析

在德国，私募股权资本募集来源包括政府、银行、保险公司与大公司、基金及个人等，其中银行为私募股权资本的主要来源。德国私募股权资本行业的发展起源于 20 世纪 60 年代为战后迅速发展的德国中小企业补充自有资本金的少数股权投资。在经历七八十年代对企业早期阶段的风险投资尝试，再到 80 年代末期兴起的多数股权投资，德国私募股权资本市场在 1997 年后迅速崛起。在 2000 年和 2007 年两次出现募集高峰，募集规模超过 50 亿欧元[②]。而银行在危机中，逐渐重获其最大投资者的地位。例如，在 2010 年，

---

① 杜斌、谈毅：《德国风险投资业的发展历程与启示》，《预测》200 年第 5 期，第 31—34 页。

② 丁婉贝：《德国私募股权发展：回顾与展望》，《世界经济情况》2012 年第 6 期，第 24—27 页。

德国从银行募集的私募股权资本占比为 41.6%；从个人投资者募集的私募股权资本占比为 21.2%；从公司募集的私募股权资本占比为 13.3%；从基金募集的私募股权资本占比为 9.5%；从家族办公室募集的私募股权资本占比为 3.4%；从养老基金募集的私募股权资本占比为 1.3%。这说明德国机构投资者仍然不够成熟，一度在危机中撤离资金又在危机后返回市场。从资本募集来源看，过去的十几年间，德国银行的占比从 60% 下降到目前的 20% 的水平。保险基金和养老基金等机构投资者占据越来越重要的位置。此外，进入 21 世纪以后，随着欧洲二级股权收购市场开始走向繁荣的发展阶段，二级股权基金成为德国私募股权资本发展的另一个主要基金来源。其中，二级股权在 2009 年向私募股权提供的项目来源占比约为 1/3 左右①。

（二）有关私募股权资本投资情况分析

德国的私募股权资本投资领域在不同时期经历不同的变化，20 世纪 60 年代，德国私募股权资本的投资主要集中于对中小企业股权投资。20 世纪七八十年代，德国的私募股权资本在政府的推动下开始早期阶段的风险投资尝试。20 世纪 80 年代中后期，德国私募股权资本在杠杆收购兴起的过程中快速发展。从 1990—1996 年间，德国大约 20% 的私募股权资本流向杠杆收购，进入 21 世纪后，随着网络技术泡沫的破灭，以前投资于高科技企业的资金又开投资于处于成熟阶段的杠杆收购。到 2007 年，70% 的私募股权资本流向杠杆收购，虽然经历 2008—2010 年的危机阶段，但私募股权资本投资于杠杆收购依然保持高比例②。目前，德国私募股权资本投资机构的投资对象涵盖各个发展阶段的企业的投资，呈现出多元化特征。从投资阶段来看，在 2008—2010 年危机中，由于金融体系遭遇较重的打击，许多企业开始从私募股权资本投资机构那里获得资金，杠杆收购保持较高比例，整体上对中小的科技创新企

---

① 参见丁婉贝：《德国私募股权基金筹资和投资驱动因素分析》，硕士学位论文，复旦大学，2012 年。
② 参见丁婉贝：《德国私募股权基金筹资和投资驱动因素分析》，硕士学位论文，复旦大学，2012 年。

业的投资仍然活跃①。总之,从德国私募股权资本发展的各个阶段来看,其投资主要集中于企业发展后期的低风险投资,主要原因在于德国缺乏适宜的创业文化环境,德国的中层经理往往倾向于在大公司获取一份舒适而稳定的工作,而创业者往往将创业失败作为一个巨大耻辱,这更不利于私募股权资本行业的发展。德国的私募股权资本投资模式方面,主要采取投与贷或投贷并举的模式,具体表现为,在对企业进行股权投入的同时往往进行相应的贷款匹配投入。

(三) 有关私募股权资本投资后管理情况分析

德国私募股权资本的主流组织形式是子公司制。"关系型融资体制"是德国的私募股权资本的募集体制。在这种体制下,私募股权资本投资机构通过在企业中持有的股份对其实行控制权。德国私募股权资本投资机构常见的服务内容主要涉及成果推广服务、融资服务、创业服务三大类。德国有专门针对为中型企业提供长期优惠贷款或风险投资、中型企业与研究机构之间联合研究、技术转让的创新促进政策;为提高企业员工自主学习积极性,德国实施"工业技术人员能力要求计划"和"学习文化与能力开发计划";为支持企业在组织结构方面制定战略,德国实施"创新型劳动组织"研究计划;为支持从事创新工作的技术和管理人员开展互访与经验交流,德国实施"技术访问与信息交流计划"等②。

(四) 有关私募股权资本退出情况分析

德国自 20 世纪 90 年代以来就致力于为私募股权资本建立更有利的出口通道,例如,1997 年建立的类似于美国 NASDAQ 的"新市场(Neuer Market)",作为德国私募股权资本的主要推动力,其目的是为私募股权资本增加新的退出渠道,从而吸引更多的投资者进入私募股权资本领域,并带动德

---

① 丁婉贝:《德国私募股权发展:回顾与展望》,《世界经济情况》2012 年第 6 期,第 24—27 页。
② 徐大可:《瑞典、德国加强自主创新的做法和启示》,《政策瞭望》2009 年第 2 期,第 34—37 页。

国高技术产业的发展。在德国的私募股权资本退出方式当中，出售给工业企业一直是最重要的退出渠道[①]。由于德国的私募股权资本市场不活跃，德国私募股权资本退出常见的方式是回购和并购。1996 年以前，出售和管理层回购是主要的退出方式，各自占比都在 20% 以上。通过 IPO 退出的占比低至 10% 以下。而 1997 年针对中小企业上市的"新市场"的开启，使得这一阶段通过 IPO 退出的比重有所提高。在 1998 年、1999 年和 2000 年，占比分布为 14%、19% 和 12%。在本次金融危机（2008—2012）中，工业出售的重要性上升，而 IPO 退出的吸引力，由于二级股票交易市场的不繁荣而下降。危机中经济低迷使得退出数量很少[②]。目前，德国私募股权资本有 IPO、同业并购、二级市场交易、管理层收购和清算等五种退出方式[③]。

四、日本私募股权资本发展情况分析

日本的私募股权资本属于政府推动型，其主要是在日本政府的推动下取得初步萌芽发展，并在日本民间机构的推动下获得进一步发展。日本私募股权资本行业发展最早可追溯到 1963 年 11 月在东京、大阪和名古屋分别成立的中小企业扶持公司，其成立的初衷主要是为资本金低于 3 亿日元的中小企业进行投资。在 20 世纪 90 年代末之前的私募股权资本主要是对未上市企业进行投资推动企业发展，然后通过股权出售的方式回收现金；在此之后，日本的私募股权资本投资领域进一步扩展，开始出现收购投资的方式[④]。

（一）有关私募股权资本募集情况分析

日本私募股权资本募集来源渠道单一，主要以证券公司、银行和保险公司等金融机构的子公司为主。由于准入标准较为严格，日本私募股权资本主

---

① 参见丁婉贝：《德国私募股权基金筹资和投资驱动因素分析》，硕士学位论文，复旦大学，2012 年。

② 丁婉贝：《德国私募股权发展：回顾与展望》，《世界经济情况》2012 年第 6 期，第 24—27 页。

③ 虞思明：《德国风险投资退出机制研究》，《当代财经》2015 年第 5 期，第 57—65 页。

④ 常思纯：《日本私募股权产业的安全隐患及其产生原因》，《日本学刊》2012 年第 6 期，第 96 页。

要来源于大公司和金融机构的附属投资公司（如证券公司、银行、保险公司等），个人与家庭出资极为有限，养老基金则被禁止介入。据有关数据显示，截至 2007 年 3 月，日本 VC 投资余额的 60.2％主要来源私募股权资本投资机构，其中，银行占 21.9％，证券公司占 31.2％，保险公司占 7.1％；日本 VC 投资余额的 39.8％主要来源事业公司的资本、独立资本以及其他资本，其中事业公司的资本占 18.5％，独立资本占 12.9％，其他资本占 8.4％。近年来私募股权资本募集由于受金融危机影响，募集额大幅减少，2008 年以后，收购基金的下降趋势尤为明显。2010 年以来，尽管 VC 基金和收购基金筹资额的降幅都有所减缓，但日本私募股权资本募集仍保持缓慢降低的趋势[①]。由此可见，日本私募股权资本的募集来源渠道过于狭窄，一旦私募股权资本投资失败，容易导致整个金融系统发生运行风险乃至产生危机，这不利于整个私募股权资本行业的发展。

（二）有关私募股权资本投资情况分析

日本的私募股权资本的投资领域呈现出比较分散的特点。例如，在 20 世纪 60 年代私募股权资本产生的初期，其投资对象主要是针对中小型创业企业。在日本的第二次创业热潮（1983—1986 年）以及第三次创业热潮（1995—2008 年）期间，日本的私募股权资本培养并发展壮大一大批包括生物技术、新材料、电子产品、软件和新兴服务业等在内的新兴产业，为推动日本经济快速发展作出重要贡献。在投资领域方面，日本私募股权资本投资以制造业、信息通信业、商业、服务业和不动产业等传统产业为主。数据显示，日本私募股权资本投资总额的 50％在制造业领域，40.8％在信息通信业领域，6.6％在服务业领域，2.6％在不动产业领域。此外，日本的私募股权资本投资对处于初创期的高新技术产业投资比例不高，偏重于投资处于成长期、扩张期和成熟期的创业企业。据 JVCA 的统计显示，2010 年日本私募股权资本投资总数的 3％是种子期的创业企业，投资总数的 7％是创立期的创业

---

① 常思纯：《日本私募股权产业的安全隐患及其产生原因》，《日本学刊》2012 年第 6 期，第 95—110 页。

企业，投资总数的 28％ 是成长期的创业企业，投资总数的 34％ 是扩张期的创业企业，投资总数的 28％ 是成熟期的创业企业[①]。2011 年，日本收购基金的投资案例和投资规模都实现了增长[②]。

（三）有关私募股权资本投资后管理情况分析

为让私募股权资本投资机构在被投资企业的公司治理和经营活动中发挥更多的作用，日本政府于 1994 年对《VC 投资指导方针》进行修改，允许私募股权资本投资机构向被投资企业派遣董事。目前，子公司制是日本私募股权资本的主流组织形式，它是指大公司、大财团以独立实体、分支机构或部门的形式设立的私募股权资本投资机构[③]，其主要业务是为中小企业提供投资、融资、协助指导、咨询服务[④]。此外，1994 年，日本政府修改了严重阻碍该产业发展的《创投公司宪章》，创投公司开始可以向被投资企业派出董事，为创投公司监督和帮助被投资企业的经营提供法律保证[⑤]。

（四）有关私募股权资本退出情况分析

日本私募股权资本退出渠道不畅，一般通过 IPO、出售、并购、股份回购、清算等方式实现资本的退出。退出渠道不畅对私募股权资本的发展有极大的制约。加上由于日本经济不景气导致股票市场长期低迷，从日本风险投资的退出方式来看，通过 IPO 方式退出的投资机构数量，2004 年共计 495个，2008 年通过 IPO 方式退出的案例数在这段时间内也呈下降趋势，由 2004

---

① 常思纯：《日本私募股权投资特点与借鉴》，《贵州大学学报》2012 年第 7 期，第 28—32 页。
② 常思纯：《日本私募股权产业的安全隐患及其产生原因》，《日本学刊》2012 年第 6 期，第 95—110 页。
③ 和军：《国外风险投资发展模式及其启示》，《沈阳师范大学学报》（社会科学版）2003 年第 1 期，第 63—66 页。
④ 李政、李玉玲：《日本中小企业创业金融支援体系研究与借鉴》，《现代日本经济》2006 年第 2 期，第 52—55 页。
⑤ 李宏舟、王惠贤：《日本促进创业投资产业发展的主要措施及其启示》，《现代日本经济》2007 年第 4 期，第 53—57 页。

年度的 1041 家下降至 2008 年的 670 家①。因此，从总体来看，日本的私募股权资本主要采用并购的方式实现退出。IPO 曾经是私募股权资本最主要的退出方式，但是由于日本股票市场持续低迷，自 2005 年开始，私募股权资本以企业并购和二次收购等方式出售的数量则有所增加，IPO 退出的数量持续减少。与此同时，收购基金的退出也在 2008 年创下历史最高纪录后表现低迷。2009 年的降幅为 36%，2010 年仅有 29 个退出案，进一步减少 9.38%。2011 年，收购基金的总规模仅为 50 个，退出数量转跌为升，升幅为 72.41%②。近年来，在私募股权资本退出机制上，日本私募股权资本退出的机制变得更为便捷和完善，日本资本市场上不断地松绑公司回购股票的条件，逐步改变排斥否定公司进行股份回购的观念，使得除 IPO 之外，股份回购作为私募股权资本退出一个重要的退出方式确定下来，并由此引发 21 世纪之初私募股权资本行业在日本发展的狂潮，迅速提振日本经济③。

第二节 国外私募股权资本行业发展的经验借鉴④

通过上述对美国、英国、德国以及日本等国私募股权资本行业发展分析，我们可以从中总结一些私募股权资本发展的成功经验。对美国、英国、德国以及日本等国私募股权资本的研究，可以让我们在某种程度上加深对私募股权资本这种投融资模式的特性以及运行规律的认识，有利于这种新的投融资模式能更好地在我国发挥作用，为解决我国中小企业的融资难题服务。借鉴美国、英国、德国以及日本等国私募股权资本行业发展的成功经验，并吸取

---

① 常思纯：《日本私募股权投资特点与借鉴》，《贵州大学学报》（社会科学版）2012 年第 7 期，第 31 页。
② 常思纯：《日本私募股权产业的安全隐患及其产生原因》，《日本学刊》2012 年第 6 期，第 95—110 页。
③ 李晓龙、赵志宇：《私募股权退出机制的经济法视角探析》，《天津法学》2013 年第 2 期，第 49—55 页。
④ 本节部分内容引自王飞、李靖：《私募股权资本发展的国际经验及启示》，《武汉金融》2017 年第 9 期，第 52—57 页。

其教训，能够完善我国私募股权资本行业的相关政策与制度，有助于防范私募股权资本行业发展的风险。

一、私募股权资本发展需要多样化的募集渠道

从美国、英国、德国以及日本等国私募股权资本募集的成功经验来看，广泛的资本来源是私募股权资本行业健康发展的一个必要条件。私募股权资本募集的范围广，涉及养老基金、企业组织等机构投资者与个人、家族等个人投资者。从美国、英国、德国、日本等国来看，民间的富人资本是私募股权资本最初的资本来源，当一个国家的金融市场发展到一定层次后，机构投资者是私募股权资本的主要来源。与美国、英国、德国、日本等国相比，我国多元化的私募股权资本募集渠道暂时还没有完全建立起来。美国、英国、德国以及日本等国的经验已经表明养老金、保险公司、银行的资金对发展私募股权资本行业的重要性。我们可以借鉴上述国家私募股权资本募集的经验，进一步放宽社保基金、养老基金投资私募股权资本市场的限制，拓宽私募股权资本的募集渠道。在风险可控的前提下，我国要对政府资金、社保基金、保险资金、信托机构、证券公司、商业银行、外国资本进入私募股权资本领域应给予政策支持和倾斜，以提高机构投资者在私募股权资本来源中的比重，合理引导企业和民间富余资本流入私募股权资本领域，促进私募股权资本更多地投向实业和中小企业，促进私募股权资本募集渠道的多元化①。

二、私募股权资本发展需要灵活的投资策略

由于私募股权资本投资对经济的发展具有举足轻重的作用，所以政府鼓励私募股权资本投资机构向中小企业进行投资。在历史上，很多中小企业在发展初期直接接受私募股权资本，这才使这些中小企业不断发展壮大。私募

① 汪波、王其康、王丹：《欧美私募股权投资运行机制探析》，《财会通讯》（综合）2013年第8期（中），第123—124页。

股权资本投资的不只是投资资金，加上管理知识、经验的投资等足以使企业价值进一步提升。从美国、英国、德国以及日本等国私募股权资本投资的成功经验来看，私募股权资本投资策略以及投资领域出现综合化的发展趋势，私募股权资本投资未上市公司的股权、债券、股票以及其他衍生工具。私募股权资本的投资比较关注各种能够带来较为稳定收益的行业。私募股权资本投资策略朝着多元化的方向发展，投资传统未上市的企业，也对上市公司进行重组和并购进行投资。此外，美国、英国、德国以及日本等国私募股权资本投资视角逐步国际化。这说明，私募股权资本的投资视野更为宽广，已经善于在国际化的视角下寻找商机。对于高新技术企业的投资，与美国、英国、德国以及日本等国相比，我国的私募股权资本投资力度明显不够。为促进高新技术企业发展，促进产业结构调整与优化，促进我国经济发展方式的转变，我国要引导私募股权资本向战略性新兴产业投资。

三、私募股权资本发展需要有效的投资后管理

私募股权资本投资后管理综合性、实践性非常强。投资后管理对私募股权资本的发展起着举足轻重的作用。从美国、英国、德国以及日本等国私募股权资本投资后管理的经验看，国外绝大部分的私募股权资本投资机构能够为被投资企业提供投资后管理服务。而我国一些私募股权资本投资机构对私募股权资本投资企业的支持仅停留在资金的支持上，关于投资后管理的支持比较欠缺。从对美国、英国、德国以及日本等国私募股权资本行业发展的研究可以发现，私募股权资本投资机构向企业提供的不仅仅是资金，更重要的是提供投资后管理服务。例如，美国私募股权资本是以机构投资者为主的有限合伙制，能够做到专业化管理，参与私募股权资本运行的全过程，属于公司式管理。美国、英国、德国以及日本等国私募股权资本投资机构为被投资企业提供专业服务的经验值得我们学习，我国的私募股权资本投资机构也要为被投资企业提供专家咨询和指导、提供经营信息、普及创业知识、搭建合作平台等方面的增值服务，帮助被投资企业成长。

四、私募股权资本发展需要通畅的退出渠道

美国、英国、德国以及日本等国私募股权资本的退出经验表明私募股权资本要实现高回报，就必须成功退出。完善的资本市场体系、发达的多层次资本市场、产权交易市场为私募股权资本提供多渠道的退出方式[①]。不仅如此，美国、英国、德国以及日本等国在完善私募股权资本退出渠道时，私募股权资本渠道覆盖所有类型的企业[②]。与美国、英国、德国以及日本等国私募股权资本多种退出形式并存的情况相比，目前，我国由于资本市场不完善，私募股权资本退出渠道单一，过于依赖上市退出，这严重制约了我国私募股权资本的发展，致使很多的私募股权资本投资的中小企业（如蒙牛公司、巨人网络公司、阿里巴巴网络公司等）绕道海外上市。多层次的资本市场体系以及通畅便捷的退出机制是私募股权资本运行的重要基础条件。对照美国、英国、德国以及日本等国私募股权资本退出的成功经验，我国多层次的资本市场体系建设应该得到加强。具体应从以下几个方面着手：第一，为鼓励企业在境内上市，需加快主板市场发展。第二，为降低未上市股权交易成本，需加速中小企业板扩容。第三，为私募股权资本的顺畅退出提供新的渠道，需逐步建立与国际接轨的新三板市场，完善场外交易市场。第四，支持企业到境外资本市场上市。

总之，从美国、英国、德国以及日本等国私募股权资本发展的经验看，私募股权资本发展成功的因素很多，比如，私募股权资本发展需要多样化的募集渠道、私募股权资本发展需要灵活的投资策略、私募股权资本发展需要有效的投资后管理、私募股权资本发展需要通畅的退出渠道等[③]。为促进我国私募股权资本行业的快速健康发展，我国需要借鉴美国、英国、德国以及日本等国私募股权资本发展的成功经验。

---

① 孙志超：《境外私募股权基金操作理论与应用研究》，中国政法大学出版社 2015 年版，第 243 页。

② 彭海城：《中国私募股权基金退出机制研究》，博士学位论文，华中科技大学，2012 年。

③ Talmor E.，Vasvari F.，"International private equity"，John Wiley & Sons，2011.

本章小结

在本章，我们主要完成两个主要任务：

一是分析国外私募股权资本行业发展状况。对全球主要国家（如美国、英国、德国、日本等）私募股权资本行业的发展情况进行总结。主要从资本募集、投资、投资后管理与退出等方面进行总结。

二是总结国外私募股权资本发展的经验。对私募股权资本发展的国际经验进行总结，这些经验包括私募股权资本发展需要多样化的募集渠道、私募股权资本发展需要灵活的投资策略、私募股权资本发展需要有效的投资后管理、私募股权资本发展需要通畅的退出渠道等。

第三章 我国私募股权资本行业发展现状与问题分析

第一节 我国私募股权资本行业的发展历程

我国私募股权资本行业发展历史较短，私募股权资本发展历程大致与我国国民经济体制改革同步推进，其中，我国科技体制改革和财政体制改革对我国创业投资和私募股权资本的产生与发展起到直接的推动作用。在 2005 年之前，"私募股权资本"概念在我国并不流行，因此，我国私募股权资本发展历程主要是创业（风险）投资发展的历程。我国私募股权资本发展大致经历初步探索、稳步发展、快速发展、深度调整、有序发展等五个发展阶段。

一、初步探索阶段（20 世纪 80 年代—1999 年）

我国的私募股权发展最早可追溯到 20 世纪 80 年代，中国第一家风险投资公司——中国新技术创业投资公司于 1985 年成立，开创我国私募股权资本行业发展的先河。中国新技术创业投资公司成立的初衷是为我国中小企业提供风险投资。我国早期风险投资发展主要目的是为促进科技进步，而非获取高额的投资回报利润。自中国新技术创业投资公司成立之后，全国各地多家创业（风险）投资公司、"科技风险投资基金"在我国相继成立。截至 1998

年，全国创业风险投资机构累计 76 家，管理资本额达 168.8 亿元人民币[①]。1999 年，《中共中央国务院关于加强技术创新，发展高科技，实现产业化的决定》文件的出台为我国私募股权资本（广义）的发展作出制度上的安排。"在经历短暂的繁荣后，又以 1998 年 6 月中创投资公司破产清盘正式宣告我国早期风险投资基金运作失败，没有达到预期的效果，对我国科技成果转化为现实生产力并没有起到催化剂的作用。"[②] 但这个阶段风险投资的发展为今天私募股权资本行业的发展积累了一些有益的经验。

二、稳步发展阶段（2000—2005 年）

2000 年，我国第一个有关私募股权资本（广义）发展的战略性、纲领性文件《关于建立风险投资机制的若干意见》出台，为私募股权资本投资机制确立相关原则。2000—2005 年，由于互联网产业的兴起，许多风险投资机构纷纷对互联网产业进行投资，我国迎来了第二次风险投资发展的高潮。但关于私募股权资本案例在我国的真正出现，"行业内大多人认为，我国大陆第一起最典型的私募股权案例，是 2004 年 6 月美国著名的新桥资本（Newbridge Captial）以 12.53 亿元人民币，从深圳市政府手中收购深圳发展银行 17.89% 的股权，这也是国际并购基金在我国的第一起重大案例。"[③] 这成为外国私募股权资本进入我国资本市场的开端。为分享我国经济发展带来的盛宴，国外私募股权资本投资机构纷纷入驻我国，包括百度和无锡尚德太阳能电力有限公司上市，乃至徐州工程机械集团有限公司和哈药集团有限公司等在内并购重组，无不存在国外私募股权资本的身影。2004 年以后，我国资本市场出现有利于私募股权资本发展的制度创新，深圳中小企业板和创业板的推出为私募股权资本提供 IPO 的退出方式，本土私募股权资本行业发展开始活跃起来，我国的私募股权资本行业进入稳步发展阶段。

---

① 王元、王维中、梁桂：《中国创业风险投资发展报告》，经济管理出版社 2007 年版。
② 乔小辉：《我国私募股权投资运作模式研究》，硕士学位论文，首都经济贸易大学，2008 年。
③ 李立：《中国私募股权投资发展的问题及对策研究》，硕士学位论文，吉林大学，2009 年。

三、快速发展阶段（2006—2010 年）

在政府引导下，我国私募股权资本行业从 2006 年开始呈现快速发展的趋势。2006 年 1 月，国家制定《国家中国长期科学和技术发展规划纲要 2006—2020》，明确提出了发展创业风险投资的政策要求①。2007 年，为了给有限合伙制私募股权资本投资基金的建立提供法律根据，国家修订了《合伙企业法》；2008 年，为规范股权投资行为，国家出台了《关于创业投资引导基金规范设立与运作指导意见》；2008 年，国家批准全国社保基金对未上市企业进行股权投资；2009 年，随着 IPO 重启和创业板开版，为我国私募股权资本行业的发展提供了畅通的退出渠道；到 2010 年底，我国的私募股权资本投资机构达到 2500 多家②。

四、深度调整阶段（2011—2013 年）

2011 年以来，我国的私募股权资本市场开始调整，发展步伐变慢。我国政府越来越重视对私募股权资本行业发展进行规范。2011 年 11 月，为规范股权投资管理机构的基本职责、股权投资企业资本募集与投资领域、股权投资企业的设立、风险控制机制、信息披露制度、备案管理和行业自律，国家发改委发布《关于促进股权投资企业规范发展的通知》，成为我国第一个全国性规制股权投资企业的规范性文件。2013 年 6 月，中央编办印发《关于私募股权基金管理职责分工的通知》，明确证监会负责私募股权基金的监督管理。由于在这个阶段国家对私募股权资本行业的发展进行规范，各地方政府也逐渐加强对私募股权股权资本市场的监管，私募股权资本行业发展减速，进入深度调整阶段。

---

① 参见朱奇峰：《中国私募股权基金发展论》，博士学位论文，厦门大学，2009 年。
② 参见李杨：《我国私募股权基金退出机制研究》，硕士学位论文，天津财经大学，2015 年。

五、有序发展阶段（2014—）

2014 年，新股 IPO 重启，我国私募股权资本行业逐渐恢复元气，进入有序发展阶段。为规范私募基金管理人登记、私募基金备案及行业自律工作，中国证券投资基金业协会发布《私募投资基金管理人登记和基金备案办法（试行）》，于 2014 年 2 月 7 日起施行。在反复调研论证的基础上，证监会形成《私募投资基金监督管理暂行办法（征求意见稿）》，正式将私募证券基金、私募股权基金和创业投资基金纳入统一监管框架，建立私募股权资本行业的基本规范，对私募股权资本行业发展提出相应的规范性要求[①]。此外，随着我金融改革步伐的快速推进，2014 年 5 月 9 日国务院发布"新国九条"，私募市场首次在国务院文件中被提及，凸显我国私募股权资本行业发展的重要性。2015 年《关于 2015 年深化经济体制改革重点工作的意见》中指出，制定出台私募投资基金管理暂行条例。根据清科集团的数据，2015 年，我国私募股权资本投资机构新募基金共计 2249 支，是 2014 年的 5 倍；基金规模方面，2015 年，我国私募股权资本投资机构共募集 5649.54 亿元人民币，约为 2014 年的 1.46 倍；我国私募股权资本投资方面持续保持高位增长，2015 年，我国私募股权资本投资市场共发生的投资案例为 2845 起，是 2014 年的 3 倍，披露金额的投资事件中共涉及投资额达 3859.74 亿元人民币，较上一年增长 16.7%[②]。

---

① 李光磊：《私募基金规范："有章可循"利在长远》，《金融时报》2014 年 7 月 17 日。
② 《2015 年 PE 投资突破 3800 亿 PE 加速设立产业并购基金》2016 年 1 月 13 日，2016 年 7 月 7 日，http://pe.hexun.com/2016-01-13/181784405.html。

第二节 我国私募股权资本行业发展的现状分析

一、私募股权资本的募集现状分析

（一）私募股权资本募集规模快速增长

近几年，无论私募股权资本募集规模还是金额都呈现出快速增长的态势。根据清科研究中心的统计数据，2015 年 7 月新募集的有 59 支基金，共募集资金 38.86 亿美元，其中，天使基金 2 支，募集金额 163.00 万美元；创业基金 15 支，募集资金 17.15 亿美元；成长基金 26 支，占 7 月份新募集基金数的 44.1%，披露募集金额 23 支基金，募集资金共 7.41 亿美元；夹层基金 1 支，募集资金 6867.00 万美元；并购基金 15 支，募集资金共 13.61 亿美元[①]（如表 3—1 所示）。又如，2016 年 1 季度共有 356 支私募股权资本投资基金募集完毕。其中已披露的 269 支基金募集金额共 1466.33 亿元人民币[②]。

表 3—1   2015 年 7 月新募集基金类型分布统计表

基金类型	新募集基金数（总）	比例	新募集基金数（披露金额）	新增资本量（US＄M）	比例	平均新增资本量（US＄M）
天使基金	2	3.4%	1	1.63	0.0%	1.63
创业基金	15	25.4%	15	1714.62	44.1%	114.33
成长基金	26	44.1%	23	740.56	19.1%	32.2

① 清科研究中心：《7 月 VC/PE 市场募资金额 38.86 亿美元 IPO 暂缓》，《基金互认开闸引"围观"》，2015 年 8 月 10 日，2016 年 7 月 7 日，http://research.pedaily.cn/201508/20150810386833.shtml。

② 《2016 年 Q1 中国 PE 投资市场热度不减，机构加码并购基金和 PIPE 投资》，2016 年 4 月 25 日，2016 年 7 月 7 日，http://money.163.com/16/0425/14/BLGKIQFR00253B0H.html。

续表

基金类型	新募集基金数（总）	比例	新募集基金数（披露金额）	新增资本量（US$ M）	比例	平均新增资本量（US$ M）
夹层基金	1	1.7%	1	68.67	1.8%	68.67
并购基金	15	25.4%	12	1360.62	35.0%	113.39
合计	59	100%	52	3886.38	100	74.74

资料、数据引自清科研究中心：《7 月 VC/PE 市场募资金额 38.86 亿美元》2015 年 8 月 11 日，2016 年 6 月 11 日，http://research.pedaily.cn/201508/20150810386833.shtml。

（二）改革利好政策推动私募股权资本募集市场发展

私募股权资本募集市场的活跃主要受益于经济转型期多项改革利好政策的推动。我国逐步放开对商业银行、社保基金和保险资金等进入私募股权资本行业的壁垒，私募股权资本的募集方兴未艾，国内机构参与私募股权资本市场的步伐加快，成为私募股权资本募集的重要资金来源。此外，富裕家庭与个人出于分散风险和实现资产增值的目的，将闲散资金投资于私募股权资本领域，也成为私募股权资本募集的一个重要来源。

（三）私募股权资本募集渠道多元化

目前，我国私募股权资本募集有着广泛的募集渠道。政府资金、社保资金、保险资金、银行资金、大型企业集团资金、外国投资资金、富裕家庭和个人资金等都可能是私募股权资本的来源渠道，私募股权资本募集渠道多元化趋势非常明显。

（四）政府在私募股权资本募集中的引导作用明显

政府资金是我国私募股权资本募集来源之一，它的贡献有两个方面：一是为促进新兴产业成长而进行的投资；二是直接参股私募股权资本投资机构，例如，我国最大的本土私募股权资本投资机构之一——深圳创新投资集团便是这种形式。随着我国经济的日益市场化，私募股权资本行业竞争日益激烈，政府对私募股权资本发展的引导作用将会显得越来越重要。例如，2011 年，北京市探索设立"北京创新·战略性新兴产业创投基金""小城镇建设发展基金""北京服务·新首钢股权投资基金"等多支私募股权资本投资基金，政府投入约 13 亿元，募集社会投资约 110 多亿元的基金规模，积极扶持战略性新兴产业、高技术服务、电子信息、生物医药、新能源与环保、生产性服务业等相关产业的发展[①]。

二、我国私募股权资本的投资现状

（一）投资行业多元化

在私募股权资本行业发展早期，私募股权资本投资机构主要对有发展潜力的科技型中小企业（如互联网、新能源、新材料等）进行投资。近年来的国内私募股权资本投资机构投资行业呈现多元化、分散化趋势，投资方向几乎覆盖全部产业（如图 3－1 所示）。目前整个私募股权资本投资市场投资案例数及投资额均保持第一的是互联网。此外，IT、生物技术/医疗健康、机械制造业、电信及增值服务、金融、清洁技术、金融、娱乐传媒等行业仍然是私募股权资本市场的投资热点。另外，在 2016 年第一季度，私募股权资本投资机构向房地产行业投资环比稍有下降，投资金额约 40 亿元。[②]

---

① 李冠新：《政府投资设立私募股权投资基金应关注的法律问题及建议》，《投资北京》2011 年第 11 期，第 37—39 页。

② 清科数据：《2016 年 Q1 中国 PE 投资市场热度不减，机构加码并购基金和 PIPE 投资》，2016 年 4 月 25 日，2016 年 7 月 7 日，http://money.163.com/16/0425/14/BLGKIQFR00253B0H.html。

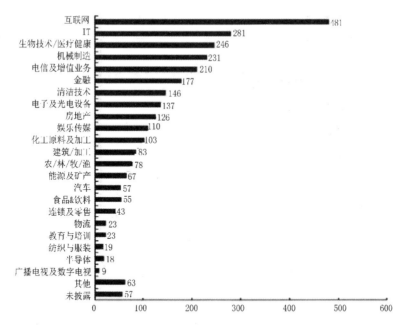

图 3—1　2015 年中国私募股权投资一级行业分布（按案例数起）

资料、数据、图片引自房瞻：《2015 年 PE 投资突破 3800 亿 新三板重构 PE 格局》，2016 年 1 月 14 日，2016 年 6 月 11 日，http：//www.p5w.net/fund/gqjj/201601/t20160114_1327181.htm。

（二）投资区域集中化

私募股权资本投资主要集中在北京、上海、广东、浙江、江苏等地。例如，2015 年，无论是按投资案例统计，还是按投资金额统计，私募股权资本投资活跃的地区主要集中在我国沿海发达地区，北京、上海、深圳、广东（除深圳外）江苏分别排在前五位，分别是 652 起、407 起、250 起、202 起、194 起；按投资金额统计，排在前五位的分别是北京、上海、浙江、深圳、福建[1]，具体如图 3—2 所示。随着经济社会的不断发展，加之中、西部地区广泛分布着能源资源、化工、旅游、基础设施建设、农林牧副、加工制造和

---

①　房瞻：《2015 年 PE 投资突破 3800 亿新三板重构 PE 格局》，2016 年 1 月 14 日，2016 年 6 月 11 日，http：//www.p5w.net/fund/gqjj/201601/t20160114_1327181.htm。

食品饮料等较多的行业，投资机会将不断增多。所以，我国的私募股权资本会逐渐将中、西部地区作为投资主战场。

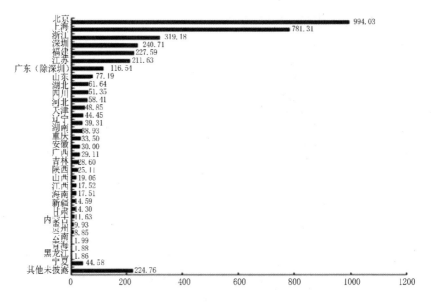

图 3-2　2015 年中国私募股权投资地域分布（按金额：人民币亿元）

资料、数据、图片引自房瞻：《2015 年 PE 投资突破 3800 亿 新三板重构 PE 格局》2016 年 1 月 14 日，2016 年 6 月 11 日，http：//www. p5w. net/fund/gqjj/201601/ t20160114＿1327181. htm。

（三）私募股权资本投资市场热情高涨，人民币则成主流投资币种

2016 年上半年，中国大陆共有 1394 家企业获得私募股权资本的投资，其中披露金额达 3540.96 亿元，同比上升 85.9％。其中 57 起投资案例超过十亿元人民币以上。例如，建信信托、中国人寿、中国投资有限责任公司、国开金融、春华资本和中邮集团等向蚂蚁金服投资 45 亿；一些私募股权资本投资机构（仅计算 PE 和战略投资者投资额）向苏宁云商投资 282.33 亿元人民币，向滴滴出行投资 43 亿美元，向优步投资 35 亿美元。可以看出，我国

的私募股权资本投资活跃度不减，私募股权资本投资市场热情高涨[1]。从投资币种来看，近年来人民币慢慢成为私募股权资本投资市场的主流投资币种，外币在国内私募股权资本投资市场的投资案例数已经出现明显的下降趋势。例如，2014 年我国私募股权资本投资市场外币投资所占资金规模约 47%，2015 年外币投资资金占比则降至 25.6%，2016 年一季度，外币投资资金占比则降至 25.1%[2]。

三、私募股权资本的投资后管理现状分析

(一) 增值服务的内容不断丰富

私募股权资本投资机构的投资后管理团队汇聚财务、人事、运营和资本运作等方面的专家，不断丰富增值服务的内容和范围。很久一段时间，国内私募股权资本投资后管理只停留在参与中小企业董事会的层面上，一般很少插手中小企业的管理和运作。私募股权资本投资机构利用多年快速成长过程中在资本运作、技术管理以及人力资本等方面积累的经验帮助中小企业提升管理水平，见表 3－2。例如，鼎晖投资不仅为被投中小企业提供战略制定和梳理、流程再造、营销策划、预算和绩效考核体系的建立等全方位的增值服务，而且还要参与部分项目的投资前期工作，与被投企业建立非常紧密的合作伙伴关系，"对企业的发展过程有足够了解，有效地消除信息不对称和代理风险，与企业管理层能够达到目标的统一，与企业建立互动性的合作关系，并且有足够的经验和信息来帮助企业发展，被管理层充分信任和接受，共同为企业创造价值"[3]。

---

[1] 《2016 年第二季度中国私募股权投资研究报告》，2016 年 10 月 24 日，2016 年 11 月 11 日，http://research.pedaily.cn/report/pay/1376.shtml。

[2] 清科数据：《2016 年 Q1 中国 PE 投资市场热度不减，机构加码并购基金和 PIPE 投资》，2016 年 4 月 25 日，2016 年 7 月 7 日，http://money.163.com/16/0425/14/BLGKIQFR00253B0H.html。

[3] 郑伟鹤、陈耀华、盛立军：《私募股权基金与金融业资产管理》，机械工业出版社 2004 年版，第 73 页。

表 3－2　我国典型私募股权资本投资机构投资后管理流程及分工

流程	涉及部门	分工
投资后管理	投资后管理部门	协调合伙人资源、行业的资源、全国各地分公司等资源，把所有的资源整合在一起，给中小企业提供战略规划制定、业务关系建立、经营方案制定、管理团队建设等所需的帮助。不负责具体的某个项目，起整体协调的作用。
	财务部门	协助项目团队向被投中小企业提供财务管理咨询服务，建立透明、规范的财务体系。
	投资部门	为被投中小企业提供管理、运营等方面的咨询建议服务，联系业务发展需要的相关机构。帮助中小企业高速地发展企业的核心竞争力和价值。根据中小企业的具体实际情况，提供有针对性的增值服务。
	法务部门	监控风险，及时对投资项目出现的法律风险并协助解决。

资料引自清科观察：《PE 专职投后管理不足 20%》，2013 年 2 月 18 日，2016 年 6 月 11 日，http：//capital. cyzone. cn/article/239152/。

（二）投资后管理在中小企业不同发展阶段特征各异

私募股权资本投资机构的投资后管理有不同的特征：在中小企业种子期，私募股权资本投资机构一般会指导和协助中小企业进行战略规划、引进管理人才、开发市场，委派董事、财务专家到中小企业；在中小企业成长期，私募股权资本投资机构会协助中小企业优化管理团队，派驻财务监事到中小企业，定期审核中小企业的财务报表，了解中小企业的经营状况；在中小企业扩张期，为保证私募股权资本投资机构的利益不受损害，私募股权资本投资机构一般只会定期核查中小企业的财务报表[1]。

（三）私募股权资本投资机构设立专职投资后管理团队渐成趋势

活跃于我国资本市场中的私募股权资本投资机构在负责项目投资后管理的人员配置大致可分为投资团队负责制以及投资后管理团队负责制两类。根据清科研究中心调研的结果来看，私募股权资本投资机构设立专职投资后管理团队渐成趋势。目前活跃于我国境内的 VC/PE 机构有 54.8% 的机构未设置专职投资后管理团队，但在将来计划设立；有 16.1% 的机构（如达晨、九鼎、中信产业基金等）已设立专职投资后管理团队，只有 29% 的机构未设置

---

[1] 参见郑庆伟：《基于双重委托——代理运作模式的我国风险投资特征及其成因研究》，博士学位论文，华侨大学，2011 年。

专职投资后管理团队，也暂无设立计划[①]，见图 3—3。上述达晨、九鼎、中信产业基金等机构的私募股权资本投资后管理实践表明，私募股权资本投资机构未来赢得市场竞争的一个重要因素是私募股权资本投资机构的投资后管理能力。

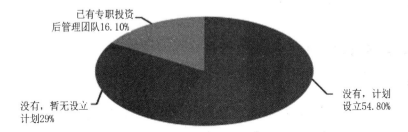

图 3—3 活跃于中国境内 VC/PE 机构投资后管理团队设置情况

资料、数据、图片引自清科观察：《PE 专职投后管理不足 20%》2013 年 2 月 18 日，2016 年 6 月 11 日，http：//capital. cyzone. cn/article/239152/。

四、私募股权资本的退出现状分析

（一）退出整体上呈现增长态势

随着我国多层次资本市场的不断完善，私募股权资本市场的流动性不断加强。2005—2013 年，我国私募股权资本非 IPO 退出市场退出项目案例数量与总退出金额稍有波动，但整体上呈现增长态势，反映出整体私募股权资本退出规模的增长趋势。另外，从平均退出规模来看，单笔项目退出金额于 2009 年之后有极大增长，从侧面反映出私募股权资本实力的增长与单笔非 IPO 退出规模的大型化。并购退出发生数量从 2010—2013 年增长迅速，超越股权转让成为我国私募股权资本市场现行的第二大退出方式。2010 年股权转让的退出规模是并购退出金额的 7 倍左右，但 2013 年并购退出的总退出规模

---

① 《PE 专职投后管理不足 20%》，2013 年 2 月 18 日，2016 年 6 月 11 日，http：// capital. cyzone. cn/article/239152/。

达到股权转让退出总规模的 2 倍之多，反映出并购退出方式在我国的接受度和应用频率的上升[①]。受全球经济增速放缓的影响，2016 年第一季度，私募股权资本市场共发生退出案例 415 笔，其中，通过 IPO 退出的案例数仅有 31 笔，占比 7.4％，并购退出案例数 58 起，占比 14％，通过新三板挂牌退出的案例共 300 笔，占比 72％[②]。

（二）退出渠道多元化

近几年，IPO 一直是收益最高、最理想的退出方式，但受制于内地市场规模有限、上市周期长、难度大的困境，私募股权资本投资机构不得不寻找更多元化的退出渠道。其一，创业板成为私募股权资本退出的主流市场。其二，境外市场成 IPO 热门地。其三，新三板扩容及转板预期为私募股权资本提供曲线上市机会。其四，并购重组开辟重要退出渠道。近年来，"上市公司＋PE" 并购重组的模式——硅谷天堂模式逐渐流行，上海股交中心推出私募股权资本份额转让系统，探索拓宽私募股权资本的退出渠道。此外，私募股权资本投资机构还通过境外上市、借壳上市、管理层收购、股权转让、清算等多种方式实现了退出[③]，退出渠道多元化趋势比较明显。

（三）退出收益水平受多种因素影响

私募股权资本退出时机与退出方式的选择是私募股权资本投资机构与中小企业寻求最有利于自身退出方案的博弈过程。只有当退出收益大于退出成本时，实施退出才是可行的。退出收益水平的波动与私募退出方式的选择有很大关系。整体来说，我国私募股权的退出收益水平波动较大，综合受到退出市场、相关政策、退出规模等因素的影响[④]。

---

①　蓝雨青：《我国私募股权投资退出现状与前景分析》，《深圳金融》2014 年第 11 期。

②　清科数据：《2016 年 Q1 中国 PE 投资市场热度不减，机构加码并购基金和 PIPE 投资》，2016 年 4 月 25 日，2016 年 7 月 7 日，http://money.163.com/16/0425/14/BLGKIQFR00253B0H.html。

③　清科研究中心：《2015 年 PE 投资突破 3800 亿，新三板重构 PE 格局，但突遭证监会叫停挂牌独家》，2016 年 1 月 13 日，2016 年 7 月 7 日，http://pe.pedaily.cn/201601/20160113392457.shtml。

④　朱鸿伟、姚文燕：《我国私募股权投资退出决策研究——基于 2003—2012 年数据的 Logit 模型分析》，《南方金融》2014 年第 1 期，第 71—76 页。

第三节 我国私募股权资本行业发展存在的主要问题分析

目前，我国的私募股权资本行业发展环境不断改善，给我国的私募股权资本发展提供了强大的驱动力。但作为一个新兴行业，我国私募股权资本发展历史还不长。客观地说，我国私募股权资本的募集、投资、投资后管理及退出中还存在一些问题，成为制约其进一步发展的障碍。下面就目前我国私募股权资本行业发展过程中存在的主要问题进行总结和分析。

一、私募股权资本募集阶段存在的主要问题[①]

（一）政府参与渠道单一

在私募股权资本行业的发展初期，政府资本是其资金来源中的主要构成部分，政府对私募股权资本行业的发展促进作用至关重要，见表 3-3。目前，国家部委或地方政府设立和运营的若干产业投资基金是我国政府参与私募股权资本行业的主要渠道。但参与方式过于简单，缺乏激励机制，缺乏专业的私募股权资本管理团队和人员，管理者是公务人员或政府雇员，他们没有动机也无经验经营好私募股权资本，投资效率低下。如果政府过度干预私募股权资本的运用，政策性考虑有时可能高于商业性考虑，且政府型的集中决策会抑制个人创造力的发挥，缺乏对技术创新项目的战略前景、产业化途径等问题的深入量化研究，这往往会导致私募股权资本投资决策过程粗糙，从而导致投资失败。此外，我国政府资本缺乏类似于西方发达国家的市场化政府参与模式的支持和引导，对民间资本和外国资本的引导作用有限[②]。此

[①] 本节主要内容引自李靖：《我国私募股权资本募集渠道多元化研究》，《海南金融》2016 年第 3 期，第 50—53 页。

[②] 姜竹、安然、杨晓华：《论政府优化私募股权投资环境的作用：国际经验与启示》，《北京工商大学学报》（社会科学版）2013 年第 4 期，第 104—108 页。

外，我们发现一些地方政府在支持私募股权资本行业发展时，简单地将政府等同于一般的出资人，对私募股权资本行业发展缺乏明确的指导思想和发展规划。

表 3-3 2006—2015 年政府引导基金设立情况表

时间	基金规模（亿元人民币）	基金数量（支）
2006	20	5
2007	14.55	7
2008	97	26
2009	134.13	39
2010	352.47	39
2011	453.37	68
2012	892.26	70
2013	746.68	89
2014	2881.01	105
2015	15089.96	297

资料、数据引自桂洁英、清科观察：《〈2016 政府引导基金报告〉发布，管理办法支持四大领域、明确负面清单》，2016 年 3 月 30 日，2016 年 6 月 30 日，http：//research. pedaily. cn/201603/20160330395131. shtml。

（二）商业银行参与还有诸多限制

我国《商业银行法》规定商业银行不得向非银行金融机构和企业投资，这是商业银行直接从事私募股权资本业务的法律障碍。由于政策法律的限制，在私募股权资本行业里，商业银行不能直接发挥主导者角色，商业银行参与私募股权资本行业（我国商业银行参与股权投资基金的情况见表 3-4）深度与广度非常有限，商业银行业务的综合化转型受到直接制约，同时私募股权资本行业的发展壮大也受到约束。

1. 商业银行和私募股权资本在经营原则上存在较大区别。我国商业银行以安全性、流动性、效益性为经营原则，关注被贷款企业的盈利性；而私募股权资本则追求高风险、低流动性和高收益，更加关注被投资中小企业的成长性。

2. 私募股权资本作为创新型业务，商业银行从事私募股权资本业务在管理机制和人才储备等方面面临巨大的挑战。私募股权资本业务与传统的商业银行存贷业务不同，是一种全新的"财力＋智力"业务，具有较强的专业性和综合性。无论是在私募股权资本募集、投资前的项目筛选，投资后管理与后期退出，都需要既懂金融与财务、经营管理、法律，又精通技术的立体型人才。由于私募股权资本行业在我国的发展时间较短，商业银行本土私募股权资本人才本身较为缺乏[①]。

表 3—4　我国商业银行参与股权投资基金的情况表

商业银行	投资平台	股权投资基金
工商银行	工银国际（香港）	鄱阳湖产业投资基金 海南国际旅游产业基金
国家开发银行	国开金融	渤海产业投资基金 中非发展基金 中国——东盟投资基金 中意曼达林基金 中国——比利时直接股权投资基金
邮储银行		渤海产业投资基金
浦发银行		天创博盛股权投资基金
中国银行	中银集团投资	浙商产业投资基金 广东中小企业股权投资基金
	中银国际（香港）	中国文化产业投资基金 渤海产业投资基金
建设银行	建银国际（香港）	建银国际医疗保健股权投资基金 中国文化产业投资基金 建银城投环保产业股权投资基金 天津裕丰基金管理公司

资料引自张波：《银行系私募股权基金的法律规制：国际经验与中国对策》，《金融论坛》2011 年第 11 期，第 67—72 页。

（三）社保基金缺乏有效增值手段

随着我国社保体系的不断成熟，社保资金也逐渐加入私募股权资本领域。

---

① 参见朱玲：《我国商业银行私募股权基金业务发展问题研究》，硕士学位论文，山东大学，2012 年。

据初步统计，截至 2014 年年底，社保基金会管理的基金资产总额 15290 亿元；基金权益总额 14510 亿元[①]。这为社保资金成为私募股权资本募集的重要来源提供重要的保障。2004 年，全国社保基金投资中国——比利时直接股权投资基金，这是全国社保参股的第一支基金；2006 年，全国社保基金投资渤海产业投资基金，这是全国社保参股的第一支经国家批准设立的契约型中资产业投资基金；2008 年，全国社保基金投资弘毅投资产业基金和鼎晖股权投资基金[②]，见表 3-5、表 3-6。目前，在投资风格方面，全国社保基金从侧重简单的投资结构转向夹层投资，并且有不动产方面的投资；从侧重私募股权资本转向兼顾风险投资和并购投资。社保基金投资于私募股权资本不仅仅是出于保值增值的商业目的，也是为了承担社会责任、促进资本市场健康发展的需要。由于我国的国情特殊，老龄人口占社会总人口比重不断增大，社会将提前步入老龄化。社保基金将对我国社会的发展与稳定起重要作用。但全国社保基金的投资方式不够科学与灵活，管理还显得僵硬。缺乏有效的投资手段、投资方式过于单一是导致社保基金增值情况不理想的主要原因。社保基金投资于银行存款和国债上安全性较高，却不能满足增值的需求；投资于股票市场收益较高，但风险太大。所以，投资于私募股权资本是更适合社保基金的投资方式。社保基金参与私募股权资本风险较低，有稳定的回报，满足社保基金保值增值的要求，是一种新的投资模式。

表 3-5　社保基金投资私募股权资本概况

投资时间	私募股权资本投资机构	背景	领军人	行业排名	典型案例
2013 年	复星创富	复星集团	梁信军	C VAw ards 2012 年度中国最佳私募股权资本投资机构 TO P5	利亚德、陕鼓动力
2013 年	中金佳成	中金	陈十游	C VAw ards 2011 年度中国最佳私募股权资本投资机构 TO P5	开立科技、温氏食品
2012 年	新天域资本	空缺	于剑鸣	C VAw ards 2011 年度中国最佳私募股权资本投资机构 TO P3	重庆百货、华致酒行

---

① 全国社会保障基金理事会网站 http：//www. ssf. gov. cn/xw/xw _ gl/201502/t20150213 _ 6362. html。

② 全国社会保障基金理事会网站 http：//www. ssf. gov. cn/tzyy/201209/t20120917 _ 5670. html。

续表

投资时间	私募股权资本投资机构	背景	领军人	行业排名	典型案例
2012 年	赛富基金	软银	阎焱	C VAwards 2009 年度中国最佳创业投资机构 Top10	58 同城、汇源果汁
2012 年	中信产业基金	中信集团吴	亦兵	C VAwards 2011 年度中国最佳私募股权资本投资机构 TO P5	盛运股份、快乐购
2011 年	鼎晖投资	中金公司直投部	吴尚志	C VAwards 2009 年度中国最佳私募股权资本投资机构 Top3	现代牧业、德邦物流
2011 年	宽带资本	空缺	田溯宁	空缺	世纪互联、久邦数码
2011 年	联想投资	联想集团	朱立南	C VAwards 2010 年度中国最佳创业投资机构 TO P5	易车网、高德
2011 年	中信资本	中信集团	张懿宸	C VAwards 2010 年度中国最佳私募股权资本投资机构 Top30	冠生园、哈药集团
2010 年	联想投资	联想集团	朱立南	CVAwards 2009 年度中国最佳创业投资机构 Top3	科大讯飞、匹克体育
2011 年	金浦投资	上海国际集团	吕厚军	空缺	首支基金，暂无评估
2010 年	ID G 资本	ID G	周全	C VAwards 2009 年度中国最佳创业投资机构 Top10	A8 音乐、波司登、如家
2009 年	中信产业基金	中信集团	吴亦兵	CVAwards 2009 年度中国最佳私募股权资本投资机构 Top20	首支基金，暂无评估
2008 年	鼎晖投资	中金公司直投部	吴尚志	C VAwards 2007 年度中国最佳私募股权资本投资机构 Top10	蒙牛乳业、双汇集团
2008 年	弘毅投资	联想集团	赵令欢	CVAwards 2007 年度中国最佳私募股权资本投资机构 Top10	中国玻璃、中联重科

资料、数据引自杜善友、杨恒：《2015 年私募股权投资基金 LP 研究报告》，2015 年 10 月 12 日，2016 年 6 月 17 日，http：//www.chinaventure.com.cn/cmsmodel/report/detail/1048.shtml。

表 3－6　全国社保基金股权基金投资组合基本情况

序号	投资时间	管理机构	基金名称
1	2004 年	海富产业投资基金管理有限公司	中国——比利时直接股权投资基金
2	2006 年	渤海产业投资基金管理有限公司	渤海产业投资基金
3	2008 年	弘毅投资管理（天津）（有限合伙）	天津弘毅投资产业一期基金
4	2008 年	鼎晖股权投资管理（天津）有限公司	天津鼎晖股权投资一期基金
5	2009 年	中信产业投资基金管理有限公司	绵阳科技城产业投资基金
6	2010 年	联想投资顾问有限公司	北京君联睿智创业投资中心
7	2010 年	和谐爱奇投资管理（北京）有限公司	北京和谐成长投资中心
8	2010 年	弘毅投资管理（天津）（有限合伙）	北京弘毅贰零壹零股权投资中心

续表

序号	投资时间	管理机构	基金名称
9	2011 年	鼎晖股权投资管理（天津）有限公司	天津鼎晖嘉尚股权投资合伙企业（有限合伙）
10	2011 年	诚柏（天津）投资管理有限公司	天津诚柏股权投资合伙企业（有限合伙）
11	2011 年	天津君联盛投资管理有限公司	天津君睿祺股权投资合伙企业（有限合伙）
12	2011 年	中信资本（天津）投资管理合伙企业（有限合伙）	中信资本（天津）股权投资合伙企业（有限合伙）
13	2011 年	金浦产业投资基金管理有限公司	上海金融发展投资基金（有限合伙）
14	2012 年	远景万方（天津）股权投资管理企业（有限合伙）	天津新远景优盛股权投资合伙企业（有限合伙）
15	2012 年	天津赛富中元投资顾问有限公司	北京赛富创业投资中心（有限合伙）
16	2012 年	天津赛富中元投资顾问有限公司	北京赛富弘元投资中心（有限合伙）
17	2012 年	中信产业投资基金管理有限公司	北京中信投资中心（有限合伙）
18	2013 年	上海复星创富投资管理有限公司	上海复星惟实一期股权投资基金合伙企业（有限合伙）
19	2013 年	中金佳合（天津）投资管理有限公司	中金佳泰（天津）股权投资基金合伙企业（有限合伙）

资料、数据引自全国社会保障基金理事会网站，http：//www.ssf.gov.cn/xw/xw_gl/201502/t20150213_6362.html。

（四）保险资金运用整体效益较低

随着保险资金运用的市场化，保险资金与私募股权资本行业的结合将更加紧密。例如，早在 2006 年，保监会允许保险资金投资基础设施项目股权和商业银行股权；2010 年，我国已经允许保险资金直接投资非上市企业股权，允许符合条件的保险公司将总资产的 4％投资于股权投资基金；2013 年，我国多家保险公司相继提出引入有限合伙制股权投资企业的设想；2014 年，国务院发布的《国务院关于加快发展现代保险服务业的若干意见》明确提出专业保险资产管理机构可以设立私募基金（如夹层基金、并购基金、不动产基金等），为保险资金进军私募股权资本行业提供政策保障，见表 3－7；2015年 1 月 13 日，首家由保险资金发起设立并管理的私募股权资本投资基金诞生。光大永明资产管理公司联合安华农险、长安责任保险、东吴人寿、昆仑健康保险和泰山产险 5 家保险公司共同发起设立中小微企业私募股权资本投资基金——合源资本（注册资本为 1 亿元人民币）[①]。保险资金发起设立专项私募股权资本投资基金投资小微企业，是保险资金缓解中小微型企业融资难问题的又一探索与实践[②]。但目前我国一些保险公司决策盲目、被动、随意，决策机制落后，规范有效的决策反馈机制尚未建立。这类决策机制的弊端在保险公司投资债券时不会体现出来，但在保险公司进入私募股权资本市场后会充分暴露出来。因此，保险公司投资私募股权资本市场，必须建立科学的决策反馈机制来保证其资金的安全性与收益性[③]。

表 3—7 保险投资私募股权资本政策概览表

时间	发布机构	政策名称	私募股权资本投资相关要点
2010.9	保监会	《保险资金投资股权暂行办法》	保险公司投资股权投资管理机构可以发起设立的股权投资基金。
2012.7	保监会	《关于保险资金投资股权和不动产有关问题的通知》	保险资金投资的股权投资基金，包括成长基金、并购基金、新兴战略产业基金和以上股权投资基金为投资标的的母基金。
2014.8	国务院	《国务院关于加快发展现代保险服务业的若干意见》	支持保险机构运用股权投资、战略合作等方式参与保安服务产业链整合。允许专业保险资产管理机构设立夹层基金、并购基金、不动产基金等私募基金。
2014.12	保监会	《中国保监会关于保险资金投资创业投资基金有关事项的通知》	保险资金可以投资创业投资基金。
2015.9	保监会	《关于设立保险私募基金有关事项的通知》	对保险资金设立私募基金实行注册制度。支持保险资金设立成长基金、并购基金、新兴战略产业基金、夹层基金、不动产基金、创投基金及相关母基金。

资料引自左进：《我国保险私募股权基金的发展现状及建议》，《上海保险》2016 第 11 期，第 44—48 页。

（五）富裕家庭和个人投资理念尚不成熟

现阶段，我国一些富裕家庭和个人对于私募股权资本的概念以及私募股权资本投资理念也不甚了解，不会将自身的资金投向私募股权资本，他们直接进入私募股权资本行业的时机尚不成熟。与机构投资者相比较，富裕家庭

[①] 刘小微：《助力小微企业发展首家保险系私募基金获准设立》，《金融时报》2015 年 1 月 15 日。

[②] 石文平：《保险"结缘"私募股权利好多》，《中国保险报》2015 年 8 月 10 日。

[③] 朱晓云：《论我国保险资金的运用及风险管控》，硕士学位论文，对外经济贸易大学，2007年。

和个人掌握私募股权资本专业知识有限，资金实力也非常有限，投资标的筛选能力相对较差，投资期限上相对较短，因此在具体的投资中，为尽可能降低风险，富裕家庭和个人投资私募股权资本市场时还是应选择有着良好的业绩支撑的私募股权资本投资机构。目前，富裕家庭和个人投资零散、规模不大，在整个私募股权资本中所占的份额较小。而且由于私募股权资本业务的中介机构不完善，为富裕家庭和个人提供智力服务并按市场机制独立运作的中介机构还比较缺乏[①]。

（六）外国投资者过于强势

我国私募股权资本发展早期，募集资本来源过度依赖外国投资者。在很长一段时期内，我国私募股权资本的募集来源中外国私募股权资本占的比例较大。1993 年上海市科学技术委员会与 IDG（International Digital Group）创立太平洋技术风险投资（中国）基金。随后大批外国投资者纷纷涌入中国。到 20 世纪 90 年代，外国私募股权资本进入三大门户网站（如新浪、搜狐和网易）。此外，花旗集团收购广东发展银行；新桥集团斥资收购深发展股权；黑石（Blackstone Group）注资蓝星集团；凯雷集团投资分众传媒；华平控股哈药；KKR 投资平安、蒙牛、南孚；高盛并购双汇、雨润；软银集团投资阿里巴巴；红杉资本投资如家快捷酒店等。过度依赖外国投资者将给我国资本市场发展带来一些负面影响，不利于企业创新战略的实施，极大地影响企业的技术创新和产能升级[②]。

二、私募股权资本投资阶段存在的主要问题

（一）投资工具单一

投资工具是连接私募股权资本投资机构与中小企业之间的桥梁，是私募

---

① 宛璐：《我国私募股权基金资金来源分析》，《职业技术》2010 年第 9 期，第 84—85 页。

② 李靖：《我国私募股权资本募集渠道多元化研究》，《海南金融》2016 年第 3 期，第 50—53 页。

股权资本投资机构与中小企业双方利益的综合体现。对于私募股权资本投资机构来说，选择合适的投资工具可以在一定程度上减少委托代理成本，缓解私募股权资本投资过程中的信息不对称问题。此外，选择合适的投资工具可以合理安排私募股权资本的退出；可以合理安排中小企业的现金流分配与控制权分配等问题，从而促使私募股权资本投资机构加强对中小企业的监督。我国私募股权资本投资以普通股为主要投资工具，这导致可转换证券的使用和推广，加大风险发生的概率。我国一些私募股权资本投资机构对可转换证券持回避或不愿提及的态度。而西方国家的私募股权资本投资多采用复合型的投资工具，可转换债券、可转换优先股都是可采用的投资工具。当前，由于我国缺乏可转换证券的法律法规与相关的专业人才，私募股权资本投资机构很少采用可转换优先股、可转换债券等复合型投资工具[1]，私募股权资本投资工具单一，普通股是私募股权资本投资的主要投资工具。

（二）投资区域不均衡

虽然我国总体私募股权资本投资规模可观，但由于私募股权资本投资对经济发展具有极强的依赖性和选择性，这导致各地私募股权资本投资发展极为不均衡。我国私募股权资本投资的传导路径为私募股权资本投资决策规则→私募股权资本投资流向→私募股权资本投资结构→国民经济产业结构，一旦私募股权资本投资决策规则产生问题，私募股权资本投资无法进入产业政策引导进入的区域，或者私募股权资本投资较多进入政策抑制区域，可能会导致我国产业结构失衡。私募股权资本投资与所在经济发展状况高度相关，与我国经济布局及发展水平是相一致的。目前，从我国私募股权资本投资区域分布的特点来看，北京、浙江、上海、江苏、广东等省市是我国私募股权资本投资集中的区域。这些地区成为我国私募股权资本投资最为活跃的地区，参见表3－8。这主要是因为上述省（市）占据我国大部分的经济资源[2]。由

---

① 李琼、周再清：《我国私募股权基金投资风险成因及其管理对策》，《金融经济》2011年第6期，第97—99页。

② 杨中尉、孙克任：《我国私募股权投资的差别化发展》，《金融发展研究》2010年第2期，第52—53页。

于中西部地区经济发展滞后，私募股权资本投资机构难以寻找合适的投资机会，贵州、青海、宁夏、西藏等一些省份私募股权资本投资严重匮乏。私募股权资本投资分布的不均衡反过来加剧我国东部、中部、西部地区经济发展的不平衡。

表 3—8　全国几个主要地区私募股权资本投资情况（投资案例：起，投资金额：亿美元）

		全国	北京	上海	重庆	广东（不含深圳）	深圳	天津	江苏
2009	投资案例	117	29	15		6	5	1	6
	投资金额	87	56.58	4.88		2.14	0.87	0.78	3.59
2010	投资案例	363	70	36	3	18	12	6	32
	投资金额	104	24.14	8.25	0.27	2.74	1.73	0.49	7.18
2011	投资案例	695	94	65	10	45	42	6	47
	投资金额	276	67.40	20.74	1.51	17.30	3.72	1.10	36.73
2012	投资案例	680	123	87	9	45	47	7	42
	投资金额	198	33.47	25.63	2.22	10.5	3.56	4.26	8.85

数据、数据引自张杰、张兴巍：《私募股权基金发展转型与创新研究——基于天津私募股权基金行业的分析及启示》，《证券市场导报》2014 年第 10 期，第 53—60 页。

（三）投资行为功利化

私募股权资本投机色彩浓厚，私募股权资本投资行为功利化，私募股权资本投资机构的价值投资理念不强。例如，私募股权资本投资集中于 Pre-IPO，真正投入于中小企业种子期与初创期的私募股权资本则严重不足。这固然是因为私募股权资本投资机构治理缺陷所致，但更深层次的原因仍然要归结于私募股权资本市场流动性不足。私募股权资本投资周期一般为 3～7 年。一些私募股权资本投资机构追求的是短期投资收益最大化，在私募股权资本行业中快进快出，投机性、短期性特征非常明显[1]，这不利于解决中小企业的融资问题。

---

① 参见蒋悦炜：《私募股权基金与中国中小企业公司治理研究》，博士学位论文，上海交通大学，2012 年。

（四）投资环境不理想

私募股权资本投资环境泛指与私募股权资本运行系统发生能量、资源、信息交换，并以此促进私募股权资本行业发展的各方面因素，主要包括政策环境、法律环境、金融市场环境、人才环境、文化环境及社会服务环境等。上述因素共同构成统一的有机体系，他们相互联系、相互促进，相互影响、共同对私募股权资本运行体系产生决定性影响[①]。目前，我国私募股权资本投资环境还存在一些问题，主要体现在：

1. 私募股权资本投资领域中创业活动环境有待改善，主要是科技型中小企业数量少，私募股权资本投资机构管理的资本总量小。

2. 通过私募股权资本投资支持的上市企业少，产权交易额小，私募股权资本投资受金融市场环境的影响大。

3. 私募股权资本行业法规政策支持力度不够，立法滞后。

4. 私募股权资本投资的人文环境不理想，主要是私募股权资本投资的氛围不浓，私募股权资本投资领域中缺乏创业创新精神。

三、私募股权资本投资后管理阶段存在的主要问题

私募股权资本投资后管理是我国私募股权资本募集、投资、投资后管理及退出四个阶段中最薄弱的环节。无论是私募股权资本投资机构还是中小企业，对私募股权资本投资后管理的重要性缺乏较全面的理解，还不太熟悉私募股权资本投资后管理的方式、手段和内容。具体体现在以下几个方面：

（一）缺乏科学的投资后管理意识

在我国，私募股权资本投资后管理没有得到私募股权资本投资机构应有的重视，"重投资""轻管理"的问题普遍存在。一些私募股权资本投资机构缺乏投资后管理意识，没有足够重视私募股权资本投资后管理过程。很少有

---

① 参见李雪灵：《风险投资支撑环境作用机理研究》，博士学位论文，吉林大学，2005 年。

私募股权资本投资机构花大心思去搞好投资后管理；大多数私募股权资本投资机构把主要精力放在私募股权资本投资的前期环节，如筛选项目、尽职调查和合约制定。此外，一些私募股权资本投资机构关注得最多的是私募股权资本的退出套现①。

（二）缺乏必要的投资后管理团队

投资后管理团队是私募股权资本投资机构的核心团队。谁投资谁负责投资后管理，一般来说都是由相应的投资团队负责私募股权资本投资后管理。私募股权资本投资后管理需要大量的时间投入、细致的沟通和较强的专业性。目前，缺乏必要的投资后管理团队是我国私募股权资本投资后管理当前面临的最大困境。对于私募股权资本投资团队来讲，由于缺乏必要的专业知识，私募股权资本投资管理团队很难兼顾对中小企业的投资后管理，为其提供的增值服务很少，投资后管理流于形式，私募股权资本投资管理团队的主要精力和时间大部分都集中在私募股权资本投资业务的拓展上②。

（三）缺乏必要的投资后管理机制

科学的私募股权资本投资后管理机制既要保证私募股权资本的进入，又要能够激励中小企业管理人员和员工的积极性与创造性，同时还要能够保证私募股权资本投资机构对中小企业的投资后管理。虽然我国的私募股权资本行业近几年发展速度很快，但同国外私募股权资本行业相比，私募股权资本投资后管理仍然存在较大差距。我国私募股权资本行业发展的历史较短，私募股权资本投资机构缺乏对中小企业进行投资后的管理机制。如果私募股权资本投资后管理的成本大于投资后管理的收益，无论是通过外部机制，还是运用内部机制，私募股权资本投资机构对于中小企业投资后管理行为的约束都有所欠缺。由于缺乏必要的投资后管理机制。私募股权资本投资机构为中

---

① 厉娜：《私募基金的投后管理研究》，《会计师》2016 年第 22 期，第 67—68 页。
② 郭宝生：《我国私募股权投资基金投后管理研究》，《经济视角》（下）2013 年第 1 期，第 69—70 页。

小企业提供增值服务的机制不完善，对中小企业进行监控的机制不健全。导致私募股权资本投资机构对中小企业投资后管理目标不明确，投资后管理过程持续性差。在我国，私募股权资本市场不但职业经理人市场不完善，而且优秀的创业企业家资源稀缺，再加上信用体制的缺失，导致私募股权资本投资后管理机制并不完全适应私募股权资本行业的发展[1]。

（四）缺乏有效的投资后监控模式

私募股权资本投资机构与中小企业之间建立良好的关系可以使私募股权资本投资机构熟悉中小企业具体的商业运作情况，利用他们的经验对代理风险、经营风险及环境的不确定性进行监控。中小企业对私募股权资本投资机构既排斥又依赖。中小企业要求足够大的空间实施自主管理，但同时他们也希望私募股权资本投资机构具有较强的市场洞察力和驾驭风险、承担压力的能力[2]。中小企业管理层不愿意私募股权资本投资机构过多地监控中小企业的发展情况。在对中小企业的监控方面，我国的私募股权资本投资机构做得还不理想，这会间接导致私募股权资本投资风险的出现。

（五）缺乏明确的投资后管理界限

目前，困扰私募股权资本投资机构以及中小企业的一个问题是私募股权资本投资后管理边界，也就是说私募股权资本投资机构应该为中小企业提供哪些增值服务，应该介入中小企业哪些领域。由于其缺少投资后管理边界意识与边界思维，导致私募股权资本投资机构在投资后管理过程中的管理界限模糊，私募股权资本投资机构往往会超越自己的投资后管理边界对中小企业进行监控，这样，中小企业的正常运行秩序容易遭到破坏。

---

① 郑泳梁：《风险投资后管理中存在的问题及对策》，《当代经济》2017年第35期，第46—47页。

② 参见郑庆伟：《基于双重委托——代理运作模式的我国风险投资特征及其成因研究》，博士学位论文，华侨大学，2011年。

四、私募股权资本退出阶段存在的主要问题[①]

制约我国私募股权资本行业发展的真正深层次原因是退出机制不完善。目前，我国私募股权资本在退出阶段存在的问题主要体现在以下几个方面：

（一）资本市场体系不完善

一个多层次的资本市场是私募股权资本顺利退出的支撑，我国私募股权资本退出的障碍是缺乏完善的多层次资本市场体系。虽然，我国目前正努力构建包括主板、中小企业板、创业板市场、三板、新三板、产权交易市场等在内的多层次资本市场，但是由于我国的私募股权资本行业发展比较晚，私募股权资本与我国的经济发展并不太协调，资本市场体系不完善，导致近几年我国大量的优秀公司，如阿里巴巴、优酷等选择在境外上市融资[②]。这种状况的出现不利于我国中小企业的发展，对我国的私募股权资本行业发展产生不利影响。主要体现在以下几个方面：

1. 资本市场层次单一。虽然我国以沪、深为主的主板市场、创业板市场以及"新三板"等构成的资本市场基本成型，但资本市场的层次性问题依然存在，国家相关部门对场内交易市场建设比较重视，对场外交易市场建设不太重视，产权交易体系仍未完善，从而导致许多具有高成长性的中小企业被拒之于资本市场门外[③]。

2. 我国主板市场门槛过高，一般的中小企业很难达到条件。

3. 我国的创业板尚且处于起步阶段，还有一些不完善的地方。例如，缺乏合理的退市制度、定价机制缺陷较大、泡沫风险较大等问题依然存在。

4. 新三板的上市条件与程序依然不太符合中小企业的实际情况，相应的

---

① 本部分主要内容引自李靖、王琳博：《中国私募股权资本退出：方式、困境及出路》，《海南金融》2016 年第 12 期，第 40—44 页。

② 参见汪涛：《新三板概念股融资效率的实证研究》，硕士学位论文，安徽大学，2014 年。

③ 邢天才：《我国多层次资本市场体系的构建与发展思路》，《财经问题研究》2003 年第 3 期，第 26—30 页。

机制并没有很好地建立与完善。

5. 我国各地的产权交易市场发育不成熟、市场化程度较低,不能为私募股权资本提供有效的退出途径。此外,全国性的股权交易市场尚未形成。

(二) 私募股权资本行业法律制度不健全

在我国,还没有一部完整的、统一的与私募股权资本相关的法律法规,这势必会造成相关主体的利益缺乏法律保障。有关私募股权资本投资机构的登记条件、合格投资者的标准、基金宣传推介、基金备案、从业人员管理等法律明确要求的事项没有进行详细的规定和细化,从而导致某些私募股权资本投资机构和人员钻法律空子、欺诈客户、挪用财产等事件发生。最近几年,私募股权资本行业在我国发展势头正猛,新的退出方式不断出现。但是,相应的法律法规、行业规范依然没有跟上私募股权资本市场发展的脚步,新的退出方式漏洞颇大、问题依然很多。以借壳上市这种退出方式为例,《上市公司重大资产重组管理办法》对借壳上市的一个条件就是"控制权发生变更。"[①]但在实务当中,我们仅关注这个条件是不够的,在"小吃大"类型的重组中,如被收购企业股东人数多、联系不强,重组就可能不构成"控制权发生变更",借壳上市可能得不到主管部门的批准。

(三) 私募股权资本行业人才匮乏

私募股权资本顺利的退出离不开高素质的复合型人才。一方面,如果私募股权资本行业发展人才缺乏,私募股权资本投资机构管理人员知识层次较低,就不能为私募股权资本投资者带来理想的投资回报,这既影响私募股权资本投资机构的外在形象,也不利于私募股权资本行业的长期发展;另一方面,如果私募股权资本投资机构管理者道德水平素质不高,有可能加重私募股权资本投资机构与投资者之间的委托——代理问题。从长远来看,对私募股权资本的顺利退出有着不好的影响。我国虽然从 20 世纪 80 年代开始引入"风投"概念,但是有关部门与高校并不是十分重视这个行业人才的培养,从

---

① 熊锦秋:《现有法规对借壳上市定义有漏洞》,《上海证券报》2014 年 5 月 8 日。

而导致国内的私募股权资本行业人才匮乏，私募股权资本领域也没有重要的领头人物，这直接影响我国私募股权资本行业的发展。私募股权资本是跨越金融、管理、法律、科技等领域的特殊活动，高素质的私募股权资本人才是私募股权资本行业的灵魂，这正是目前我国最需要的也是最缺乏的[①]。私募股权资本行业人才满足不了我国私募股权资本行业发展的需要，这是影响私募股权资本退出的一个重要因素。

（四）私募股权资本行业中介机构体系不健全

在私募股权资本退出机制中，发达的中介机构必不可少。中介机构的服务范围包括私募股权资本退出价格的确立、退出方案的设计、退出时机的选择[②]、退出影响因素的分析、收购兼并的结构设计、资产评估、产权运作、咨询与顾问、预测中小企业发展前景与经济分析、资金安排以及相关的审计与法律服务等[③]。从我国的实际情况看，我国私募股权资本市场的中介机构与发达国家私募股权资本行业发展相比，还有很大的差距，主要体现在以下几个方面：

1. 一些私募股权资本投资中介机构带有很浓厚的地方行政色彩。一些私募股权资本投资中介机构是在政府的直接参与下成立和运作。政府所要做的是为这些私募股权资本投资中介机构的成长提供很好的市场环境，但在实践中，一些政府的行为往往背道而驰。

2. 私募股权资本市场中介机构体系不完善，中介机构服务的市场化程度低，全国性的私募股权资本行业协会还没有成立。

3. 有些中介机构运作不规范、信用评价体系不健全、信用缺失问题突出、造假行为泛滥，一般性中介机构还缺乏为私募股权资本行业发展服务的

---

① 李洁：《浅议我国风险投资退出机制》，《现代商业》2010 年第 3 期，第 13—14 页。

② 退出时机是评价私募股权资本退出绩效的一个重要的效率指标。私募股权资本在最佳时机退出，这样的退出方式具有很高的流动性。因此，私募股权资本投资机构应根据国内外经济发展环境、资本市场的运行情况以及被投资中小企业的经营情况，选择最佳的时机退出。

③ 陈阳、王延明：《我国私募资本市场中介组织的制度创新问题》，《中国物价》2007 年第 3 期，第 42—44 页。

实践和经验[①]。

4. 目前我国还没有一套科学的评价指标体系来对中小企业和私募股权资本投资机构进行评价。很多时候，私募股权资本投资机构的经营能力、中小企业的价值还无法准确评价，这些都会对私募股权资本的退出造成不良影响。

5. 中介机构专业人员不足，从业人员良莠不齐。一些从业人员专业水平差、职业道德淡薄、法律意识不强，这无形中增加了私募股权资本退出风险。

（五）退出渠道不顺畅

多元的退出渠道是私募股权资本行业发展的必要前提。一般来说，私募股权资本的退出方式包括上市、并购、股份回购、清算等。目前，由于我国多层次资本市场体系发育不完善，场外交易市场发育滞后，产权交易不活跃，从而导致私募股权资本退出渠道单一[②]。IPO作为私募股权资本的主要退出方式，从中小企业内部决策到上市的一系列阶段会持续很长时间。IPO退出方式所需时间周期较长，长期被绑在一个中小企业上容易使私募股权资本投资机构资金链断裂。另外，由于我国资本市场波动较大，IPO暂停、开闸反反复复，有相当一部分的私募股权资本在退出时申请IPO退出受阻。据基金业协会统计，截至2015年7月底，我国已备案私募股权基金管理人数量共7843家[③]，假设每家私募股权基金管理人每年都有1个项目需要通过IPO退出，那就每年有7843个项目排队等待上市。由于我国资本市场的不稳定，有些年份IPO出现大量拥堵现象。

本章小结

在本章，我们主要完成三个任务：

---

① 汪波：《我国风险投资退出方式的选择》，《南方金融》2008年第1期，第46—48页。
② 罗玉中、李程富、徐娜：《关于私募股权基金退出机制的研究》，《经济视角》2011年第8期，第102—103页。
③ 徐文擎：《截至7月底私募认缴规模达4.11万亿元》，《中国证券报》2015年8月8日。

　　一是介绍我国私募股权资本行业的发展历程。我国私募股权资本发展大致经历初步探索、稳步发展、快速发展、深度调整、有序发展等五个发展阶段。

　　二是分析我国私募股权资本行业的发展现状。主要包括我国私募股权资本的募集、投资、投资后管理与退出四个方面的现状。

　　三是对我国私募股权资本行业发展存在的问题进行分析。我国私募股权资本募集阶段存在的主要问题有政府参与渠道单一、商业银行参与还有诸多限制、社保基金缺乏有效增值手段、保险资金运用整体效益较低、富裕家庭和个人投资理念尚不成熟、外国投资者过于强势；投资阶段存在的主要问题有投资工具单一、投资区域不均衡、投资行为功利化、投资环境不理想；投资后管理阶段存在的主要问题有缺乏科学的投资后管理意识、缺乏必要的投资后管理团队、缺乏必要的投资后管理机制、缺乏有效的投资后监控模式、缺乏明确的投资后管理界限；退出阶段存在的主要问题有资本市场体系不完善、私募股权资本行业法律制度不健全、私募股权资本行业人才匮乏、私募股权资本行业中介服务组织体系不健全、退出渠道不顺畅。

第四章 我国私募股权资本募集机理研究

　　私募股权资本募集阶段位居"募集、投资、投资后管理以及退出"四个阶段之首，是私募股权资本循环的起点。这个起点之所以如此重要，是因为私募股权资本募集额的大小基本上决定了一个私募股权资本投资机构投资规模的大小以及投资数量的多少。稳定的私募股权资本来源渠道对于私募股权资本的运行具有重要作用。就私募股权资本的特征而言，私募股权资本运行周期长，它具有一般资本所具有的追逐利润的根本特点，因此，私募股权资本募集需要多样性、稳定性与广泛性的募集渠道来维持私募股权资本的正常运行。理论上，一切闲置资金都是私募股权资本的募集来源。

　　总体来说，我国私募股权资本的募集机理可以概括为私募股权资本投资机构在政府的引导下，遵循合理的私募股权资本募集流程，以科学理论为指导，尽可能地让私募股权资本投资者获取私募股权资本募集的完整信息，建立良好的组织制度，从而实现私募股权资本募集渠道多元化。完成募集后，私募股权资本运行进入下一个阶段——投资。我们将在以下的内容中进行具体论述。

第一节 私募股权资本募集内涵与流程分析

一、私募股权资本募集内涵

（一）私募股权资本募集内涵

私募股权资本运行的第一个阶段是募集资本。在募集阶段，私募股权资本投资机构凭借自己的信誉和能力与企图进入私募股权资本领域的投资者签订合伙契约募集资本。私募股权资本募集阶段是私募股权资本运行的主要阶段，在私募股权资本市场中，货币资本主要体现为对超额利润的追求[①]。私募股权资本募集阶段虽然是以货币资本的形式作为资本载体进行流通，但是相对于传统的借贷资本运行来说具有较高的风险性，这需要私募股权资本投资机构对于私募股权资本有着较好的控制力和方向预测性。在流通过程中与传统的借贷资本相比具有较强的灵活性，不需要借助于类似传统借贷金融机构来进行相关资本运作的管理和约束，私募股权资本市场往往要借助于私募股权资本投资基金的形式，而相对于传统机构，私募股权资本投资基金的治理是私募股权资本顺利运行的重要举措之一。

从一定意义上说，私募股权资本的募集比投资还重要，募集到资本就是成功的一半。这就决定私募股权资本募集需要有一个长期的、相对稳定的资本来源，以保证私募股权资本投资机构不断对中小企业进行追加投资和对新项目进行投资。一个国家或地区私募股权资本发展程度如何，对中小企业发展能否起到促进作用，很大程度上取决于私募股权资本的募集渠道以及对私募股权资本的使用。因此，我们要重视对私募股权资本募集的研究。

---

① 刘志阳：《创业资本，一种新投资方式还是新资本形态》，《上海市经济学会学术年刊》2006年，第124—134页。

（二）私募股权资本募集的特点

私募股权资本募集是私募股权资本运行的第一阶段，私募股权资本募集以"私募"和"股权"为关键点，与资本市场的公开资本募集方式有很大的区别[①]。通过上述私募股权资本一些介绍，我们可以得到私募股权资本募集具有以下特点：

1. 以非公开的募集方式进行资本募集。根据"私募"这个关键词我们可以发现，私募股权资本主要是通过非公开募集的方式进行资本募集。在私募股权资本的募集阶段，都是通过私募股权资本投资机构与私募股权资本投资者的私下相互协商达成一致协议进行募集，不需要在大型的公开市场进行资本募集，由于非公开性的募集方式使得私募股权资本募集的风险相对减少，且减少了一定的经济外溢性。

2. 私募股权资本募集阶段主要解决"钱从哪儿来"的主要问题[②]，这个阶段募集资本的数量和规模将决定私募股权资本运行能否顺利进行，因此募集到足够的资本对私募股权资本投资具有重要意义。私募股权资本募集主要受私募股权资本的供给与需求变化的影响。

3. 私募股权资本的募集是整个私募股权资本运行的重要阶段，这个过程是否顺利进行影响着后面投资阶段的运行。有时为控制私募股权资本运行的风险，会对私募股权资本募集阶段有一个较为严格的审查，以便于后面的私募股权资本投资、投资后管理与退出有一个顺利运行的保证。因此私募股权募集阶段分为寻找合适的投资项目及初级评估、确定预期私募股权资本募集金额、编制私募股权资本募集计划说明书、寻找潜在的私募股权资本投资者、与私募股权资本投资者达成募集协议几个阶段。

---

① 参见姜金蝉：《中国私募股权投资基金优化发展研究》，硕士学位论文，首都经济贸易大学，2012 年。

② 参见岳蓉：《中国风险投资的运行机制研究》，博士学位论文，华中科技大学，2013 年。

二、私募股权资本的募集流程

私募股权资本募集是私募股权资本运行的重要阶段。募集阶段直接影响投资阶段的进行。如不能募集到足够的私募股权资本，下一步投资工作就无法进行，私募股权资本也将无法正常运行。有时为了控制私募股权资本运行的风险，会对于私募股权资本募集阶段有一个较为严格的审查，以便于后面的投资、投资后管理、退出阶段能顺利完成。因此，私募股权募集流程大致可分为私募股权资本投资机构寻找合适的私募股权资本需求者、确定合理的私募股权资本募集金额、编制私募股权资本募集计划说明书、寻找潜在的私募股权资本投资者、与私募股权资本投资者达成募集协议等几个阶段[①]。

（一）寻找合适的私募股权资本需求者（中小企业）

私募股权资本投资机构通过自己的专业知识与社会关系网络，在较短的时间内找到适合投资的私募股权资本需求者（中小企业）。通过收集相关私募股权资本需求者（中小企业）的基础性材料，了解该私募股权资本需求者（中小企业）的发展现状、成长预期、经营情况等。

（二）确定合理的私募股权资本募集额

私募股权资本投资机构根据已选择的私募股权资本需求者（中小企业），估计需要的投资金额，计算出需要向私募股权资本投资者募集的私募股权资本数额。私募股权资本募集资金额要根据私募股权资本需求者（中小企业）的资金需要来确定，募集数额不能太多，也不能太少。如果募集的私募股权资本太多，超过私募股权资本需求者（中小企业）的资金需要，则多余的募集资金的使用效益难以最大化；如果募集的私募股权资本太少，则不能满足私募股权资本需求者（中小企业）的资金需要。

---

① 参见陈洁：《我国私募股权投资的运作流程研究》，硕士学位论文，武汉理工大学，2012 年。

（三）编制私募股权资本募集计划说明书

私募股权资本投资机构在正式募集私募股权资本前要做好充分的准备，首先，编制一份详细的私募股权资本募集计划说明书，对私募股权资本募集条款、募集资金用途、期限、私募股权资本投资机构的资信状况、私募股权资本投资者的权益保护、风险因素以及其他事项做详细的介绍。其次，确定私募股权资本募集的工具、成本、结构、组织制度以及潜在的私募股权资本投资者的范围等，从而保证私募股权资本募集的顺利进行。

（四）寻找合格的私募股权资本投资者

私募股权资本投资机构通过各种社会网络关系，以及自身的经验，寻找潜在的私募股权资本投资者。由于私募股权资本运行周期比较长，因此，私募股权资本投资者一般是中长期的机构投资者与个人投资者。例如，养老机构、保险公司，或者一些富裕家庭与个人等。经过调研我们认为，合格的私募股权资本投资者的关键要素在于财富水平、风险认知能力以及自我保护能力。合格的私募股权资本投资者包含以下几个方面的内容：

1. 合格的私募股权资本投资者判定的主要标准是私募股权资本投资者须拥有一定数额的财富。相对一般投资者而言，私募股权资本投资者具备一定的经济实力，具有相当的风险承受能力。因此，将财富水平纳入私募股权资本投资者的考量因素在于财富水平容易客观量化。

2. 要求私募股权资本投资者具备相应的风险认知能力。一般要求私募股权资本投资者具有一定年限的金融从业或投资经历，其对私募股权资本具备相应的风险认知能力[①]。

（五）与私募股权资本投资者接触

寻找到合格的私募股权资本投资者之后，私募股权资本投资机构要与私

---

① 参见周圆：《我国私募股权基金募集对象法律规制研究》，硕士学位论文，湘潭大学，2014年。

募股权资本投资者进行正面接触和沟通，让私募股权资本投资者了解私募股权资本需求者（中小企业）、预期收益以及私募股权资本投资机构的业务水平、管理团队的素质、盈利能力、历史业绩和声誉等方面的信息，进而说服私募股权资本投资者为私募股权资本投资机构提供私募股权资本。

（六）与私募股权资本投资者达成募集协议

当私募股权资本投资机构与私募股权资本投资者双方对募集计划达成一致意见后，双方签订私募股权资本募集协议，私募股权资本投资者向私募股权资本投资机构缴纳股权资本，从而完成私募股权资本募集。下一步，在私募股权资本投资阶段，私募股权资本投资机构则按照有关协议条款进行投资。

三、私募股权资本募集的声誉制度

逐名理论认为，在私募股权资本行业中存在逐名动机（或称声誉效应）[1]，也就是说，私募股权资本投资机构具有追求并建立声誉的动机。私募股权资本投资机构募集资本的能力主要是看其早期在私募股权资本行业领域的声誉，私募股权资本投资机构的声誉和过往表现是在资本市场吸引投资者的关键因素。声誉是私募股权资本投资机构在私募股权资本投资者中影响效果好坏的程度，由私募股权资本投资者的具体行动来赢得，不同私募股权资本投资机构之间的声誉存在差异，高声誉的私募股权资本投资机构是私募股权资本行业的杰出代表。

（一）声誉内涵剖析

声誉是私募股权资本投资者对私募股权资本投资机构过去行为表现和未来前景的感知，是私募股权资本投资机构与市场上的其他参与者长期交易和重复博弈的结果，它是在与主要竞争对手比较中，私募股权资本投资机构所

---

① 胡志颖、吴先聪、果建竹：《私募股权声誉、产权性质和IPO前持有期》，《管理评论》2015年第12期，第39—49页。

具有的整体吸引力。当私募股权资本市场存在不确定性和信息不对称时，声誉是私募股权资本投资机构一项关键的无形资产，具有稀缺性，其他竞争对手难以模仿与获取。对于私募股权资本投资机构而言，声誉是私募股权资本投资机构最重要的战略资源之一，对其行为的影响尤为重要。在私募股权资本投资机构募集资本时，会较多地使用声誉制度。声誉可以为私募股权资本投资机构带来重要的竞争优势。声誉的高低是不同的私募股权资本投资机构在募集资本上存在差异的重要原因。

在私募股权资本募集过程中，声誉是私募股权资本投资者对私募股权资本投资机构的总的看法或社会评价。一般意义上的声誉是一种保证形式，它是私募股权资本投资机构向私募股权资本投资者的一种承诺。从认知观的角度看，声誉是一种信息，是一种特殊的"资本"[1]。

良好的声誉可以降低私募股权资本投资机构募集资本的交易成本。声誉的形成是一个不断积淀的过程，它既可以在质量不确定和信息不对称的情况下给私募股权资本投资机构在募集资本时带来竞争优势，又可以降低交易成本，可以吸引到高质量的私募股权资本投资者，具有募集资本成本上的优势。因为声誉良好的私募股权资本投资机构更受私募股权资本投资者欢迎。良好的声誉使得私募股权资本投资机构可以获得声誉租金，吸引私募股权资本投资者进行投资。

（二）声誉的作用

声誉是公众对个人或组织的总的看法或社会评价。声誉在经济生活中具有非常重要的作用。在私募股权资本市场，声誉是维持交易关系一种不可缺少的机制。

私募股权资本投资机构的资本募集能力主要有赖于由已往业绩所形成的职业声誉。研究表明，建立良好的声誉对私募股权资本投资机构具有积极的作用。

---

[1] 喻玲：《运用声誉激励机制破解卡特尔的稳定性》，《法商研究》2010 年第 1 期，第 132—140 页。

1. 拥有良好的职业声誉的私募股权资本投资机构更容易赢得私募股权资本投资者的青睐。

2. 更多的私募股权资本投资者会相信私募股权资本投资机构的竞争力，向竞争力较强的私募股权资本投资机构进行投资。因此，为建立良好的职业声誉，私募股权资本投资机构必须努力工作，不断提高私募股权资本投资机构的经营业绩[1]。

声誉在私募股权资本行业非常重要，因为私募股权资本行业的参与者都是金融界与实业界的精英人士，人数较少，而且彼此之间的往来比较频繁，与证券交易所、评估机构、投资银行、律师事务所、会计师事务所等中介机构联系也比较密切。如果私募股权资本投资机构的经营业绩不好，声誉出现问题，那么他们将很难在以后的运作中获得中介机构的支持，而且也很难从私募股权资本投资者手中再次募集到私募股权资本。

声誉理论表明私募股权资本投资机构良好的声誉是经过长期积累形成的，为建立、维持与私募股权资本投资者的信任关系，创建和维护私募股权资本投资机构声誉需要进行声誉管理与投资。私募股权资本投资机构需拓宽声誉的边界，拓展声誉发展空间，构筑私募股权资本投资机构良好声誉的增长空间和持续性发展的动力[2]。

第二节 私募股权资本募集的经济学分析

在整个私募股权资本募集的过程中，私募股权资本投资机构从私募股权资本投资者手中募集资本。从某种意义上讲，在私募股权资本运行的四个阶段中，最重要也是最困难的不在投资、投资后管理与退出阶段，而在募集阶段。私募股权资本的募集受多种因素的影响，如经济发展水平、资本利得税、首次公开发行市场强弱、资本准入条件、政府政策等。从理论上讲，私募股

---

[1] 参见张晓晴：《中国创业投资公司治理机制研究》，博士学位论文，西北大学，2006年。

[2] 陈博、陈贞：《私募股权投资机构声誉、参与程度对企业成长性影响研究》，《财会通讯》2015年第18期，第35—39页。

权资本的募集一般呈现多渠道、多元化格局，社会上的许多资金（政府资金、社保资金、保险资金、银行资金、大型企业集团资金、外国投资资金、富裕家庭和个人资金等）都可能是私募股权资本的潜在来源，他们的资金通过多种方式汇集到私募股权资本投资机构，私募股权资本投资机构通过一定的组织形式来管理与运用私募股权资本。

一、私募股权资本不同于借贷资本

私募股权资本对经济的发展具有重要的作用，它能够在传统竞争性行业中促进行业的并购与整合。通过优秀企业的强强联合，能够最大化的实现人才、资源、技术、管理的联合，企业家才能对社会做出更大的贡献，同时大大提高稀缺资源的利用率。而借贷资本指的是产业资本循环中暂时闲置的资本。从马克思主义政治经济学的观点来看，借贷资本具有拜物教性质[①]。而私募股权资本流通的目的是为追求超过社会平均利润的超额利润。在量上，超额利润一般远远高于借贷资本的利息。在质上，超额利润来源创业劳动，不但凝结着中小企业一般工人的劳动，而且凝结着中小企业科技人员的劳动及私募股权资本投资机构管理人员的管理劳动，它是一种特殊的资本利润形式。借贷资本流通目的是为追求更多的利息。借贷资本的运动是以产业资本的运动为基础。马克思认为"货币资本家在把借贷资本的支配权出让给产业资本家的时间内，就把货币作为资本的这种使用价值——生产平均利润的能力——让渡给产业资本家。"[②] 所以，借贷资本只有与产业资本相结合被产业资本家利用才能增值。

二、私募股权资本具有双重人格

在私募股权资本募集阶段，私募股权资本投资机构凭着自己的声誉和能

---

① 胡钧、蔡万焕：《资本主义生产的总过程：生息资本、利润分割及其相应的资本关系》，《改革与战略》2014 年第 1 期，第 12—23 页。

② 马克思：《资本论》（第三卷），人民出版社 2004 年版，第 393 页。

力向愿意承担高风险的私募股权资本投资者签订契约募集资本，实现融资功能。因此，私募股权资本从一开始就承担着资本保值增值及其他义务。这使得私募股权资本一开始就体现出双重人格的特点：

（一）私募股权资本的所有权主体即私募股权资本投资者，他拥有对私募股权资本的所有权，并据此取得相应的收益权。私募股权资本是要按照私募股权资本投资者的意图实现资本保值的要求。所以只有同时保持私募股权资本的保值和增值才能够避免私募股权资本投资者的撤资，使得私募股权资本的募集顺利进行。由于私募股权资本所有权不只是一般的财产归属权，其实质在于对私募股权资本增值的动态占有，因此私募股权资本所有权主体就不同于一般的财产主体，其特征是以私募股权资本增值为利益目标；关心私募股权资本的增值程度，从而以"用手投票"和"用脚投票"等形式监督约束私募股权资本的运行。因此，私募股权资本所有权是私募股权资本运行最根本的动力机制。

（二）私募股权资本投资机构是直接承担私募股权资本增值职能的责任主体或法人产权主体。他受私募股权资本所有者的委托，直接承担私募股权资本运行和增值的职能，拥有对私募股权资本的直接支配权和处置权以及对私募股权资本增值收益分配的直接决定权。因此，私募股权资本要按照私募股权资本投资机构的意愿实现资本增值的要求，同时保障私募股权资本投资与退出阶段的顺利进行[①]。

三、私募股权资本以追求超额利润为归宿

私募股权资本不是以控制所投资的中小企业为目的，而是以追求超过社会平均利润的超额利润为归宿。追求超过社会平均利润的超额利润是私募股权资本运行的出发点，私募股权资本运行的第一动力永远是对超过社会平均利润的超额利润的追求。私募股权资本运行的方向不仅取决于投资制度的安排，而且还取决于对未来利润的预期，这种对投资流向自发性的预期是市场

---

① 参见刘志阳：《创业资本的金融政治经济学》，经济管理出版社 2005 年版。

经济下的运动特点[1]。私募股权资本谋求的不仅仅是社会平均利润，而是意在取得超过社会平均利润的超额利润。私募股权资本运行显示出它不同于一般产业资本运动的重要特征，这就是私募股权资本运行过程中劳动的创造性和复杂性。与产业资本运动目标不同的是，私募股权资本投资的是新兴产业领域的中小企业，在新兴产业领域孕育着无限的可能性。因为有时新兴产业领域里一项技术创新可以催生一个全新的行业或市场，带来上百倍的投资回报。私募股权资本的这种投资逻辑决定它能够积极参与到中小企业技术创新的最前沿。

四、私募股权资本的募集要与投资有机结合起来

私募股权资本具有明显的资本募集性，是资本募集与投资相结合的一个过程。要进行私募股权资本投资，首先私募股权资本投资机构要募集私募股权资本，然后再用所募集的私募股权资本对中小企业进行股权投资。私募股权资本募集的对象主要有政府资金、社保资金、保险资金、银行资金、大型企业集团资金、外国投资资金、富裕家庭和个人资金等。私募股权资本投资机构所募集的资本，很大程度上取决于私募股权资本投资机构过去的业绩和声誉。私募股权资本投资者是本着对私募股权资本投资机构的信赖而投出资本，他们对私募股权资本投资机构的这种信任和依赖无形中给私募股权资本投资机构施加了很大压力。私募股权资本投资机构很明白，手中募集到这些资本的分量一旦运作有误，将来就不可能再从这些私募股权资本投资者手中募集到资本。

私募股权资本募集是私募股权资本运行的起点。如果私募股权资本募集不成功，其他环节也无从谈起。站在私募股权资本投资机构的角度来看，私募股权资本募集过程实质上就是融资过程。一般说来，私募股权资本投资机构的收入与私募股权资本的规模正相关，所以私募股权资本投资机构希望募

---

① 　刘志阳：《创业资本，一种新投资方式还是新资本形态》，《上海市经济学会学术年刊》2006年，第 124—134 页。

集的资本规模大一些。对私募股权资本投资者来说，募集过程实质上就是投资过程，目的是实现投资收益最大化。为此，私募股权资本投资者将比较不同私募股权资本投资机构的运作能力，向能力较强的私募股权资本投资机构进行投资[①]。通过对私募股权资本募集问题的分析，可以得出结论：私募股权资本的募集对一个国家的私募股权资本行业发展的作用至关重要。首先，私募股权资本募集是私募股权资本运行的前提和基础。其次，私募股权资本募集的模式决定私募股权资本的投资及投资后管理模式。最后，私募股权资本募集渠道是评价一个国家私募股权资本行业成熟与否的标准之一。

第三节 私募股权资本募集信息不对称分析

在私募股权资本募集阶段，私募股权资本投资者与私募股权资本投资机构之间存在着信息不对称现象。私募股权资本投资者一般是分散的投资者，他们关于私募股权资本投资机构的信息较少，而作为私募股权资本募集主体的私募股权资本投资机构则拥有较多信息。从私募股权资本运行的过程可以看出，私募股权资本投资机构从私募股权资本投资者手中募集到大量的资金，然后对中小企业进行投资。私募股权资本投资者将资金交由私募股权资本投资机构管理，导致资本的所有权与使用权分离，私募股权资本所有者（私募股权资本投资者）委托代理人（私募股权资本投资机构）对资金进行运用与管理，两者之间形成委托——代理关系，容易造成两者之间的"信息不对称"。

一、信息不对称的内涵

私募股权资本募集阶段的信息不对称是指在私募股权资本募集活动中，私募股权资本投资机构一方知道募集有关的知识比私募股权资本投资者一方

---

① 参见彭海城：《中国私募股权基金退出机制研究》，博士学位论文，华中科技大学，2012年。

知道得更多，或者是私募股权资本投资机构一方知道募集有关的知识，而私募股权资本投资者一方不知道。信息不对称导致私募股权资本募集活动中委托人和代理人利益的偏离和冲突，即委托——代理问题，这是私募股权资本投资者和私募股权资本投资机构双方设计和签订契约（合同）的最根本原因。在私募股权资本募集过程中，私募股权资本投资者委托私募股权资本投资机构管理自己向私募股权资本投资机构投入的资本，以求实现高额回报，私募股权资本投资者和私募股权资本投资机构产生委托——代理关系。在这种关系下，私募股权资本投资者和私募股权资本投资机构之间存在信息不对称[①]。

二、信息不对称的表现形式

私募股权资本募集中的信息不对称可能发生在募集协议签订之前，也可能发生在募集协议签订之后，故从不对称发生的时间角度可以将私募股权资本募集中的信息不对称划分为事前不对称和事后不对称。

（一）私募股权资本募集协议签订之前的信息不对称

协议签订之前的信息不对称问题为"逆向选择（adverse selection）"。当私募股权资本投资机构准备的募集资本、协议还未签订时，一方面，私募股权资本投资者对私募股权资本投资机构的信誉、品质和知识、经营状况、以往的投资绩效、投资经验和管理能力知之甚少，存在信息不对称的现象。此外，能力较低的私募股权资本投资机构会想尽办法来吸引私募股权资本投资者。私募股权资本投资者难以掌握私募股权资本投资机构真实的经营能力与相关信息，大致只能通过私募股权资本募集条款及为数不多的交往来做出决策，因此，在私募股权资本募集协议签订时，私募股权资本投资者可能选择不到最好的私募股权资本投资机构，所签订的私募股权资本募集协议不一定合理。另一方面私募股权资本投资机构对私募股权资本投资者的风险偏好、

[①] 参见蒋洁：《论对有限合伙型私募股权投资者的保护——以信息不对称为视角》，硕士学位论文，中国政法大学，2012年。

出资意愿和资金实力等了解很少，同样存在信息不对称的现象[①]。

为便于说明，在这里我们假定这个博弈系统中只有私募股权资本投资者A、私募股权资本投资机构B（运营能力较低）、私募股权资本投资机构C（运营能力较高），博弈共赢的结果是私募股权资本投资者A既选择私募股权资本投资机构B，又选择私募股权资本投资机构C。当博弈的结果是私募股权资本投资者A只选择私募股权资本投资机构B，而放弃私募股权资本投资机构C时，我们认为就出现"逆向选择"问题[②]。私募股权资本募集中的信息不对称也可以用交易成本来解释。由于衡量私募股权资本投资机构的质量需要大量的信息以及专业知识，对于分散的私募股权资本投资者来说要获取信息的成本比较高；私募股权资本投资机构获取信息的成本要低得多，这种成本的差异造成信息拥有的差异。

（二）私募股权资本募集协议签订之后的信息不对称

协议签订之后的信息不对称问题为"道德风险"，它主要是指私募股权资本投资机构和私募股权资本投资者之间的信息掌握不对称，私募股权资本投资机构掌握的信息多，处于信息优势地位。在这种情况下，私募股权资本投资机构可能会做出一些对私募股权资本投资者利益有危害的行为。私募股权资本投资者对私募股权资本投资机构的活动很难监控，如私募股权资本投资机构是否遵循协议中的投资原则、投资方式、投资领域等条款进行投资；私募股权资本投资机构管理层管理技能、人格品质以及工作的努力程度等，这些与私募股权资本投资者自身利益密切相关的事宜都很难有效地受到私募股权资本投资者的监控。私募股权资本投资机构危害私募股权资本投资者利益的事情也在所难免[③]。

在私募股权资本投资者与私募股权资本投资机构的委托——代理关系中，

---

　　① 林金腾：《私募股权投资的多重委托代理关系研究》，《金融经济学研究》2012年第4期，第110—120页。

　　② 参见郭广良：《中国产业投资基金运营体系研究》，博士学位论文，北京交通大学，2010年。

　　③ 戴亦一、潘越、刘新宇：《社会资本、政治关系与我国私募股权基金投融资行为》，《南开管理评论》2014年第4期，第88—97页。

私募股权资本投资者是委托人，也是资本的实际所有者；私募股权资本投资机构是代理人，作为私募股权资本的职业管理人从事私募股权资本的经营管理。由于信息不对称，私募股权资本投资机构就可能凭借其掌握信息的优势，可能做出损害私募股权资本投资者的利益的行动，从而出现道德风险问题（moral hazard problem）。在道德风险问题中，当私募股权资本募集合约关系建立时，私募股权资本投资者与私募股权资本投资机构具有相同的信息，一旦合约签订，私募股权资本投资者就很难观察或控制私募股权资本投资机构采取的行动（如工作是否努力）。

三、信息不对称产生的原因

（一）私募股权资本投资者一般是分散的投资者，他们了解私募股权资本投资机构的信息较少，对私募股权资本投资机构的品质和信誉以及从事私募股权资本运行的经验和能力缺乏了解。故在签订私募股权资本募集协议时，私募股权资本投资者很难评价私募股权资本的投资风险，很难评估私募股权资本的投资收益。而作为私募股权资本募集主体的私募股权资本投资机构清楚地掌握私募股权资本募集的状况，拥有较多准确的信息，私募股权资本投资机构就有条件争取到更有利于自己的条款[1]。

（二）在签订私募股权资本募集协议时之后，由于私募股权资本投资基金运行的封闭性，私募股权资本投资者必须花费巨大的监督成本才能获取这些比较全面的信息。而私募股权资本投资机构的监督成本要低得多，这种成本的差异造成私募股权资本投资机构和私募股权资本投资者之间信息拥有的差异。如果本次募集的私募股权资本投资不成功，私募股权资本投资者很难判断是私募股权资本投资机构的问题，还是项目本身出了问题。在私募股权资本募集完成后，私募股权资本投资机构向私募股权资本投资者募集资本投向中小企业，私募股权资本投资者委托私募股权资本投资机构管理并运用自己投入的资金，以实现高额回报。在这种关系下，私募股权资本投资者和私募

---

[1] 参见傅赵戎：《私募股权投资契约的公司法解读》，博士学位论文，西南政法大学，2015年。

股权资本投资机构之间存在高度的信息不对称，从而导致市场的逆向选择。

四、信息不对称问题的规避

（一）"逆向选择"问题的规避

在募集阶段，私募股权资本投资者是私募股权资本的委托者，私募股权资本投资机构是私募股权资本的管理者，他们利用自己的专业知识和管理能力参与投资后管理，是代理者[①]。只有主动向私募股权资本投资者详传递相关信息（包括但不限于私募股权资本投资机构的运营架构、管理团队、运营业绩、投资决策信息、退出思路以及风险管理理念等信息），消除私募股权资本投资者与私募股权资本投资机构存在的信息不对称，才能帮助私募股权资本投资者做出正确的投资决策。这一点，在我国私募股权资本投资机构发展的初期尤为重要，这是因为，在我国私募股权资本投资机构发展的初期，一些私募股权资本投资者对私募股权资本缺少基本的常识，私募股权资本投资者此时首先最关心的是私募股权资本的安全，其次才关心投资收益。面对刚刚起步的私募股权资本投资机构，只有主动向私募股权资本投资者详细地推荐与披露私募相关信息，以减少信息的不对称性，才能使私募股权资本投资者掌握到足够的信息。促进私募股权资本募集难题的解决[②]。

（二）道德风险的防范

为从根本上防范道德风险，必须让私募股权资本投资者和私募股权资本投资机构双方达成利益一致的合作，以解决在私募股权资本募集阶段信息不对称的问题，使双方都能够为私募股权资本募集工作尽全力，确保在使私募股权资本募集最大化的同时，私募股权资本投资者和私募股权资本投资机构

---

① 参见隋振娟：《中国风险投资市场发展中的政府作用研究》，博士学位论文，辽宁大学，2012年。

② 参见郭广良：《中国产业投资基金运营体系研究》，博士学位论文，北京交通大学，2010年。

获得最大的回报。私募股权资本投资者和私募股权资本投资机构的最大分歧在于，私募股权资本投资者希望私募股权资本投资机构努力工作，在较短的时间内使私募股权资本增值。为达到此目的，私募股权资本投资者会采取积极措施，激励私募股权资本投资机构在募集协议签订之后努力工作。同时，私募股权资本投资者根据对私募股权资本投资机构的了解，如果努力工作，就增加对其的信任，减少约束机制；否则，就减少对其的信任，增加约束条件[①]。

第四节 私募股权资本募集组织制度选择

私募股权资本募集阶段另外一项重要工作是私募股权资本投资基金组织形式的选择。组织形式的不同会直接影响到私募股权资本运行的效率，私募股权资本投资基金组织形式的选择范围受我国法律制度的限制，这就涉及私募股权资本投资基金组织形式的可选择性和适应性问题[②]。发起人根据私募股权资本募集的难易程度、私募股权资本退出便利程度、基金管理人的权利与义务、私募股权资本的增值、税收成本、法律监管等因素全面考虑后选择不同的组织形式。

一、公司型私募股权资本投资基金组织形式分析

（一）公司型私募股权资本投资基金内涵剖析

公司型是最早出现的私募股权资本投资机构组织形式。公司型私募股权资本投资机构是指两个或两个以上的投资者（股东）以我国的《公司法》为法律基础共同组成的具有独立主体资格的营业组织，包括有限责任公司和股

---

① 汪波、谢萍萍、陈梓彤等：《私募股权投资道德风险防范机制设计》，《审计月刊》2013 年第 7 期，第 50—51 页。

② 华雷、李长辉：《私募股权基金前沿问题：制度与实践》，法律出版社 2009 年版，第 25 页。

份有限公司。公司是法人的典型形态，具有独立的人格，是法律拟制的民事主体。在公司型私募股权资本投资基金里，私募股权资本提供者即公司股东，股东承担有限责任。公司型的私募股权资本投资机构具备独立的法人，能以自己的名义拥有财产和承担独立责任，其经营私募股权资本投资机构运作独立自主[①]。2009 年在北京成立的国开金融有限责任公司就是这种类型，该公司的法人为国家开发银行股份有限公司，属国家开发银行的全资子公司。

私募股权资本投资者可以是自然人也可以是法人，根据公司法的规定，共同出资入股成立私募股权资本投资机构（公司），以公司形式设立的私募股权资本投资基金，私募股权资本投资者为公司的股东，通过出席股东大会、选举董事等方式参与私募股权资本投资基金的重大决策，在董事会中扮演积极角色而直接地参与管理，并以自己的出资额为限对公司承担责任，公司独立地承担民事责任。股份制公司型私募股权资本投资基金的募集，是由发起人认购公司发行的一部分股份，其余则用非公开方式向特定对象募集[②]。

（二）公司制私募股权资本投资基金的优势分析

1. 稳定性好。公司制私募股权资本投资基金具有无限存续期限，投资者通过出资获得公司股权，通过股权转让的形式退出获取投资收益，并按其出资份额承担责任。公司型私募股权资本投资基金永续经营，除非公司制私募股权资本投资基金破产或清算，公司型私募股权资本投资基金才会结束经营。从这个角度来看，公司制私募股权资本投资基金稳定性好。

2. 治理结构清晰。公司制私募股权资本投资基金是成熟的法人治理结构，治理结构比较清晰，财产所有权与管理权相分离，产权明晰，组织稳定性强，有利于提高私募股权资本投资基金运营效率与防范风险。

3. 法人资格独立。公司制私募股权资本投资基金，具有独立法人资格。公司制私募股权资本投资基金可以实现基金财产的独立性，能有效解决

---

① 赵吟：《论我国公司型私募股权投资基金的退出机制》，《上海金融》2013 年第 1 期，第 108—111 页。

② 罗显华：《私募股权投资基金的四种组织形式及比较分析》，《内蒙古金融研究》2016 年第 2 期，第 20—24 页。

委托——代理问题，具有隔离破产风险的功能[①]。

（三）公司制私募股权资本投资基金的劣势分析

1. 运行低效率。在公司制下，多重机构设置导致交易费用的增加。在公司制私募股权资本投资基金中，法律保护健全，设立的手续繁杂。

2. 信息不对称。私募股权资本投资者与私募股权资本投资基金管理人之间存在严重的信息不对称。双方的利益冲突如不能得到有效控制，很可能出现基金管理人为谋取私利而损害投资者利益等问题。

3. 激励机制短期化。私募股权资本投资机构的管理团队不能获得公司的股票期权以及其他形式的奖励，只能领取工资薪金。直接导致在公司制私募股权资本投资基金里，对私募股权资本投资基金管理人的激励不足。这种激励方式与私募股权资本投资基金运作长期性不匹配，最大的不足是忽视长期激励措施，只注重激励方式的短期化。

4. 双重征税问题。公司制私募股权资本投资基金天生就具有两个被征税的主体，面临着双重征税问题。按照我国的税制设计，利润分配后，股东需要就分配所得的股利或投资收益缴纳企业所得税或个人所得税。此外，公司作为法人，取得收入后需要缴纳企业所得税，也就是说，公司制私募股权资本投资基金的"同一笔经营收入在企业层面和股东层面分别被征收所得税"[②]。从而造成公司制私募股权资本投资基金的双重征税问题。

二、信托型（契约型）私募股权资本投资基金组织形式分析

（一）信托型（契约型）私募股权资本投资基金内涵剖析

信托型私募股权资本投资基金是由信托公司依据信托制度和信托原理，

[①]　尚华栋：《我国公司制私募股权投资基金法律问题研究》，硕士学位论文，南京师范大学，2012年。

[②]　北京市道可特律师事务所，道可特投资管理（北京）有限公司：《有限合伙在中国 PE 中的深化运用》，中信出版社 2011 年版，第 13 页。

按照《中华人民共和国信托法》设立，通过发行集合资金信托计划向私募股权资本投资者募集私募股权资本投资基金的一种组织形式。在这种组织形式中，投资者的身份是委托人，管理人是被委托人。信托型私募股权资本由具有资质的信托公司来管理与运作私募股权资本投资基金，信托公司向私募股权资本投资者推荐股权信托计划，私募股权资本投资者向该股权信托计划投资。信托公司将信托计划项目下的资金投资于未上市企业股权或中国银监会批准可以投资的其他股权的信托业务，私募股权资本投资者、信托公司和托管人之间建立一种契约关系。与此同时，信托计划还需在当地银监局报备，纳入银监局正常的监管范围。信托公司可以亲自管理与运作信托资金，也可委托专门的投资管理机构（基金经理人、私募股权资本投资家）管理与运作信托资金[1]。信托型私募股权资本投资基金是一种股权信托，按先"募集"后"投资"的流程进行操作。2008 年 6 月 25 日，银监会印发的《信托公司私人股权投资信托业务操作指引》使得信托公司进军私募股权资本行业领域有明确的法律依据。在我们调查的案例中，江苏国信和中科招商，湖南信托和深圳达晨都合作发行信托型私募股权资本投资基金。

（二）信托型（契约型）私募股权资本投资基金的优势分析

1. 专业化管理，低成本运行。在信托型私募股权资本投资基金中，专业投资管理人（信托机构）对私募股权资本投资者投资的资金进行专业化的管理运作，实现委托人（私募股权资本投资者）与受托人（信托机构）之间的良好协作。信托财产在法律上的保护力度远远高于其他财产，信托财产仅服从于信托目的而独立运作，这与委托人、受托人、受益人的自有财产有很大的区别。信托型私募股权资本投资基金的这种特质是其他组织模式所没有的[2]。

2. 资金安全。在信托型私募股权资本投资基金中，托管机构托管信托型私募股权资本投资基金的信托资金，这样委托人、受托人和托管人三者分离。

---

① 张胤：《我国私募股权基金的组织形式选择研究》，《金融经济》2009 年第 24 期，第 125—126 页。

② 赵磊：《信托：私募基金运行模式的最佳选择》，《西南金融》2007 年第 6 期，第 59—60 页。

没有受托人的专门指令，托管人无权动用资金，受托人（基金管理人）受托管人监督，必须在遵守信托合同约定运用基金资金。此种制度安排充分保证了基金资金的安全，使信托财产在法律上的保护力度远远高于其他财产，有效防范受托人的道德风险。

3. 退出机制灵活。由于信托型私募股权资本投资基金委托人之间不存在相互制约关系，信托型私募股权资本投资基金整个信托的有效存续不受部分委托人的信托契约变动影响。因此，只要满足条件就可灵活退出，如预先设定退出条件，或者在一定封闭期之后设计定期的申购赎回安排。

4. 避免重复征税。由于信托型私募股权资本投资基金不是独立的经营实体，双重征税的问题则可以避免[①]。

（三）信托型私募股权资本投资基金的劣势分析

1. 投资主体地位不明确。信托公司集合资金信托计划在目前的法律条件下不具备投资主体的地位。信托型的私募股权基金不能以股东的身份对外进行投资。

2. 组织稳定性较差。信托型（契约型）私募股权资本投资基金不具有永续经营能力，基金到期即解散，缺乏对基金管理人的激励与约束制度。各方按照契约条款履行各自的权利义务，委托人只能依靠托管人在一定程度上行使监督权，不能有效地监督受托人的投资行为。

3. 专业能力不足。私募股权资本是一个非常专业的领域，从业人员需要非常专业的知识。但我国多数信托公司介入私募股权资本领域的时间不长，专业人才储备不多，专业能力不足，行业研究不深入[②]。

---

① 顾然：《信托型私募股权基金模式及法律问题探析》，《光华法学》2016 年第 1 期，第 180—204 页。

② 付钰婷：《中国的 PE 组织模式选择》，《企业导报》2009 年第 12 期，第 161—162 页。

三、有限合伙型私募股权资本投资基金组织形式分析

（一）有限合伙型私募股权资本投资基金内涵剖析

有限合伙型私募股权资本投资基金是指私募股权资本投资者（有限合伙人）与私募股权资本投资机构（普通合伙人）签订合伙协议，共同出资结成合伙关系，所有资产均交由普通合伙人管理运作（主要是对中小企业进行投资），有限合伙人不得参与合伙企业管理，见表4－1、表4－2、图4－1。其中，普通合伙人通常提供很少的私募股权资本或者仅以劳务出资，有限合伙人则是私募股权资本的提供者。有限合伙型私募股权资本投资基金是如今最为普遍的形式。其融资结构较为灵活并具有有效的激励机制与约束机制，能确保私募股权资本投资机构高效运作[①]。例如，2007年注册成立的昆吾九鼎投资管理有限公司属该种类型。武汉硅谷天堂晨曦创业投资基金、深圳市南海成长创业投资有限合伙企业、天津硅谷天堂鸿瑞股权投资基金合伙企业、武汉硅谷天堂恒誉创业投资基金合伙企业、天津硅谷天堂鸿盛股权投资基金合伙企业、天津硅谷天堂恒盈股权投资基金合伙企业、吉林硅谷天堂阳光股权投资基金合伙企业、天津硅谷天堂合丰股权投资基金合伙企业以及天津硅谷天堂合众股权投资基金合伙企业等采取的是有限合伙型模式。

表4－1　浙江省有限合伙私募股权资本投资基金出资人构成及投资方向

成立时间	基金名称	出资人	有限合伙人（个）	首期资金（亿元）
2011年4月	义乌浩瀚创业投资管理有限公司	由若干自然人出资组建，注册资本为100万元。	若干	1.5
2010年7月	浙商产业投资基金	第一期总规模为人民币41.6亿元。中银集团投资有限公司和浙江省铁路投资集团有限公司分别出资人民币10亿元，共计20亿元，其余部分以定向私募方式向符合条件的投资人募集。	8	41.6

① 李建伟：《有限合伙型私募股权投资基金内部治理的异化和重构》，《证券市场导报》2013年第6期，第156—162页。

续表

成立时间	基金名称	出资人	有限合伙人（个）	首期资金（亿元）
2010年7月	浙商产业投资基金	第一期总规模为人民币41.6亿元。中银集团投资有限公司和浙江省铁路投资集团有限公司分别出资人民币10亿元，共计20亿元，其余部分以定向私募方式向符合条件的投资人募集。	8	41.6
2010年7月	浙商产业投资基金	第一期总规模为人民币41.6亿元。中银集团投资有限公司和浙江省铁路投资集团有限公司分别出资人民币10亿元，共计20亿元，其余部分以定向私募方式向符合条件的投资人募集。	8	41.6
2010年5月	宁波新以创业投资基金	由英飞尼迪股权基金管理集团与宁波国家高新区各出资1亿元共同投资组建。	2	5
2010年4月	浙商诺海低碳基金	浙商创投母基金出资10%，其余主要投资人包括春风集团、华庭房产等公司及自然人。	27	2.2
2008年6月	浙商海鹏创业投资合伙企业	浙商创投母基金出资18%；长三角民营企业及自由投资人。	36	1.5
2008年1月	浙江星巢创投有限公司	主要来自浙江省、杭州市及各地青年企业家协会会员。	10—20	3
2007年11月	温州环亚创投私募股权资本投资基金	30家温州大型民营企业组成。	30	10

表4-2 浙江省有限合伙私募股权资本投资基金投资方向分析

成立时间	基金名称	有限合伙人（个）	首期资金（亿元）	投资方向
2011年4月	义乌浩瀚创业投资管理有限公司	若干	1.5	主要投向地产行业。
2010年7月	浙商产业投资基金	8	41.6	选择投资方向、企业或项目时遵循以下主要标准：1. 企业所在行业具备良好发展前景。2. 企业处于行业的优势地位。3. 企业制定清晰的发展战略。4. 企业具备核心竞争力和可持续发展能力。5. 企业拥有完善的公司治理架构及优秀的管理团队。6. 企业不存在重大风险和法律纠纷。7. 企业股权具有或将具有较强流动性。

续表

成立时间	基金名称	有限合伙人（个）	首期资金（亿元）	投资方向
2010 年 7 月	浙商产业投资基金	8	41.6	选择投资方向、企业或项目时遵循以下主要标准：1. 企业所在行业具备良好发展前景。2. 企业处于行业的优势地位。3. 企业制定清晰的发展战略。4. 企业具备核心竞争力和可持续发展能力。5. 企业拥有完善的公司治理架构及优秀的管理团队。6. 企业不存在重大风险和法律纠纷。7. 企业股权具有或将具有较强流动性。
2010 年 7 月	浙商产业投资基金	8	41.6	选择投资方向、企业或项目时遵循以下主要标准：1. 企业所在行业具备良好发展前景。2. 企业处于行业的优势地位。3. 企业制定清晰的发展战略。4. 企业具备核心竞争力和可持续发展能力。5. 企业拥有完善的公司治理架构及优秀的管理团队。6. 企业不存在重大风险和法律纠纷。7. 企业股权具有或将具有较强流动性。
2010 年 5 月	宁波新以创业投资基金	2	5	运用"资本＋技术＋市场＋政策"的投资模式，在宁波市投资与培育成长期的优质企业。
2010 年 4 月	浙商诺海低碳基金	27	2.2	以新能源、环保、节能、智能电网、储能等低碳经济行业作为主要投资方向尤其是具有自主创新能力、高成长性的未上市企业。
2009 年 6 月	钱江浙商创业投资合伙企业	49	2.2	杭州现代服务业。
2008 年 1 月	浙江星巢创投有限公司	10—20	3	投资连锁项目、创新传媒、针对老龄社会的创新项目等。
2007 年 11 月	温州环亚创投私募股权资本投资基金	30	10	主要从事对工业、农业、商业、服务业等项目的投资，50％资金投资于温州本土那些成长性良好的拟上市公司。

表 4—1、表 4—2 资料、数据引自田剑英：《浙江省有限合伙私募基金的投资运作及其发展对策》，《浙江金融》2011 年第 8 期，第 53—56、65 页。

目前，我国的有限合伙型私募股权资本投资基金逐渐发展起来，例如，红石国际、东海创投、南海成长、东方富海、达晨财富、浙商海鹏等宣告成立。如今，有限合伙型私募股权资本投资基金在我国已普遍存在。有限合伙型私募股权资本投资基金组织形式因其管理灵活、具有很强的融资能力，在资本募集方面拥有其他组织形式无法比拟的优势，日益成为私募股权资本行

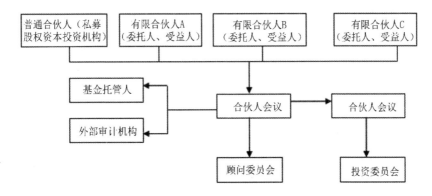

图 4—1 私募股权资本投资基金组织机构图——有限合伙制

资料、图片引自周军:《私募股权投资及其交易结构设计理论研究》,博士学位
论文,南开大学,2008 年。

业内的主流形式。

(二) 有限合伙型私募股权资本投资基金的优势分析

目前,有限合伙型私募股权资本投资基金越来越受到有限合伙人 (LP)
的青睐。它的承诺资金制度、报酬体系和无过错离婚机制等比较有效地解决
了私募股权资本提供者和私募股权资本投资机构之间、私募股权资本投资机
构和中小企业之间存在的信息不对称、道德风险等问题,建立更加合理的制
约和激励机制,使有限合伙型私募股权资本投资基金成为最有效的私募股权
资本组织模式,使其能够与私募股权资本这一新兴金融工具有机地结合起来。

1. 管理和运行效率高。由于有限合伙型私募股权资本投资基金在一定的
存续期限内运行,如果有限合伙人 (LP) 对私募股权资本投资机构的业绩不
满意时,可以选择退出。私募股权资本投资机构想要继续获得私募股权资本
投资者的认同和募集到更多的资金,就必然要提高自身的管理和运行效率,
树立自己的行业形象,在业界建立良好的声誉。有限合伙型私募股权资本投
资基金有助于解决激励问题及委托——代理问题[1]。从这个角度来看,有限合

---

[1] 任纪军:《私募股权资本》,中华工商联合出版社 2007 年版。

伙型私募股权资本投资基金比公司型与契约型的私募股权资本投资基金的管理和运行效率高。

2. 人力资本与货币资本有机统一。有限合伙型私募股权资本投资基金实现私募股权资本投资机构的人力资本与私募股权资本投资者的货币资本的有机统一。在有限合伙型私募股权资本投资基金中，普通合伙人（GP）通常是私募股权资本的经理人，是私募股权资本投资机构的集中管理者和决策层，以其全部财产对合伙债务承担无限责任，通常的出资比例为1%，一般以科技知识、管理经验、金融专长、实物资产、劳务、信誉等出资，具体负责合伙企业的日常具体经营与管理。有限合伙人（LP）是私募股权资本的主要提供者，以其出资额为限对合伙债务承担有限责任，通常的出资比例为99%，一般是养老金、保险机构与个人等以现金、财产等实物资产进行出资，不参与合伙企业的经营与管理①。

3. 有限合伙符合私募股权资本投资机构的利益偏好。私募股权资本投资机构投入的主要是管理经验、科技知识、金融专长。私募股权资本投资机构的管理人员负责私募股权资本投资机构的经营与管理，其占1%的私募股权资本投资资金总额，一般收取的费率为2%～2.5%。附带权益一般固定为私募股权资本投资机构净收入的20%。私募股权资本投资机构的存续期限通常是10年，如有限合伙人（LP）一致同意，可以延长1～2年，但最多只能延长4年②。

4. 避免双重纳税。对于有限合伙型私募股权资本投资基金来说，有限合伙人和一般合伙人按照自己的实际缴纳个人所得税，而有限合伙制企业不是纳税义务人不需缴纳企业所得税，从而使有限合伙型私募股权资本投资基金避免双重交税问题③。

---

① 赵林、赵湘怀：《融资方式与风险投资企业的治理——对"有限合伙制"的一种解读》，《财经科学》2003年第3期，第43—47。

② 甘慧杰、杨荣旭：《创业企业实行有限合伙制度探析》，《学习论坛》2001年第7期，第29—30页。

③ 王江宏、仲伟周：《公司制和有限合伙制的税收制度歧视问题研究》，《天津大学学报》（社会科学版）2013年第4期，第363—368页。

（三）劣势分析

有限合伙型私募股权资本投资基金这种组织形式也并非完美无缺，相比公司制和信托制私募股权资本投资基金形式的私募股权资本，它也存在一些缺陷。

1. 治理结构不健全。从法理上看，作为享有有限责任待遇的对价，有限合伙人一般不享有合伙事务执行权、不得执行企业事务、不得对外代表企业、不得参与合伙企业的经营管理。普通合伙人对基金运营拥有广泛的自由裁量权和绝对的控制权，有限合伙人的监督能力和监督条件受限①。

2. 法人作为普通合伙人时的利益冲突。由于普通合伙人与有限合伙人有不同的利益诉求，普通合伙人与有限合伙人会有利益冲突。

3. 有限合伙人不能快速退出。在有限合伙型私募股权资本投资基金存续期中，如合伙人对私募股权资本投资基金的业绩不满，有限合伙人要求提前退出；又如，合伙人遭受其他意外损失，或合伙人意外身亡，导致资金紧张，个别合伙人提出要求提前退出。但我国现阶段缺乏有限合伙份额交易市场，有限合伙人不能方便转让合伙份额②。

综上所述，私募股权资本的组织形式和制度安排在很大程度上影响着私募股权资本运行的绩效。对于私募股权资本投资基金的治理结构，其核心还是在私募股权资本的投资者和基金管理人之间建立一种制衡关系。私募股权资本的组织形式和制度安排是内生于一个有效率的企业治理制度安排之中的③。由于私募股权资本投资基金的不同组织形式各有优劣，各地要扬长避短，见表4—3。此外，还需要很好的法律法规与之相配套，从而选择更完善和有效的私募股权资本投资基金的组织形式。

---

① 许爱青、王翔：《我国有限合伙制度劣势研究》，《河北青年管理干部学院学报》2009年第5期，第83—85页。
② 田剑英：《浙江省有限合伙私募基金的投资运作及其发展对策》，《浙江金融》2011年第8期，第54—56、65页。
③ Phalippou L., Gottschalg O., "The performance of private equity funds", *The Review of Financial Studies*, 2009, Vol.22, No.4, pp.1747—1776.

表 4−3　私募股权资本投资基金的三种组织形式比较

组织形式	公司制	契约制	有限合伙制
基金性质	独立法人	非独立法人	非独立法人
法律基础	较完善的《公司法》	相对薄弱的《信托法》	相对薄弱的《合伙企业法》
组织构造	有限责任公司		
股份有限公司	集合资金信托计划	有限合伙企业	
投资人	股东	委托人、受益人	有限合伙人
基金管理	公司经营团队	受托人或其聘请的顾问公司	普通合伙人
出资状态	履行出资义务	一次到位	资金可不用一次到位
税收情况	公司所得税、个人所得税	个人所得税	个人所得税
上市退出	退出通畅	退出有障碍退出通畅	

资料、数据引自罗显华：《私募股权投资基金的四种组织形式及比较分析》，《北方金融》2016 年第 2 期，第 24 页。

第五节　私募股权资本募集渠道分析[①]

　　私募股权资本的募集是私募股权资本运行最关键的一环，如不能募集到相应的私募股权资本，则私募股权资本投资机构下一步的工作根本没有办法开展。因此，如何向私募股权资本投资者进行有效的资本募集，是私募股权资本募集过程中要解决的首要问题。我国私募股权资本市场发展较晚，规模较小，私募股权资本的来源相对充足。私募股权资本运行的周期长，适合于中长期的投资者。私募股权资本在国外得到完善的发展，其资本募集、投资以及退出方式的成功实践表明，私募股权资本已成为继银行信贷和股票投资的第三个对经济具有巨大推动作用的资金融资市场。国外的成功案例对我国私募股权资本的发展有着重要的借鉴作用。

---

　　① 本节主要内容引自李桢：《私募股权资本募集方式评价研究——基于层次分析法的视角》，《华北金融》2016 年第 5 期，第 42—46 页。

一、私募股权资本募集渠道及其优、劣势分析

现阶段，我国私募股权资本的募集方式主要以政府资金、银行资金、大型企业集团资金、外国资金以及富裕家庭和个人资金为主，我们在本节主要是分析这些募集方式的优势与劣势。

（一）政府资金

在一国的私募股权资本产业发展过程中，政府起到非常关键的作用。政府进入私募股权资本领域不能单纯以追求经济利润为目标，主要是为实现政府对宏观经济调控的目标。一般来说，政府不直接投资运作私募股权资本，而是委托专业的投资管理机构采用市场化的运作机制来管理私募股权资本，这样既能实现政府鼓励创新的目标，也能大大提高财政资金的使用效果[①]。政府进入私募股权资本行业主要目的在于实现特定的经济和行政目的，一般不在于追求高额利润。将私募股权资本这一融资工具与我国经济发展特色相结合，将市场资源带入到新经济的创造中来，将政府的资源整合到新经济的创造中来，有利于打造私募股权资本运行体系，提升国家的经济竞争力。

1. 政府资金的优势分析

目前，在我国政府进入私募股权资本领域的时机还不是很成熟，但是它拥有一般资本投资者没有的优点。政府资金的投入不仅可以为其他私募股权资本投资者提供实际的保障，提高私募股权资本募集的可靠性，同时政府可以在管理上和技术上给予指导。政府是为私募股权资本行业发展承担着规范投资环境、健全投资监管体系以及保证募集渠道正常顺利运作的重要角色[②]。通过政府的宏观调控手段能够给私募股权资本募集提供一个宽松、自由的环境。从宏观上来看，政府的相关政策法律能够拓宽现有私募股权资本募集渠

① 孙晓靓：《我国私募股权基金的融资渠道研究》，硕士学位论文，天津财经大学，2012年。
② 姜竹、安然、杨晓华：《论政府优化私募股权投资环境的作用：国际经验与启示》，《北京工商大学学报》（社会科学版）2013年第4期，第104—108页。

道，政府给予的财政、税收、人才引进等相关的优惠政策可以不断促进私募股权资本行业的发展。政府的资金投入能够为私募股权资本投资者树立信心，通过以政府资金引导的投资能够避免，私募股权资本投资者的盲目行为，分散风险，以政府良好的信用保证私募股权资本投资者的根本利益。

2. 政府资金的劣势分析

现阶段，在我国的经济运行中，市场对资源配置起决定作用。私募股权资本以追求资本增值为目的。政府资金在保证私募股权资本正常募集的情况下，可能会造成个人的利益受到损害，同时政府在宏观调控下有时会产生信息失真，私募股权资本的增值的目标与政府宏观调控的目标有时会发生冲突。由于政府在执行监督和运行的双重职能下，有时会使得私募股权资本募集对政府的过度依赖，造成私募股权资本投资机构运行成本的增加。政府资金大部分要依靠当地的财政收入，资金来源较为缓慢。政府直接进入私募股权资本行业的效率不高，同时会对民间资本的投资产生"挤出效应"。在我国，政府资金的来源大多是财政资金，一方面，财政资金要受到量的限制；另一方面，财政资金的投入常常缺乏足够的利益追逐动力。此外，政府部门作为行政机关，也存在诸多的市场风险。

（二）银行资金

1. 银行资金的优势分析

首先，银行资金投入能够让银行为企业提供新的融资机会，改善中小企业融资结构，避免信息失真问题。其次，通过以企业客户为目标，为客户多元化的需求提供个性化的服务，可以保证银行资金的快速增值。同时银行信贷市场的壁垒较高，贷款的条件比较苛刻，这使得许多中小企业的融资长期得不到解决[①]。银行资金与私募股权资本的融合恰好能够为传统银行业的发展

---

① 古苗希：《我国商业银行介入私募股权投资问题研究》，硕士学位论文，西南财经大学，2012年。

带来经营方式的创新。最后，银行作为国家主要的金融机构，其巨大的资金规模、长期的优质资源和良好的信用服务是现阶段其他非银行金融机构所不能取代的，通过以银行信用为担保，能够吸引优质客户的资金进入私募股权资本行业，拓宽私募股权资本的募集渠道。

2. 银行资金的劣势分析

银行资金进入私募股权资本领域加剧金融行业之间的竞争。一是银行资金进入私募股权资本领域能够扩大业务范围，它以间接方式进入私募股权资本市场，凭借其无可比拟的强大竞争力，间接地抢占私募股权资本市场份额①。二是银行作为私募股权资本供给者与需求者的中间桥梁，由于目前私募股权资本市场监管体系不健全，为获得高额的回报，私募股权资本投资机构会向银行传递虚假的信息。在无形之中，银行可能为私募股权资本投资机构提供"虚假"担保。三是银行资金进入到私募股权市场中降低银行的投资"门槛"。四是银行会在追求利益最大化的驱动下，减少优质客户的投资选择。

（三）大型企业集团资金

在国内，许多大型企业集团为保持对技术和市场发展的洞察力，培育新的利润增长点，寻求新的发展机会，不断投入私募股权资本行业，例如联想、红塔集团、常柴股份、首钢等大型企业集团均纷纷参与私募股权资本行业。在国外，也有很多经验可以借鉴。如英特尔、惠普、摩拉罗拉、通用电气、IBM、柯达、三星、现代等，都专门设有私募股权资本投资机构。企业采取该种方式参与私募股权资本行业，其目的除了为获取投资收益外，主要还在于实现企业战略调整和可持续发展。目前，国内已经具有相当数量的大型企业集团的资金，许多大型企业集团有强烈进入私募股权资本行业领域的意愿，但往往受到行业进入壁垒、专业人才短缺等因素的限制。但由于我国目前主要有房地产与股市两大投资渠道，致使大型企业集团投资品种少，企业的闲

---

① 张绍岩：《商业银行与私募股权投资机构的竞争与合作》，《经济研究参考》2014年第20期，第11—18页。

置资金得不到合理利用。现阶段大型企业投资的行业范围有所拓宽，投资方式也逐渐多样化，国内一些大型企业集团参与私募股权在资本市场的目的是资本增值和利润增长，不再局限于获取技术资源和市场资源。因此，应正确引导大型企业集团的闲置资金进入私募股权资本领域。私募股权资本可为那些有发展前景但尚处于孵化期或发育期的公司解决资金难题。

1. 大型企业集团资金的优势分析

我国现有影响力的企业以大型企业集团为主，在这些大型企业集团有个共同的特点，产权结构和组织管理比较稳定，大型企业集团资金的加入能够为私募股权资本带来长期稳定的资本募集来源。大型企业集团在国家发展中起着基础性作用，大型企业集团的发展可以推动我国建立比较完整的现代经济体系，从而推动社会主义市场经济的发展，因此，大型企业集团拥有其他中小企业所没有的财力、人力、物力的深厚沉淀。现代大型企业集团的改革逐渐体现出了产权明晰、自主权加强等特点，这些重要的改革让大型企业集团资金进入私募股权资本领域更加简单。同时稳定的资金来源能够提高私募股权资本投资机构的竞争力。

2. 大型企业集团资金的劣势分析

大型企业集团特别是国有企业传统的运营方式和体制机制建设比较单一，资金利用效率低下，缺少创新性。国有企业形成的目的是提供公共产品，维持国家经济建设的稳定，因此，国有企业具有公共性和经济性双重属性。在国家以经济建设为中心发展的时期，经济属性优于公共属性，这样就形成了一些大型企业集团长期垄断的局面①。在没有强竞争、强约束的环境下，一些大型企业集团效率低，缺乏长期可持续发展的动力，一些大型企业集团的创新性不强，不能够有效地与私募股权资本的运营机制相适应。

---

① 赵骏、于野：《论私募股权基金在我国企业海外投资中的角色与作用》，《浙江大学学报（人文社会科学版）》2011年第1期，第103—113页。

（四）外国资金

我国属于新兴市场经济体，我国企业与发达国家企业相比较而言具有更高的成长性，这自然对外国资金有较强的吸引力。我国私募股权资本很大一部分是外国企业、外国独资、合资以及合作机构、外国个人提供的资本，并在此基础上发展壮大。近年来，我国引进外国资金的案例已有不少，例如，新桥资本投资深发展、华平投资哈药集团、摩根士丹利投资蒙牛、高盛投资无锡尚德、黑石投资蓝星集团等。外国资金在通过资格审批和其外汇资金的监管程序后，外国资金能够兑换为人民币资金，投资于我国的私募股权资本市场[①]，见表4—4。

表4—4　部分来华外资私募股权资本基本情况

基金名称	国别	主要投资项目	管理团队
凯雷集团	美国	分众传媒、携程网、太保集团、特步、宏华石油、中国森林、泰和诚医疗服务、徐工。	杨向东、祖文萃
KKR集团	美国	蒙牛、远东宏信、联合环境、天瑞水泥、Novo控股、润东汽车、华致酒行、中金公司。	刘海峰、路明
红杉资本	美国	奇虎360、亚洲传媒、大众点评网、人和商业、众合保险、数通世纪、比特彗星、火石软件、福建利农、格科微电子、51.com、点视传媒、高德软件。	沈南鹏、张帆
贝恩资本	美国	优酷、国美电器、飞翔化工、中视金桥、翰普、中消安、凯德生物材料、美标中国、宇视科技、亚新科、狮桥融资租赁、金盛国际、纷美包装。	竺稼、黄晶生
IDGVC	美国	携程、搜狐、如家酒店、迅雷、土豆网、汉庭酒店、金蝶、搜房、YOKA、快乐米、宝酷、一茶一坐、网龙、腾讯、百度、朗玛信息、速达软件、当当网、易趣。	熊晓鸽
德州太平洋	美国	联想集团、经纬电子、DBIO教育管理公司、世爵中国、ShareOpen、Beebei、Veivo、Privileger。	王㷫
蓝山资本	美国	屯河工贸、海虹世康、陕西鑫隆、联合水务、ITAT集团、鑫苑置业、古杉生物柴油。	唐越
华平集团	美国	国美电器、7天酒店、58同城、红星美凯龙、银泰百货、乐普医疗、大唐电信、汇源果汁、天朗宇通、鹰牌陶瓷、港湾网络、哈药集团、亚信科技。	孙强

---

① 吴江：《拓宽私募股权投资基金资金来源渠道》，《现代物业（中旬刊）》2010年第3期，第88—89页。

基金名称	国别	主要投资项目	管理团队
3I 集团	英国	海湾消防、分众传媒、中芯国际、上海鼎芯、新能源科技、巴黎春天、小肥羊、迪信通。	张明明
橡树资本	美国	悠易互通、帮 5 买、中行、上舜照明、Protean Electric、日本新生银行。	朱德森
英联资本	英国	7 天酒店、中海油、厦门进雄、蒙牛、尚德电力、无锡尚德、正元包装。	陈松柏
摩根斯坦利	美国	蒙牛乳业、南孚电池、百丽国际、山水水泥、永乐家电、恒安国际、平安保险	斯蒂芬·罗奇

资料、数据引自阚景阳：《国内私募股权投资基金发展现状及对策研究》，《西南金融》2016 年第 1 期，第 47—51 页。

1. 外国资金的优势分析

引进外国资金投资于我国企业，一方面，有利于改善我国企业的治理结构，充实企业的资本金，从而加快我国企业上市的进程，或者促成已上市企业的市值提升；另一方面，也让外国资金有较大的盈利。私募股权投资机构从外国进行募集资金是企业之间传递信息、进行并购的一种重要手段。私募股权具有较强的专业性和高收益性，从外国募集私募股权资本，能够在一定程度上减少我国私募股权资本募集的压力，完善我国私募股权资本市场结构，把我国私募股权资本市场相关利益者紧紧联系在一起。同时，外国的先进管理经验能够帮助企业进行有效的整合。

2. 外国资金的劣势分析

引进外国资金，在给我国带来资金的同时，也带来一系列挑战，例如，内资闲置、技术控制、市场垄断、民族品牌流失、生态环境破坏以及国有资产流失等。外国资金在投资进入我国私募股权资本领域对我国被投资企业在控股权方面提出的要求过于苛刻，大多希望通过增资扩股实现绝对控股。为激励被投资企业管理层提高业绩，外国资金在与被的投资企业确定合作意向后还常常将极具"大棒和胡萝卜"特征的"对赌协议"作为捆绑投资的条件一起抛给企业。目前，外国资金意图通过拿下我国一些行业的排头兵企业，在私募股权资本领域投资实施的近乎是"斩首"行动，以实现其对资本市场的操控。虽然外国资金投资的"侧重点和方式各有不同，有的如 IDGVC、中经合、华登倾向于投资初期的科技项目，采取广、密、小的方式；有的如凯雷、软银赛富偏爱投资上市前的项目，常用稳、精、大的办法，而且没有行业上的限制，但是在选择投资企业时，它们一般都选择具有良好的成长性和核心竞争力的行业领先者"[①]。

（五）富裕家庭和个人资金

到 2017 年 12 月，我国本外币存款余额 169.27 万亿元[②]。因此，我国很有必要引导规模庞大的储蓄存款进入私募股权资本领域。很有必要引导富裕家庭和个人资本进入私募股权资本领域，具体说来，有以下两种方式：一是"天使投资"者。鼓励个人作为"天使投资"者向中小企业投资，有丰富的管理企业经历与丰富的投资经验。"天使投资"者直接将自有资金投资到中小企业，并凭借自身的技能和经验，管理其自身的投资，为中小企业提供增值服务。在我国，有能力进行"天使投资"的只是小部分富裕家庭和个人，见图4-2。二是一般投资者。这类富裕家庭和个人资金充足，又对私募股权资本行业情有独钟，但缺乏私募股权资本运作的经验，一般只是为专业的私募股权资本投资机构提供私募股权资本，并不直接参与私募股权资本的运营。通过购买私募股权资本投资基金股份提供私募股权资本。富裕家庭和个人资金的优劣势分析如下：

1. 富裕家庭和个人资金的优势分析

在人民物质文化水平不断提高的今天，富裕家庭和个人的可支配收入日益增多，越来越多的闲钱在银行里"睡大觉"。随着近几年银行利率的降低，富裕家庭和个人探索新的资本增值方式越来越强烈。私募股权资本行业发展的目的与富裕家庭和个人追求利益最大化的心愿是一致的，与证券、股票高风险的投资方式相比较，私募股权资本作为一种新型的投融资方式将给富裕

---

① 徐新阳：《外资私募股权基金组织形式与投资策略的比较优势及对策》，《浙江金融》2009 年第 7 期，第 47—48 页。

② 《2017 年金融统计数据报告》，2018 年 1 月 12 日，2018 年 4 月 11 日，http://www.pbc.gov.cn/diaochatongjisi/116219/116225/3461233/index.html。

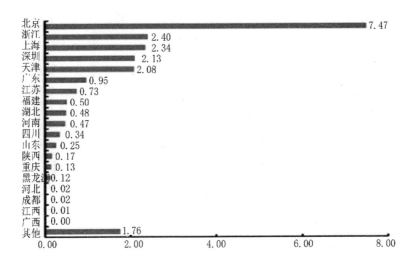

图 4-2　2016 年第一季度中国天使投资地域分布（单位：人民币亿元）

资料、数据、图片引自《2016 年第一季度中国天使投资研究报告》，2016 年 6 月 3 日，2018 年 5 月 28 日，http://report.pedata.cn/1464939430116207.html。

家庭和个人带来一种新的机遇。据瑞士信贷银行发布《2015 全球财富报告》指出，我国家庭财富总值达 22.8 万亿美元，较去年增加 1.5 万亿美元，超过日本跃居世界第二位，仅次于美国，我国人均财富占有量从 2000 年的 5672 美元增至现在的 22513 美元[①]。我国富裕家庭和个人的增加拓宽了私募股权资本募集渠道。与此同时，富裕家庭和个人的投融资方式较为灵活，不存在资源、财力浪费的问题，富裕家庭和个人投融资的力量也在不断壮大，形成一定的资本积累，有实现资本保值与增值的动机，成为私募股权资本行业发展不可小觑的力量。

2. 富裕家庭和个人资金的劣势分析

富裕家庭和个人是以经济利益最大化为目的，他们在选择投资时，会最大可能地进行风险规避。由于信息的不对称，私募股权资本的募集方式是风险规避者所不能够接受的投资方式。富裕家庭和个人的资金与其他几种募集

---

① 凌馨：《瑞信：中国家庭财富总量跃居全球第二》，2015 年 10 月 14 日，2018 年 4 月 11 日，http://www.xinhuanet.com//world/2015-10/14/c_1116820925.htm。

方式相比，规模比较小，形成"小而散"的模式。富裕家庭和个人的资金在我国没有较为全面的监管体系和监督机制，在利益的趋动下，难免会产生富裕家庭和个人的资金的"投机"行为，容易滋生"非法集资""高利贷"等"灰色交易"，造成相关信息缺失，会增加富裕家庭和个人的投资风险①。

综上所述，我国政府通过宏观调控能够从大方向上把握私募股权资本募集的规模，同时以政府为引导的私募股权资本募集有助于私募股权资本投资机构提高声誉，缓解私募股权资本募集市场的信息不对称问题，不断优化私募股权资本组织制度，从而促进私募股权资本募集渠道的多元化。此外，通过强有力的政府资金支持，不仅可以缓解私募股权资本募集难题，还可以通过私募股权资本扶持中小企业创新，促进中小企业成长，增加私募股权资本投资者对私募股权资本市场的投资热情。现阶段，我国的相关政策对私募股权资本募集有重要的影响，以政府资金为引导的私募股权资本的募集渠道还可以从以下几个方面进行改进：

第一，从资金提供方面来看，充分挖掘各种私募股权资本募集渠道的潜力。对需要进行私募股权资本募集的私募股权资本投资机构进行分层供给，通过并购基金供给、并购基金与私募股权资本投资机构相互参与等方式，整合相关行业之间的优势资源，保证私募股权资本的顺利募集②。尝试将并购方式与现有募集方式进行联合创新，实现私募股权资本募集额的快速增长。

第二，从资源互补方面来看，近年来，国家陆续出台了一系列的相关政策以推动私募股权资本行业的发展，从《私募股权众筹融资管理办法》《私募投资基金管理办法》等法规的出台凸显出国家对于私募股权资本行业发展的重视程度。众多私募股权资本投资机构可以在我国的资本市场进行私募股权资本的募集、投资与退出。但是由于目前国家的私募股权资本市场监管体系尚不完善，私募股权资本行业领域容易出现"灰色交易"。因此，国家需要提供完善的私募股权资本募集通道，最大程度地实现资源的有效整合与利用。

第三，从风险防范方面来看，私募股权资本的募集、投资与退出是三个

---

① 李桢：《私募股权资本募集方式评价研究——基于层次分析法的视角》，《华北金融》2016年第5期，第42—46页。

② 曾韵婷：《我国上市公司海外并购的融资方式研究》，硕士学位论文，暨南大学，2014年。

重要的过程，它涉及企业管理、金融、市场风险评估、市场风险预测等一系列的相关问题。因此需要整合相关技术知识方面的人才，合理规划各种资金进入到私募股权资本的募集渠道以防范私募股权资本募集的风险。

第四，从国家发展方面来看，政府是私募股权资本募集环节的重要监督者。从《关于进一步促进资本市场健康发展的若干意见》（国发〔2014〕7号）文件发布以来，私募股权资本市场的监督和管理得到一定的加强。现在，我国的资本市场还没有完全开放，这极大地阻碍了外国资金进入到国内私募股权资本市场。但是开放市场，需要国家把握好私募股权资本市场开放的尺度，选择真正适合于国家经济发展的外国资金服务于我国私募股权资本市场的发展，对我国私募股权资本市场进行有力的支持，从而实现我国私募股权资本市场的长久、可持续发展[①]。

本章小结

在本章，我们主要完成五个任务：

一是分析我国私募股权资本募集的内涵与流程。分析与介绍私募股权资本募集的内涵与特点；分析私募股权资本的募集流程；剖析了私募股权资本募集声誉制度以及声誉对私募股权资本募集的作用。

二是私募股权资本募集的经济学分析。主要运用马克思主义政治经济学原理分析私募股权资本投资机构从私募股权资本投资者手中募集私募股权资本的过程。指出私募股权资本不同于借贷资本，它要与投资要有机结合，因此，私募股权资本具有双重人格，以追求超额利润为归宿。

三是分析私募股权资本募集阶段的信息不对称现象。指出在私募股权资本募集阶段，私募股权资本投资者与私募股权资本投资机构之间存在着信息不对称现象。分析信息不对称的内涵、表现形式、产生的原因，并指出信息

不对称问题的规避措施。

四是分析我国私募股权资本募集的组织制度选择。指出私募股权资本募集阶段的另外一项重要的工作是私募股权资本投资基金的组织形式的选择，组织形式的不同会直接影响到私募股权资本运行的效率。对公司型、信托型（契约型）、有限合伙型组织形式以及每种组织形式的优势与劣势进行分析。由于私募股权资本投资基金的不同组织形式各有优劣，所以要注意扬长避短。此外，还需要很好的法律法规与之相配套，从而选择更完善和有效的私募股权资本投资基金的组织形式。

五是分析我国私募股权资本的募集渠道。对我国现阶段私募股权资本常见的几种募集渠道（如政府资金、银行资金、大型企业集团资金、外国资金以及富裕家庭和个人资金）的优势、劣势进行分析。

第五章 我国私募股权资本投资机理研究

　　私募股权资本投资机构募集好私募股权资本后，接下来的重要工作就是寻找中小企业进行投资。私募股权资本投资是私募股权资本投资机构以股权形式投资于中小企业的种子期、初创期、扩张期、成熟期和重建期等不同阶段，然后，在持有一定时期后选择适当的时机获利退出的一种投资方式，私募股权资本运行的一大特点就是在投资时安排好私募股权资本退出的渠道①。我国现有的投资大多只是针对大中型国有企业，如果中小企业想要获得长足的发展，可以考虑利用自身的优势从私募股权资本投资机构获取私募股权资本。长期以来，"融资难"成为制约中小企业发展的"瓶颈"。因此，需要开辟新的途径来解决中小企业的"融资难"问题，而发展私募股权资本行业刚好可以符合中小企业融资的需要。在我国，私募股权资本投资作为一种新型的投资方式，能够积极有力地推动我国中小企业的发展。

　　总的来说，我国私募股权资本的投资机理可以概括为：私募股权资本投资机构遵循合理的投资流程，做好尽职调查，以科学理论为指导，尽可能地获取中小企业的完整信息，在中小企业发展的不同阶段为其提供相应的资本支持，并对投资阶段可能出现的风险做好全面预测与防范。这一阶段开始的时候，投资后管理也在进行，即投资与投资后管理不是两个完全独立的阶段。我们将在以下的内容中进行具体论述。

---

　　① 北京市道可特律师事务所、道可特投资管理（北京）有限公司：《外资 PE 在中国的运作与发展》，中信出版社 2011 年版。

第一节 私募股权资本投资内涵与流程分析

一、私募股权资本投资的内涵分析

私募股权资本投资是私募股权资本投资机构对非上市企业进行权益性投资，将投资的私募股权资本兑换为被投资对象的股权的一个投资过程[①]。从项目搜集到正式投资，投资双方要就契约订立、交易费用的分摊、道德风险（moral hazard）的防范等问题达成一致，而投资程序、收益分享、风险承担都是与上述问题相关联的。私募股权资本投资机构介入中小企业，将货币资本、人力资本、信用资本、知识资本、技术资本与社会资本等要素统一起来发挥作用，强调对股权的长期持有和参与中小企业的管理。私募股权资本投资机构分享投资的收益和承担投资的风险。在私募股权资本运行过程中，政府扮演的角色只是用宏观调控政策及其手段来规范私募股权资本投资活动的边界[②]。

二、私募股权资本投资的一般流程

随着我国私募股权资本行业的快速发展，许多私募股权资本投资机构已形成一些比较规范的流程。目前，我国大多数私募股权资本投资机构的投资流程如下：

（一）项目搜集

在投资阶段，私募股权资本投资机构首先要处理的问题就是如何在众多中小企业中挑选出值得投资的中小企业，依据私募股权资本投资机构的投资

---

① 潘启龙：《私募股权投资实务与案例》，经济科学出版社 2009 年版，第 2 页。
② 何大安：《市场体制下的投资传导循环及其机理特征》，《中国社会科学》2002 年第 3 期，第 63—73、205 页。

偏好、对拟投资的中小企业完成初步筛选。私募股权资本投资机构在筛选中小企业时，由于中小企业管理层的管理能力、技术成熟度和产品的市场前景都具有很大的不确定性，可能会给私募股权资本投资机构带来极大风险，因此，在收集好中小企业的信息后，筛选出值得投资的中小企业便非常重要。在选择好可以投资的项目以后，通过搜集到相关项目的资料，了解该项目的发展现状、股权结构、资本运行情况来判断该项目投资的价值情况[1]。目前，我国私募股权资本投资项目的主要来源渠道有中小企业自荐、私募股权资本投资机构的自有渠道、中介渠道、品牌渠道，如表5—1所示。

表5—1 私募股权资本投资项目的主要来源渠道

渠道	描述	途径
中小企业自荐	中小企业毛遂自荐，主动向私募股权资本投资机构提出申请，提供相应的项目融资申请，希望得到私募股权资本投资机构的支持。	中小企业主动提出申请。
自有渠道	私募股权资本投资机构组建团队搜集信息，分析行业发展前景，选择目标企业，寻找潜在的私募股权资本投资机会。	1. 个人网络。2. 市场分析。3. 合作伙伴。4. 股东。
中介渠道	私募股权资本投资机构之间通常会建立起长期的策略联盟，对于有潜力而个别私募股权资本投资机构难以独立承担的项目互相推荐，共同投资。	1. 银行。2. 投资银行。3. 证券公司。4. 律师事务所。5. 会计事务所。6. 其他机构。
品牌渠道	积极提升私募股权资本投资机构的品牌形象和市场知名度。	1. 公司网站。2. 客服中心。

参考资料：朱奇峰：《中国私募股权基金发展论》，博士学位论文，厦门大学，2009年。

（二）投资评价

一旦某一申请项目的中小企业通过最初的筛选，私募股权资本投资机构就得对该中小企业的商业计划书、人员、技术、市场、财务、敏感性、风险、管理团队、私募股权资本退出方式及产业价值等进行详细的评估[2]。我们首先就该中小企业是否符合私募股权资本的投资标准进行评价。私募股权资本在中小企业的评价方面是极其谨慎的，它对私募股权资本投资的成败起关键性

---

[1] 潘从文：《我国有限合伙私募股权基金治理研究》，博士学位论文，西南财经大学，2010年。
[2] 靳景玉、曾胜、张理平：《风险投资引导基金运作机制研究》，西南财经大学出版社2012年版，第72页。

作用。选择的中小企业有好的成长性和市场潜力，私募股权资本投资机构只要稍加引导便可获得丰厚的利润；反之，若选择的中小企业成长性与市场潜力较差，私募股权资本投资机构则可能面临巨大的风险。由此可见私募股权资本投资机构对中小企业评价的重要性。一般而言，投资评价要经过以下几个步骤：评估投资项目未来收益和回报；估计在被投资企业所有权的地位，确定最佳的投资量。投资评价是私募股权资本投资过程中非常重要和关键的一步。与一般投资项目的评价相比，私募股权资本投资项目评价具有整体性、动态性、无形性、多样性等特点。

（三）项目立项

私募股权资本投资机构可根据国内外市场的需求、国家的产业政策与国民经济的发展情况，根据国家和地方中长期规划与生产力布局，专门针对候选项目提出框架性的总体设想。由具体负责该领域的项目经理撰写出投资项目的立项报告，立项报告包括项目所涉及的各种文字、表格、图片、图纸、电子数据等材料。

（四）尽职调查

尽职调查（Due Diligence）作为一个行业术语起源于英美法中的普通法，是国外律师事务所进入我国后，向我国输入的一个执业概念。尽职调查主要指私募股权资本投资机构对中小企业或项目的管理团队、市场前景、行业背景、财务状况等进行筛选评估、调查的一切活动。尽职调查由一系列持续的活动组成，不仅涉及中小企业的信息收集，还涉及私募股权资本投资机构如何利用其专业知识去核实、分析和评价有关信息[1]。私募股权资本投资机构尽职调查的目的是降低私募股权资本投资风险，提高收益，全面地了解拟投资的中小企业或项目。私募股权资本投资机构对决定予以立项的项目，以中介机构提供的信息为基础，进行严格详尽的尽职调查，综合了解中小企业的投资价值。

---

① 李磊：《私募股权基金运作全程指引》，中信出版社 2009 年版，第 174 页。

（五）谈判

如果私募股权资本投资机构对上述尽职调查的项目感兴趣，会邀请中小企业进行谈判，这是私募股权资本投资阶段最重要的一个环节。私募股权资本投资机构关注的问题往往是对中小企业的影响或控制、投入资本的增值保障、回收投入资本的概率以及私募股权资本的退出；而中小企业最关注的则是现金流能够满足企业运行的基本要求与企业的控制权[①]。

（六）正式投资

私募股权资本投资机构在完成上述几个步骤之后，开始向中小企业正式投资，为降低风险，私募股权资本投资机构一般采取分阶段投资、联合投资或组合投资的方式对中小企业进行私募股权资本投资。

二、私募股权资本投资阶段的尽职调查分析

在我国，由于私募股权资本投资项目来源渠道不畅。为获取潜在的投资中小企业信息，私募股权资本投资机构要花费很多时间用于尽职调查。尽职调查的质量和技巧在一定程度上反映了私募股权资本投资机构的业务水平。私募股权资本投资机构的管理人员将通过自己的专业知识开展尽职调查，获取有利的价值信息，在短时间内选择适合投资的投资项目。一些著名的私募股权资本投资机构每年要从中小企业那里收到大量的商业计划书。本节的尽职调查研究主要考察尽职调查程序与尽职调查内容两个方面。

（一）尽职调查的程序

尽职调查的目的是通过全面的尽职调查使私募股权资本投资机构尽可能深入而详尽地调查了解中小企业的基本情况（包括中小企业的业务范围、行

---

① Meles A.，Monferrà S.，Verdoliva V.，"Do the effects of private equity investments on firm performance persist over time?"，*Applied Financial Economics*，2014，Vol. 24，No. 3，pp. 203—218.

业状况、内部控制、管理层和核心技术人员的背景、生产过程、生产设施、财务状况、税务状况、风险因素及其他重要事项），以便使私募股权资本投资机构做出正确的投资决策[①]。尽职调查的程序一般为：

1. 私募股权资本投资机构与中小企业达成初步合作意向。

2. 建立尽职调查小组，有关专家、会计师、律师、项目经理、尽职调查人员和助理人员等参与。

3. 尽职调查小组与私募股权资本投资机构就尽职调查的事宜进行交流，准备尽职调查问卷与尽职调查清单。

4. 实地考察。由中小企业在私募股权资本投资机构的指导下按调查清单准备所有相关资料。私募股权资本投资机构核实中小企业的有关情况。

5. 约谈中小企业的管理层及员工。按调查问卷分组约谈并查阅相关资料，以印证问卷内容。对中小企业的管理层的工作风格和心理素质做一定的测试分析，了解他们的经验和专长，观察中小企业的管理层及员工的素质。

6. 会计师事务所对财务数据实施审计，了解财务报表的准确性。私募股权资本投资机构根据银行、律师、证券商、会计师事务所出具的报告情况，确定尽职调查的内容。

7. 出具正式报告并协助私募股权资本投资机构达成投资事宜[②]。

（二）尽职调查内容清单

私募股权资本投资机构尽职调查的范围很广，调查对象种类繁多，每一个尽职调查项目的内容千差万别。尽职调查一般发生在私募股权资本投资机构与中小企业合作双方签订框架协议或意向协议之后开展，尽职调查的主要内容如下：

1. 企业业务的尽职调查

企业业务的尽职调查主要包括私募股权资本投资机构对中小企业发展历

---

① 张殿辉：《私募股权投资基金项目尽职调查问题研究》，硕士学位论文，天津工业大学，2017年。

② 本部分资料引自金东：《尽职调查实例分析》，《新会计》2011年第11期，第55、23页。

史、所处的行业背景资料、企业经营范围、竞争对手占有市场份额、产品研究开发策略以及产品或服务的销售与促销等方面的调查，见表5-2。

表5-2 企业业务的尽职调查表

企业发展历史调查	（1）企业注册日期、注册地点以及注册资本
	（2）企业股权结构、下属企业及企业组织结构演变过程
	（3）企业过去的经营情况（包括产品、服务及市场情况等）
企业所处的行业背景资料	（1）国内该行业的发展情况
	（2）国际、国内有关产业政策及可能发生的产业政策变化
	（3）该行业的市场竞争程度
	（4）国外该行业的发展情况
	（5）国际、国内该行业市场情况
企业经营范围调查	（1）主要产品及服务（包括产品、服务类别清单等）
	（2）市场结构（各产品的市场定位、消费群体、产品市场占有率）
	（3）主要客户（名称、地址、联系方式以及应收账款情况）
	（4）下属企业或部门的经营范围
竞争对手占有市场份额调查	（1）企业主要竞争对手产品的市场规模
	（2）企业主要竞争对手的市场份额分布与增长潜力
	（3）企业对竞争者市场份额的估计与企业产品的主要竞争对手名单
	（4）企业产品价格与竞争对手产品价格的比较
	（5）企业产品分销渠道及促销手段与竞争对手的比较
产品研究开发策略调查	（1）企业主要产品技术发展方向、企业的核心技术
	（2）企业研究开发实力
	（3）企业技术开发人员的情况
	（4）企业研发项目的组织、规划管理及控制描述
	（5）企业对外合作情况
	（6）企业目前自主拥有的专利技术情况
	（7）企业新产品的开发周期
	（8）企业每年投入的研究开发费用及占企业营业收入比例
	（9）企业产品进入市场的障碍
	（10）企业未来计划研究开发的新技术和新产品

续表

产品或 服务的 销售与 促销调查	(1) 企业产品国内外销售市场开拓及销售网络
	(2) 企业产品国内销售情况
	(3) 企业产品国内外销售情况
	(4) 企业产品的营销手段
	(5) 企业的赊销期限一般多长，赊销部分占销售总额的比例多大
	(6) 代理销售协议范本代销条件
	(7) 企业为消费者提供哪些售后服务，具体怎样安排等

2. 生产过程与生产设施的调查

生产过程与生产设施的调查主要包括对中小企业生产设施调查、生产过程调查、质量调查、环保问题调查，见表5-3。

表5-3　生产过程与生产设施的调查表

生产 设施 调查	(1) 企业厂房、生产设施与用地说明
	(2) 企业设施布局与环境状况
	(3) 企业主要设备、房产等资产的成新率和剩余使用年限
	(4) 企业机器、设备、工具维修维护情况
	(5) 企业机器、设备、工具的所有权
	(6) 企业特许经营权的取得、期限、费用标准等
	(7) 企业关键设备、厂房等重要资产的保险合同
生产过程 调查	(1) 企业原材料、动力、燃料的比重及价格的变动趋势
	(2) 企业产品的生产规范与流程
	(3) 企业特有的生产工艺设施与工艺技术
质量调查	(1) 企业产品、服务质量保证计划
	(2) 客户投诉记录、退货记录
环保 问题 调查	(1) 企业生产工艺是否符合环境保护相关法规
	(2) 目标企业排污的许可证
	(3) 废水、废气、废渣的排放处理报告
	(4) 环境评估顾问实地检测报告
	(5) 土壤、地下水检测化验报告

3. 企业财务状况的调查①

企业财务的调查主要包括历史财务报表分析考查以及未来5年财务预测，见表5—4。

表5—4　企业财务的调查表

历史财务报表分析考查	损益表	(1) 企业主营业务收入、其他业务收入确认政策
		(2) 企业营业成本、管理费用、财务费用和销售费用明细
		(3) 企业营业利润构成考查
		(4) 企业利润总额的构成
		(5) 企业的利润分配调查
		(6) 企业的税负调查
	现金流量表	(1) 企业经营活动产生的现金流入、流出分析
		(2) 企业投资活动产生的现金流入、流出分析
		(3) 企业筹资活动产生的现金流入、流出分析
		(4) 企业现金流量构成分析
		(5) 企业现金流量表与损益表、资产负债表比较分析
	资产负债表	(1) 考查核实企业流动资产余额及本期变动情况
		(2) 长期投资明细及长期投资管理办法
		(3) 固定资产明细及相关管理措施、折旧政策等
		(4) 无形资产及其他资产明细
		(5) 流动负债明细
		(6) 长期负债明细
		(7) 应付债券明细
		(8) 所有者权益（或股东权益）明细
未来5年财务预测		(1) 企业的经营计划（未来5年）
		(2) 损益表预测（未来5年）
		(3) 现金流量表预测（未来5年）
		(4) 资产负债表预测（未来5年）
		(5) 现金管理制度

---

① 周炜：《解读私募股权基金》，机械工业出版社 2008 年版，第 127 页。

4. 企业组织与管理

企业组织与管理的尽职调查主要包括对中小企业组织、管理层、员工、报酬结构等方面的尽职调查，见表5—5。

表5—5 企业组织与管理表

	（1）企业章程及其规范运行情况
组织	（2）企业上下级关系描述
	（3）下属企业所有权、少数投资及合资企业
	（1）企业高管人员的任职情况及任职资格
	（2）企业管理人员的结构及稳定性
管理层	（3）企业管理人员的酬金与雇佣合约
	（4）高管人员的人员素质、经历及行为操守
	（5）高管人员的胜任能力和勤勉尽责
	（1）企业员工的分布状况
	（2）企业员工的年龄、教育水平的分布情况
员工	（3）企业人事政策及程序手册
	（4）企业人员流动统计
	（5）企业人员关键人员的调查
	（1）企业报酬制度调查
报酬结构	（2）企业奖励制度调查
	（3）企业退休与养老金计划调查

5. 风险因素及其他重要事项调查

风险因素及其他重要事项调查主要包括对中小企业经营风险及其他方面的尽职调查，见表5—6。

表5—6 风险因素及其他重要事项调查表

	（1）经营风险、流动性风险、偿债风险、销售风险、技术风险
风险因素调查	（2）主要资产减值准备计提不足的风险、主要资产价值大幅波动的风险、净利润大幅波动的风险
	（3）企业法人治理结构是否完善、是否依法成立。是否存在重大担保、诉讼、仲裁及行政处罚等或有事项导致的风险
	（4）自然灾害、安全生产、汇率变化、外贸环境

续表

其他调查	（1）重大合同
	（2）法律尽职调查、诉讼和担保情况
	（3）与政府监管部门的情况及所需的批准概况
	（4）信息披露制度的建设和执行情况
	（5）中介机构执业情况

表5—2、表5—3、表5—4、表5—5、表5—6的资料、数据引自孙惠新：《风险投资制度创新论》，博士学位论文，东北财经大学，2003年。

以上私募股权资本投资的尽职调查清单提纲已经较好地融合几个方面的尽职调查及其主要内容，但在实际操作中此尽职调查清单并不能够完全照搬运用，还要应针对不同行业及不同中小企业的不同特点进行具体设计，以确保私募股权资本投资取得成功。

（三）尽职调查的重点

1. 创业团队。私募股权资本投资与其说是投企业，不如说是投创业团队。私募股权资本投资机构向中小企业投入私募股权资本后，不可能向每个中小企业派出管理人员。私募股权资本投资成功最为关键的因素是人，一个好的中小企业最关键的是他的创业团队，因为只有好的创业团队才能带领中小企业做大做强。在一定程度上，私募股权资本投资机构对中小企业的投资建立在对创业团队的信赖基础之上。私募股权资本投资机构不会对一个创业团队平庸的中小企业进行投资。一个原本创意不错的项目，如果创业团队平庸，则会毁掉优秀的创业计划，让中小企业陷入"泥潭"；相反，一个即使不是太成熟的项目，如果创业团队优秀，则会运营好创业计划①，让中小企业步入健康的发展轨道。对于离职的中小企业创业团队成员，要及时了解其离职的原因，要了解该成员离职对中小企业成长与发展产生的影响；对新增的中小企业创业团队成员，要了解该成员的背景和经历，要了解该成员的加入对中小企业成长与发展的作用。

---

① 刘洋、肖阳：《论我国天使投资风险预警之尽职调查》，《湖北工业大学学报》2013年第3期，第37—40页。

2. 商业模式。中小企业的商业模式是私募股权资本投资机构关注的重要因素。相对于其他财务指标如利润率等，商业模式才是中小企业的核心竞争力。并且，中小企业所拥有的商业模式和独特技术在市场中应该是不能被轻易复制和模仿的，至少在短期内要维持相当的竞争优势。好的商业模式具有三个特点：一是多赢互利，持久盈利；二是独特新颖，不易复制；三是磨合摸索，适配应变①。

（四）所处行业

私募股权资本投资的决定性因素是行业因素。中小企业所处行业是技术创新潜力巨大、市场发展前景广阔的行业，则会受到私募股权资本投资机构的青睐。但私募股权资本投资机构需承担的风险巨大，所要求的投资回报也相应很高（如表 5－7 所示）。作为私募股权资本投资机构，需要通过尽职调查来了解中小企业所处的行业的发展趋势②。例如，经过我们的调查，达晨创业投资有限公司投资主要集中在 TMT、智能制造与机器人、节能环保、消费服务、医疗健康、军工、现代农业等七大行业领域。

表 5－7　2016 年 1 季度 VC/PE 支持的中国企业账面投资回报统计

	上市地点	平均账面投资回报（倍）
海外市场	香港主板	5.60
	纳斯达克证券交易所	2.54
	平均	4.24
境内市场	上海证券交易所	2.36
	深圳中小板	2.25
	深圳创业板	2.06
	平均	2.28
平均		2.61

资料、数据引自吴蒙：《2016Q1 仅 36 家中企上市，A 股注册制踩刹车，新三板继续高歌猛进》，2016 年 4 月 12 日，2016 年 6 月 11 日，http：//www.jiemian.com/article/605647.html。

---

① 曾云：《海外并购中知识产权尽职调查之重点》，《电子知识产权》2010 年第 6 期，第 27—30 页。

② 刘洋、肖阳：《论我国天使投资风险预警之尽职调查》，《湖北工业大学学报》2013 年第 3 期，第 37—40 页。

第二节　私募股权资本投资的经济学分析

私募股权资本投资表示私募股权资本投资机构将从私募股权资本投资者手中募集的私募股权资本投资到具体的中小企业的过程，从而与中小企业形成一定的契约关系，货币资本向产业资本的转化，确定为私募股权资本运动的第二阶段——投资阶段。中小企业获得私募股权资本后要合理有效地配置资源、开发新产品、购买生产资料、盖厂房和添置机器设备、招聘科技人员与管理人员和开拓新渠道等。私募股权资本投资阶段的重要特征主要表现在以下几个方面：

一、私募股权资本分成两部分

私募股权资本投资阶段是私募股权资本投资机构将募集到的私募股权资本向中小企业输出的过程。在《资本论》中用 A 表示劳动力，用 Pm 表示生产资料，那么所要购买的商品额 $W=A+Pm$。因此，从内容来看，$G—W$ 表现为 $G—W=A+Pm$；就是说，$G—W$ 分成 $G—A$ 和 $G—Pm$；货币额 G 分成两部分，其中一部分购买劳动力，另一部分购买生产资料[①]。私募股权资本投资机构对中小企业进行投资后，中小企业也要投资相应的劳动力和生产资料。私募股权资本分成两部分，其中一部分用于支付劳动力的工资，另一部分用于购买生产资料。此外，私募股权资本还隐含一种量的关系，也就是说生产资料的数量和规模与劳动力的数量与规模要相适应，也就是马克思所说的"要购买的生产资料的数量和规模，必须足以使这个劳动量得到充分的利用。"[②]

---

① 马克思：《资本论（第二卷）》，人民出版社 2004 年版，第 32—33 页。
② 马克思：《资本论（第二卷）》，人民出版社 2004 年版，第 33 页。

二、私募股权资本有机构成的公式变为：$(C+C'):(V+V')$

私募股权资本有机构成仍然遵循 $C:V$ 的基本计算原则，对计算公式加以调整：作为技术的无形资产形态，我们可以把其量化为私募股权资本 C'，作为创造与管理的智能劳动形态，我们可以把其量化为私募股权资本 V'，这时的生产资本总额出现新的因素 $C'+V'$，这是由于私募股权资本运动所激发的。私募股权资本在生产资本阶段的总公式构成为：$C+V+C'+V'$，此时，私募股权资本有机构成的公式变为：$(C+C'):(V+V')$。技术的无形资产形态和创造与管理的智能劳动形态潜藏巨大的财富，"新生产过程"的本质是"新利润生产过程"[①]。进一步推出的结论是，中小企业私募股权资本融资获得的股权资本应加大对技术创新与管理人才以及技术人才的支持与投入。

三、不变资本 $(C+C')$ 与可变资本 $(V+V')$ 的比例要适当

马克思认为"生产资料的数量，必须足以吸收劳动量，足以通过这个劳动量转化为产品。如果没有充分的生产资料，买者所支配的超额劳动就不能得到利用；他对于这种超额劳动的支配权就没有用处。如果现有生产资料多于可供支配的劳动，生产资料就不能被劳动充分利用，不能转化为产品。"[②]马克思的这个观点同样适合分析私募股权资本。中小企业要决定将获得的私募股权资本，一部分用于支付职工工资（包括作为科技人员与管理人员的工资 V' 及作为一般工人的工资 V），一部分购买生产资料（包括科技含量较高的生产资料 C' 和一般生产资料 C）；所谓量的关系，即用于购买生产资料的私募股权资本与用于支付劳动力工资的私募股权资本有一定量的比例。这种量的比例关系，决定私募股权资本再生产中资本的有机构成，即不变资本 $(C+C')$ 与可变资本 $(V+V')$ 的比例 $(C+C'):(V+V')$。因此，要使内在的私

---

① 吕炜：《风险投资的经济学考察——制度、原理及中国化应用的研究》，博士学位论文，东北财经大学，2001 年。

② 马克思：《资本论（第二卷）》，人民出版社 2004 年版，第 34 页。

募股权资本循环得以顺利进行，必须保持购买生产资料（$C+C'$）的私募股权资本与用于支付劳动力工资（$V+V'$）的私募股权资本比例适当。马克思认为"一定的货币额，……转化为互相适应的生产资料和劳动力"。[1] 在私募股权资本投资阶段，购买生产资料的私募股权资本数量必须足以吸收用于支付劳动力工资的私募股权资本的劳动力的数量。如果支付职工工资的费用多，则购买生产资料的费用少；反之，则购买生产资料的费用多。这样，中小企业的生产经营都不能顺利进行。这种情况，对中小企业来说，必然造成私募股权资本投资的浪费。只有不变资本、可变资本二者根据相互需要适当结合，才是私募股权资本循环的正常要求。马克思在分析不变资本和可变资本时指出，只有活劳动（V）才能创造价值，它是宏观上分析私募股权资本运行的重要理论渊源。

基于以上分析，我们再来考察私募股权资本有机构成理论，就会发现私募股权资本有机构成有阶段性的动态变化与长期的动态变化[2]。

（一）私募股权资本有机构成的阶段性动态变化

假如，私募股权资本 G_{PE} 只影响 C 或 V 所带来的变化称为私募股权资本有机构成的阶段性动态变化。如当私募股权资本仅影响 C，设 $C=f$（G_{PE}），V 相对不变，根据上面的论述，这时私募股权资本有机构成为 $N=$（$C+C'$）$\cdot V$，私募股权资本有机构成提高则是阶段性变化；当私募股权资本仅影响 V，$V=F$（G_{PE}），C 相对不变，根据上面的论述，这时私募股权资本有机构成为 $N=C\cdot$（$V+V'$），私募股权资本有机构成降低则是阶段性变化。

（二）私募股权资本有机构成的长期动态变化

假如 G_{PE} 对 C 和 V 都发生影响所带来的连续性变化称为私募股权资本有机构成的长期动态变化，用 C_t 表示第 t 期不变资本的数量，C_{t-1} 表示第 $t-1$

①　马克思：《资本论（第二卷）》，人民出版社 2004 年版，第 33 页。
②　本部分以下内容引自马艳：《马克思主义资本有机构成理论创新与实证分析》，《学术月刊》2009 年第 5 期，第 68—75 页。

期不变资本的数量；V_t 表示第 t 期可变资本的数量，V_{t-1} 表示第 $t-1$ 期可变资本的数量。这时私募股权资本有机构成的变化趋势至少有三种情况：

1. 私募股权资本有机构成不变：

$$N = (C_t/C_{t-1}) : (V_t/V_{t-1}), (C_t/C_{t-1}) = (V_t/V_{t-1})$$

2. 私募股权资本有机构成降低：

$$N = (C_t/C_{t-1}) : (V_t/V_{t-1}), (C_t/C_{t-1}) < (V_t/V_{t-1})$$

3. 私募股权资本有机构成提高：

$$N = (C_t/C_{t-1}) : (V_t/V_{t-1}), (C_t/C_{t-1}) > (V_t/V_{t-1})$$

四、管理与技术被量化为私募股权资本

按照马克思的观点"商业经理和产业经理的管理工资，在工人的合作工厂和资本主义的股份企业中，都是完全同企业主收入分开的。管理工资同企业主收入的分离，在其他的场合偶然发生的，而在这里则是经常的现象。"[1]一般来说，有限合伙人 LP 出资 99% 货币资本，分享 80% 的投资收益。而普通合伙人 GP 出资 1% 货币资本与 100% 人力资本负无限责任，参与私募股权资本运行的管理，分享 20% 的投资收益，如图 5—1 所示。在这里，作为 GP 的管理劳动被量化为私募股权资本。图 5—2 显示，发明家自己持有 5/6 的股份，准备出售 1/6 的股份，募集资金，私募股权资本投资机构哥伦布公司投资持有发明家 1/6 的股份。双方创立雏形企业总股本 30 万美元。在这里，作为发明家的技术被量化为私募股权资本。

五、投资过程利润增长的倍增效应

一般来说，私募股权资本投资选择的投资对象是具有较好市场前景的创

①　马克思：《资本论（第三卷）》，人民出版社 2004 年版，第 436 页。

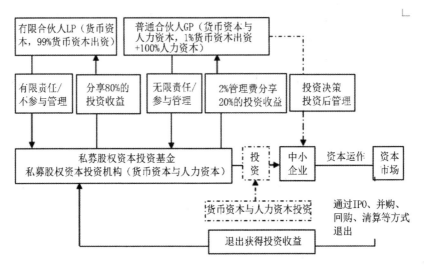

图5—1　管理被量化为私募股权资本的类型分析图

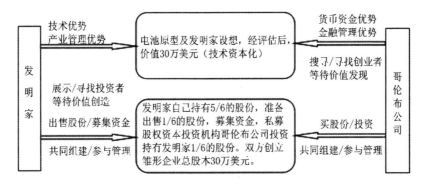

图5—2　技术被量化为私募股权资本的实例分析

图5—1、图5—2资料、数据、图片引自吕炜：《风险投资的经济学考察——制度、原理及中国化应用的研究》，博士学位论文，东北财经大学，2001年。

新型企业，私募股权资本投资机构在选择投资项目的同时，会根据市场环境与企业所处的发展阶段进行考虑，但是由于私募股权资本投资在我国发展时间较短，在很多情况下投资具有不确定性，因此私募股权资本投资仍然具有高风险性。为减少风险性对资本增值的影响，私募股权资本投资机构往往会考虑对利润增长较快的中小企业进行投资。因此，在私募股权资本具有高风险的投资情况下会带来高回报的投资相应。私募股权资本投资是一个完整的、连续的资本形态传递过程——"新生产过程"，其利润增长效应远超过普通投资领域的利润增长。我们用公式表示为：

（一）私募股权资本投资利润（L_{PE}）＝利息（L_1）＋普通投资利润（L_2）＋风险利润（L_3）。

（二）新型企业经营者利润（Ln）＝利息（Ln_1）＋经营一般企业利润（Ln_2）＋创新产品利润（Ln_3）。

从上面第一个公式中，我们可以看出，私募股权资本投资利润（L_{PE}）在扣除利息（L_1）普通投资利润（L_2）之后增加风险利润（L_3）；如果风险利润（L_3）不被全部消费掉，不管它下一个阶段是继续进行私募股权资本投资还是进行普通投资，都意味着全社会总投资增加。

从上面第二个公式中，我们可以看出，中小企业经营者利润（Ln）在扣除利息（Ln_1）、经营一般企业利润（Ln_2）之外，还增加一个创新产品利润（Ln_3）。只要（Ln_3）不被全部消费掉，就会促进全社会再生产规模的扩大[1]。由于私募股权资本投资效率是一个倍增的数量效应和连锁的质量提升过程，这必然会引起私募股权资本投资效率远远超过一般投资的效率，从而促进经济增长。这种经济增长秘密就在于私募股权资本的运动过程是高能量运动的过程，一个单位的私募股权资本比一个单位的普通资本的能量往往要大。在私募股权资本的运动过程，受过专业培训的科技人员、管理人员劳动创造的价值，比一般经理人与一般工人劳动创造的价值要大，这可以调动专业培训的科技人员与管理人员劳动的创造性与积极性。

第三节 私募股权资本投资信息不对称分析

我国的私募股权资本投资机构和中小企业之间的信息不对称现象在一定程度上存在。一方面，我国缺乏健全的信用体系，私募股权资本投资机构对中小

---

[1] 吕炜：《风险投资机制博弈潜在利润的原理分析》，《经济研究参考》2001 年第 12 期，第 2—15 页。

企业管理层的诚信水平、工作能力、努力程度及投资项目的投资收益、成本、风险等缺乏真实有效的信息；另一方面，我国的私募股权资本行业发展时间还比较短，大多数私募股权资本投资机构未能建立起完备的风险管理机制和项目筛选机制。因此系统地研究信息不对称对私募股权资本投资有重要意义。

一、私募股权资本投资中信息不对称的表现形式

在私募股权资本投资阶段，私募股权资本投资机构要选择具有良好发展前景的中小企业进行投资以获得高额的收益来回馈私募股权资本的供给者。在私募股权资本投资阶段，私募股权资本投资机构在选择合适的中小企业时，也面临着信息不对称的问题，中小企业为获得私募股权资本投资机构的股权资本，往往夸大自己在项目前景、技术水平以及市场发展等方面的潜力，有时甚至提供虚假信息。此外，中小企业对于私募股权资本投资机构的资本运作能力的了解有限，在这方面处于信息劣势，导致中小企业很难选择最优秀的私募股权资本投资机构。依据投资协议签订的前后，在私募股权资本投资机构与中小企业之间，存在着两种类型的信息不对称：事前信息不对称与事后信息不对称[①]。

（一）事前信息不对称与逆向选择

在投资协议签订以前，作为代理人的中小企业拥有比作为委托人的私募股权资本投资机构更多的有关中小企业内部的信息，私募股权资本投资机构与中小企业之间的信息是不对称的。例如，私募股权资本投资机构很难全面了解中小企业的经营能力、项目的可行性。

1.关于中小企业的经营能力。由于中小企业的经营能力在大多数情况下是私人信息，私募股权资本投资机构直接了解中小企业经营管理能力有一定的难度，而且中小企业所提供的资料只显示自己的优点，从而将真实信息隐藏。

---

① 隋振婷：《中国风险投资市场发展中的政府作用研究》，博士学位论文，辽宁大学，2012年。

2. 关于项目的可行性。中小企业对于项目本身的发展潜力和市场前景、对投资项目成功的可能性与实际风险状况等方面具有信息优势。而私募股权资本投资机构对于投资项目的这些具体信息了解并不充分。因此，中小企业往往能比私募股权资本投资机构做出更准确的判断。中小企业为获得私募股权资本投资机构的投资可能会夸大其所研发产品的技术含量，夸大产品成功的可能性，同时也夸大产品的创新程度与市场前景。而私募股权资本投资机构要想获得这方面的真实信息，往往需要较高的时间成本[1]。

在投资阶段，中小企业管理者掌握的投资项目的信息要比私募股权资本投资机构掌握的多，往往能比私募股权资本投资机构做出更准确的预测。私募股权资本投资机构只能知道中小企业的平均经营水平，很难知道每个具体中小企业的经营水平，而中小企业对自身的经营水平很了解，因而信息是不对称的。作为代理人的中小企业的经营能力在大多数情况下是私人信息，很难被私募股权资本投资机构直接了解。由于信息不对称，私募股权资本投资机构只愿按中小企业的平均经营水平来进行投资。于是对于自身平均经营水平高的中小企业来说，就会认为自己的经营水平被低估，而这些中小企业选择其他融资方式的成本较低，结果是它们拒绝接受私募股权资本投资退出市场。只有那些自身平均经营水平不高的中小企业，由于其选择其他融资方式的成本可能大于私募股权资本投资机构的回报要求，就会接受这一价格。这样，一方面，导致能力高的中小企业因资金成本太高而离开私募股权资本市场选择其他融资渠道；另一方面，给潜在的不诚实的中小企业歪曲信息提供了机会，使他们能够"包装"各项数据和材料，以漂亮的计划书等方式来吸引私募股权资本投资机构的注意，进行信息欺诈，以虚假项目骗取私募股权资本投资机构的资本，而市场上留下的是能力较差的中小企业与质量不高的投资项目，这就是所谓的私募股权资本投资中的"逆向选择"现象。私募股权资本投资机构和中小企业之间的信息不对称，往往导致在投资行为发生之前的"逆向选择"现象[2]。

① 施敏：《信息不对称、投资决策与融资方式选择的实证分析》，硕士学位论文，南京理工大学，2014 年。

② 文先明：《风险投资中信息不对称及风险分析研究》，博士学位论文，中南大学，2004 年。

（二）事后信息不对称与道德风险

在私募股权资本投资协议签订之后，私募股权资本投资机构向中小企业投入股权资本，中小企业在了解企业的日常运行状况、企业家的努力程度和努力方向以及市场情况、技术水平发展等方面具有信息优势。事后信息不对称主要是看中小企业的努力程度。私募股权资本投资机构观察到的只是中小企业的经营概况与动向，很难对中小企业的行为进行有效监督和准确判断。因而，信息是不对称的。私募股权资本投资机构作为委托人而中小企业作为代理人，双方构成委托—代理关系。在委托人和代理人利益不一致的情况下，代理人会放弃委托人的利益目标而追求自己的利益最大化[①]。

在私募股权资本投资阶段，作为委托人的私募股权资本投资机构的利益要靠代理人中小企业的行动来实现。在私募股权资本投资机构选定中小企业并给予其投资后，中小企业以其效用最大化为目标，这与私募股权资本增值最大化的目标不同。目标的冲突导致行为和利益的冲突。首先，私募股权资本投资机构对中小企业的管理层是否足够努力地工作和做出的决策不能实现完全监督，对中小企业的某些信息无法完全掌握，这时中小企业就可能做出一些对私募股权资本投资机构不利的行为，例如：偷懒、机会主义[②]、财务状况造假、高风险的投资决策等。这时，便会产生私募股权资本投资的道德风险问题。私募股权资本投资机构即使参与被投资中小企业的管理，也不可能像中小企业那样从事企业的日常管理工作，这就给中小企业向私募股权资本投资机构隐瞒自己的行为和其他信息提供可能，且其状态和行动保持着非核实性和非观测性。在投资阶段，私募股权资本投资机构很难直接观察到中小企业的行动，私募股权资本投资机构所能观察到的只是一些其他变量，这些变量至少部分得由中小企业的行动所决定。私募股权资本投资阶段的道德风险是由私募股权资本投资机构和中小企业之间的委托—代理关系产生的。道德风险来源信息不对称，而信息不对称又是因为私募股权资本所有权和经营

---

① 程文红：《信息不对称与风险投资的契约设计》，博士学位论文，复旦大学，2003 年。
② 赵忠义：《私募股权投资基金监管研究》，中国金融出版社 2011 年版，第 58 页。

权的分离导致私募股权资本投资机构没有深入到中小企业的经营管理中所致。因此，要防范和控制中小企业的道德风险，关键在于改善私募股权资本投资机构与中小企业之间的信息不对称状况。因此，对中小企业采取适当地干预和监督政策，使私募股权资本投资机构与中小企业之间的信息对称化，可以消除或降低私募股权资本投资阶段的道德风险。当前，消除或降低私募股权资本投资阶段的道德风险最有力的治理手段是分阶段投资①。

二、私募股权资本投资中信息不对称的克服

从以上分析，我们可以看出：在私募股权资本投资阶段，"逆向选择"与"道德风险"是经常发生的。如果信息不对称发生在私募股权资本投资签约前，那么中小企业的机会主义行为就会引发"逆向选择"问题；如果信息不对称发生在签约后，那么中小企业的机会主义行为就会引发"道德风险"问题。因此，有必要在私募股权资本投资机构与中小企业之间建立必要的激励与约束机制。私募股权资本投资成败的关键是投资决策是否科学，而科学合理的私募股权资本投资决策需要一套有效健全的契约机制来约束中小企业的行为。因此，现阶段私募股权资本投资要解决的一个核心问题是私募股权资本投资机构与中小企业两个利益主体如何有效地规避"逆向选择"与"道德风险"等代理问题，以便私募股权资本投资收益得以最大化实现，投资效率得以更大的提高。摆在私募股权资本投资的参与主体面前的首要问题就是如何控制和减小风险、扩大收益②。

（一）激励机制

如何防范私募股权资本投资中的"道德风险"，关键是私募股权资本投资机构要设计一套有效的私募股权资本投资契约。私募股权资本投资契约的安

①　卓越：《风险投资治理机制研究：基本人力资本的视角》，中国社会科学出版社 2006 年版，第 27 页。

②　李君：《"自利"原则下的风险投资委托代理之博弈探讨》，《会计之友》2014 年第 11 期，第 79—82 页。

排中，适当的约束与激励机制可以有效地激发中小企业向有利于私募股权资本投资机构目标的方向努力，从而减少私募股权资本投资中的"道德风险"。对私募股权资本投资机构来说，如何根据这些观测到的变量来设计激励机制鼓励中小企业为私募股权资本的增值付出最大的努力，这是防范"道德风险"最关键的问题[①]。

私募股权资本投资过程是一个私募股权资本投资机构和中小企业博弈的过程，是一个私募股权资本投资机构和中小企业不断进行讨价还价的过程。因为信息不对称性，由此导致的"道德风险""逆向选择"问题相对于其他投资形式更为明显和强烈。私募股权资本投资市场上的非对称信息主体包括私募股权资本投资机构与中小企业。在私募股权资本投资过程中，私募股权资本投资机构通过向中小企业进行投资而获取股权；中小企业则在市场上获得私募股权资本投资机构的股权资本。这使得私募股权资本投资机构与中小企业内部管理人在目标上趋于一致，从而避免私募股权资本投资中的事前信息不对称与事后信息不对称。

（二）确定适当的股权比例

私募股权资本投资机构在中小企业整个股权份额中所占股权比例意味着是否掌控中小企业决策中的话语权和控制权，具体何种方式会被采纳，则有待于私募股权资本投资机构与中小企业的博弈。私募股权资本投资机构应确定一个合理的私募股权资本投资股权比例，以免私募股权资本投资机构在中小企业整个股权份额中所占股权比例太小失去在中小企业决策中的话语权（如表5—8所示）。私募股权资本投资机构可以引导中小企业降低持股比例，使私募股权资本投资机构增持中小企业的股权份额。应该在中小企业上市前重组，努力创造私募股权资本投资机构与中小企业的有效制衡的股权结构，最终推动中小企业上市。此外，控制权源于中小企业实际控制人所掌控的各类资源。对于中小企业而言，最重要和具有实质意义的是控制权，中小企业的资源配置方向及其形式完全取决于中小企业控制权的掌握者，谁掌握中小

---

① 黄亮：《我国文化产业投资基金研究》，博士学位论文，中国艺术研究院，2013年。

企业的控制权，中小企业的行动就体现谁的意志和利益。控制权的分配是私募股权资本投资的一个核心问题。如何逐步配置中小企业和私募股权资本投资机构之间的权利就变得非常重要[①]。

表 5—8 几家上市企业私募股权资本投资情况统计

名称	板块	招股日期	有无私募股权资本支持	私募股权资本投资机构名称	私募股权资本投资机构持股比例（是不含公众股上市前的数据）
红日药业	创业板	2009/10/9	有	天创投	0.34%
九安医疗	中小板	2010/5/21	有	龙天公司（IDG）、同盛卓越	11.28%
瑞普生物	创业板	2010/8/27	有	中科岳麓、中科汇盈	5.7%
天汽模	中小板	2010/11/5	有	赛富天津、天保创投、海达投资、天创管理	9.20%
长荣股份	创业板	2011/3/11	有	天创投、天保成长	2.06%
津膜科技	创业板	2012/6/13	有	高新投、中信建投资本	24.14%

资料、数据引自张杰、张兴巍：《私募股权基金发展转型与创新研究——基于天津私募股权基金行业的分析及启示证券》，《市场导报》2014年第10期，第53—60页。

（三）分阶段投资策略

为防范私募股权资本投资风险，私募股权资本投资机构可以分阶段投资，而不是一次投资。分阶段投资即私募股权资本投资机构不是一次性地向中小企业投入全部股权资本，而是根据中小企业的经营和财务状况分阶段投入股权资本。私募股权资本投资机构对经营情况良好的中小企业加大投资，对经营情况一般的中小企业则要中断投资[②]。分阶段投资可以最大限度地降低投资风险。私募股权资本投资机构在分阶段投资的同时，还可以要求中小企业也投入一定比例的配套资金，在亏损时要求其承担有限责任；在赢利时给予较高的利润分成。这些措施都可以防范私募股权资本投资机构对中小企业私募股权资本投资的风险。在私募股权资本投资过程中，投资是分阶段的，当目

① 于娟：《美国风险投资中的契约研究——兼论对我国风险投资相关法律制度的借鉴》，博士学位论文，吉林大学，2010年。
② 闫晓莉、姜振寰、吴冲：《基于代理问题的分阶段风险投资决策模型》，《哈尔滨工业大学学报》2003年第9期，第1150—1152页。

前项目的回报率超过或者满足私募股权资本投资机构的预期时，私募股权资本投资机构会对项目的下一阶段继续投入私募股权资本；反之，就中断投资。私募股权资本投资机构分阶段投资可以避免中小企业的股权一开始就稀释过大，这样可以激励中小企业。另一方面，中小企业发展不顺利，私募股权资本投资机构将给予中小企业严厉的惩罚[1]。

举例说明：一个私募股权资本投资机构准备向中小企业投资 4000 万元私募股权资本，并将在 3 年内完成投资。4000 万元不是一次投资而是分阶段投资，每一阶段只投资承诺总额的一定比例，剩余资本则按照契约要求分阶段投资。这种情况下，私募股权资本投资机构应提出一个分阶段投资计划。如在第一期，私募股权资本投资机构投资 25％，即私募股权资本投资机构向中小企业注入私募股权资本 1000 万元，用于管理班子建设、技术人员培训及发展规划的制定等。之后，私募股权资本投资机构通过对第一期投资的评估，如果认为可行就在第二期继续投资 25％，即私募股权资本投资机构向中小企业注入私募股权资本 1000 万元，用于产品的设计。最后，对第一期与第二期投资整体评估可行后，在第三期投资 50％，即私募股权资本投资机构向中小企业注入私募股权资本 2000 万元来生产产品和销售产品。

第四节　中小企业生命周期与私募股权资本投资

一、中小企业融资难及原因分析

改革开放以来，中小企业在促进经济增长、促进就业、推进创新、改善人民生活水平等方面具有重要的作用[2]，已成为国民经济中最活跃的部分。然而，我国大多数中小企业规模小，经营机制落后，劳动生产率总体水平偏低，

---

① 陈鑫：《私募股权分阶段投资决策运用研究》，《当代经济》2017 年第 34 期，第 34—37 页。

② 黎志明、宋劲松：《深圳创业板市场融资与投资》，中国经济出版社 2009 年版，第 8 页。

技术装备水平低，市场规划和开发能力弱，产品市场占有率低，抗风险能力弱，融资渠道窄，缺乏担保，难以从银行等金融机构获得足够的资金支持，导致其在国民经济和社会发展中的地位作用与其所获得的金融资源极不相称。Stieglitz & Weiss（1981）指出中小企业的融资困难根源是信贷市场的不透明性[1]。制约中小企业发展的最大瓶颈就是融资难，这是一个世界性的难题，而私募股权资本的最主要的作用就是它能成为中小企业超常发展的资金来源。目前来看通过发展私募股权资本有效运作对缓解中小企业的融资难有重大的意义，是破解中小企业融资难的有效途径。

（一）中小企业自身的原因

1. 中小企业产权模糊不清。由于多面的原因，我国一些中小企业产权模糊。从中小企业的所有制来看，在公有制领域里，既有国有的中小企业，又有集体所有的中小企业。此外，在非公有制领域里，有"三资"企业和个体企业、私营企业。有的中小企业是由家庭妇女互助组转变过来的；有的中小企业职工是带现金进来；有的中小企业职工是以劳动资料进来；有的中小企业是由手工合作社改造过来的。导致中小企业的产权更是模糊不清，无从区分与计量[2]。

2. 中小企业缺乏竞争力。我国一些中小企业资源利用率低，环境污染严重，安全隐患多[3]。占优势地位和主导地位的产业仍是一些劳动密集型产业，我国中小企业很难与国有大中型企业竞争，发展前景不佳。无论是银行还是私募股权资本投资机构都不会将资金投入缺乏竞争力与发展前景的中小企业。此外，我国大多数中小企业基本上没有固定资产可用于贷款抵押，提供一定数额的实物资产抵押存在很大的难度。

3. 中小企业财务制度极不健全。目前，我国的大多数中小企业的投资者

---

① Stieglitz J. E. ，Weiss A. ，"Credit rationing in markets with imperfect information"，The American economic review，1981，Vol. 71，No. 3，pp. 393—410.

② 鹿鑫、赵靖：《我国中小企业法律保护问题研究》，《西南农业大学学报（社会科学版）》2010年第6期，第63—65页。

③ 张永敬：《刍议我国中小企业发展面临的困境与突破》，《经济研究参考》2012年第23期，第91—93页。

往往就是经营者，集经营、管理与决策于一身，大多中小企业缺乏规范的会计制度。在这种管理模式下，一些财会人员素质不高，一些中小企业的经营者连最基础的财务会计知识也不懂。再加之中小企业人力与物力有限，内控制度不严，致使一些中小企业财务管理混乱的现象普遍存在，少数中小企业有"两本账""三本账"来应付不同部门的检查，一些中小企业缺乏经会计师事务所审计过的财务报表。更有甚者，极少数中小企业出于逃避税收的目的而隐瞒其真实的财务信息[1]。

4. 中小企业人才缺乏。由于中小企业成立时间短、经营规模较小、工作待遇较差而且缺乏必要的社会保障，导致人才流动频繁。此外，我国一些中小企业的员工缺乏对中小企业的认同感，往往造成个人价值观与企业理念的错位，使得中小企业人才缺乏，这从根本上制约了中小企业的发展。

（二）金融机构的原因

中小企业对金融服务的需求具有多样性和多层次性。例如，在当前的中小企业发展过程中呈现资金用途的多样化，融资需求的多样化，业务种类多样化的趋势。在现行法规的限制下，中小企业融资渠道主要渠道就是银行。但由于我国的中小企业量大面广、起点不高，信息不完全、不对称。此外，中小企业还存在财务管理不透明、经营风险较高、信用等级较低等因素，再加上，我国担保体系不完整，传统的金融机构防范金融风险的"担保"措施在有效降低违约风险的同时，也极大地加剧了我国中小企业融资难[2]。对于中小企业来说，取得金融机构的贷款很难，主要表现为担保难，中小企业很难找到合适的担保人，因此金融机构一般不愿意承担风险，给中小企业放款。从金融机构的运营特点来看，金融机构行为的商业化会进一步强化其风险意识，这就导致金融机构对中小企业的"惜贷""慎贷"。按照信贷配给理论，那些能够提供充足抵押的企业或项目才能得到金融机构尤其是大银行的放贷。

---

① 林音孜：《中小企业财务管理存在的问题及对策研究》，《管理观察》2015 年第 28 期，第 134—135 页。

② 谢世清、李四光：《中小企业联保贷款的信誉博弈分析》，《经济研究》2011 年第 1 期，第 97—111 页。

与大型企业相比，中小企业在获得金融机构支持方面处于弱势地位。

（三） 中小企业股票融资难

在我国的股票市场上，为保护投资者的利益，申请股票上市融资的门槛高。对中小企业发行股票的最大障碍是对企业经营业绩与规模限制。现阶段，我国大多数中小企业难以达到发行股票的条件指标。虽然有些中小企业通过收购股权、控股上市公司，达到买"壳"或借"壳"上市融资的目的，有些中小企业通过股份制改造、发行股票直接进入股市融资，这为中小企业创造了直接融资方式。但是从发展趋势来看，能争取到这些机会的是那些发展前景较好、技术创新能力强、具有自主品牌、规模较大、产品比较成熟、经营管理较好、经济效益较好的高新技术产业里的中小企业。我国大部分技术含量相对较低、依赖于低成本生产要素的劳动密集型中小企业很难像高科技型中小企业那样通过资本市场来解决融资难的问题①。

（四） 中小企业通过发行企业债券融资困难重重

长期以来，我国企业债券一般都是国有大中型企业在发行，绝大多数中小企业被挡在债券市场的门外。其主要原因是一些中小企业很难满足发行债券的条件与要求，进入债券市场的成本也高。此外，债券的利率水平较高，中小企业难以接受。这样我国的债券市场给中小企业的融资空间较小。

（五） 政府对中小企业的支持力度不够

1. 政府对中小企业融资问题重视不够。国有企业一直是我国经济发展的重头，在改革的过程中，国有企业特别是国有大型企业，更是受到政府的呵护。为搞活国有大型企业，政府出台的一系列与之相关的优惠政策，使其融资问题已经在不同程度上得到解决。政府"抓大放小"的方针，有时甚至把中小企业排除在政府的政策之外，缺乏配套的专门为其提供金融服务的优惠

---

① 陈红：《促进民营经济与资本市场对接的制度创新选择》，《金融发展研究》2004年第1期，第3—5页。

政策，这在客观上制约中小企业的融资能力[①]。

2. 专门为中小企业提供融资服务的机构不健全。主要表现在：（1）高水平的社会中介机构发展缓慢，提供的咨询服务缺乏权威性；（2）缺乏统一的中小企业服务管理机构，提供的融资服务不到位；（3）担保难的问题显得尤为突出。（4）专门为中小企业提供金融支持的中小金融机构发展缓慢[②]。

3. 缺乏完善的法律法规保障。目前，我国有关中小企业发展的法律环境还不完善，在客观上加剧金融机构对中小企业的"恐贷"心理。

从上面的分析可以看出，私募股权资本进入中小企业不仅是必要的，更是必需的。私募股权资本投资在一定程度上能缓解中小企业的融资困境，私募股权资本能使处于不同发展阶段的中小企业有机地与多层次资本对接起来。对中小企业来说，私募股权资本所带来的不仅仅是资本，更具意义的是，私募股权资本投资机构为中小企业提供投资后管理与增值服务。私募股权资本不仅能满足中小企业的资本需求，还能为其提供增值服务，也就是说这种私募股权资本具有"融资"兼"融智"的双项效果[③]。这就使得私募股权资本投资能够为中小企业发展提供新的融资渠道。对私募股权资本机构来说，私募股权资本投资机构对于中小企业规模如何、是否具有担保等因素考虑较少，主要以中小企业成长潜力和效率作为投资考察点。因此，中小企业快速成长所能带来的巨额利润正是其存在和发展的最为关键的基础，两者之间存在着一种"捆绑"关系。

二、私募股权资本对中小企业的促进作用

中小企业自身的运行特点决定中小企业很难从正规金融机构获得资金。适度发展私募股权资本市场，能够在这方面起到一定的促进作用。通过吸引资深

---

① 刘志强、陈言：《我国中小企业融资困境及对策》，《学习与探索》2018 年第 8 期，第 149—155 页。

② 孙天琦：《面向中小企业的贷款动员信用担保及其风险防范》，《西北大学学报（哲学社会科学版）》2001 年第 1 期，第 34—42 页。

③ 苏薪茗：《私募基金行业的发展转型》，《中国金融》2017 年第 10 期，第 73—75 页。

私募股权资本投资机构投入股权资本，能在一定程度上降低中小企业的融资成本。特别是对于正规金融力量薄弱的中西部地区中小企业的发展，在未来几年内，私募股权资本将会发挥重要的作用。通过研究私募股权资本在解决中小企业融资问题的作用，根据我国的现实状况提出适合于我国实际的解决方案及思路，以扫除制约我国中小企业融资的障碍因素，促进我国经济发展，增强经济活力。随着我国私募股权资本的快速发展，私募股权资本以其融资的灵活性以及低成本、低门槛等优势迎合中小企业对新型融资方式的需求[①]。私募股权资本不仅能给企业带来所需的资金，而且还能给企业带来先进的管理经验和管理技术等益处。中小企业采取私募股权资本融资的优势有以下几点：

（一）私募股权资本无需公开募集，这就减少交易过程中的相关费用。同时私募股权资本不需要像银行贷款那样需要抵押担保，也无附加的契约条款，这也就降低了融资过程中的利息成本和抵押成本，减轻中小企业的融资负担。

（二）私募股权资本能够优化中小企业的股权结构，增加所有者权益，降低中小企业的负债率，使中小企业的负债率保持在一个合理的范围，也可以调整股权和债权的合理搭配[②]。此外，私募股权资本投资机构之所以对中小企业进行私募股权资本投资，看重的是中小企业的竞争力和发展前景。如果是一些私募股权投资机构以股东的身份参与到中小企业日常管理中，就能将先进的管理理念和风险管控手段等引入到中小企业的生产经营中，无形之中提高中小企业的抗风险能力与获利能力，这为中小企业以后健康持续的发展奠定了坚实的基础。

（三）通过私募股权资本融资能够改善中小企业的治理结构。治理结构对中小企业的可持续发展起着至关重要的作用，不合理的治理结构很可能导致企业被淘汰出局。这种战略性的融资不仅可以帮助企业改善股本结构，吸引高素质人才，同时还可以通过建立股权激励机制解决员工激励等问题。

（四）私募股权投资机构能给中小企业带来先进的经营管理理念，给中小

---

① 梁家全、陈智鹏：《美国 JOBS 法案对中国证券发行制度改革的启示》，《金融理论与实践》2014年第 4 期，第 75—80 页。

② 顾宁、孙彦林：《私募股权基金与中小企业股权结构优化研究》，《经济视角》2014 年第 9 期，第 62—66 页。

企业提供全面的技术、财务以及管理等方面的支持，从而使中小企业的管理生产水平有一个质的提高，中小企业在获得私募股权投资机构的全方位支持后，能更高效的运转，从而提高业绩，随之带来的是中小企业内在价值、外在表现的大幅提升。

三、中小企业的生命周期与私募股权资本投资

根据中小企业的成熟程度，私募股权资本投资机构一般将中小企业的生命周期划分为五个阶段：种子期、初创期、扩张期、成熟期和重建期[①]。作为广义的私募股权资本投资，有时还要考虑中小企业的重建和并购过程。发展私募股权资本可以满足中小企业不同发展阶段的资金需求，有利于中小企业的成长与发展，进而有利于提升中小企业的自主创新能力（主要包括技术创新、品牌创新以及管理创新等）。具体而言，中小企业各阶段的融资策略可做如下安排：

（一）种子期（seed stage）

在种子期，中小企业的产品或服务还没有完全开发出来，中小企业生产的不是产品，只是实验室成果、样品和专利。此时，中小企业的营销模式尚未确立，管理团队尚未正式组建。这阶段的资金需要量很少，这个时期的私募股权资本称作种子资本（seed capital），其来源要有个人积蓄、家庭储蓄、家庭财产、朋友借款、申请自然科学基金，或者来源政府和其他机构的部分种子资金，如果还不够，则会寻找专门的私募股权资本投资机构。在种子期，私募股权资本投资风险较大。此阶段需要的资金量相对较少，以产品为例，从产品创意的酝酿，到实验室样品，再到粗糙样品，一般由中小企业家自己解决。由于其自身资金实力的限制，要转化可消费产品或实用物品还需要寻找新的投资渠道。私募股权资本投资机构对于此阶段的中小企业投资将面临

---

① 蔡苓：《破解我国中小企业融资难问题研究——基于商业银行"投贷联动"视角的分析》，《上海经济研究》2016 年第 3 期，第 83—95 页。

众多风险，如技术风险、管理风险、市场风险、财务风险、团队风险和创业企业家道德风险等①。此阶段比较适合天使资本进行投资，一般不建议私募股权资本介入。

（二）初创期（start-up stage）

初创期指中小企业已经注册成立并有相应的办公场所，产品或服务处于试销或试用阶段。在初创期，中小企业产品或服务已经开发出来，但还处于试销阶段；营销模式还处于摸索之中，有初步的管理和经营团队。对于此阶段的中小企业，没有或仅有少量的销售收入，远远不能满足中小企业的技术开发、产品试销和渠道开发等支出，在内源资本不能满足其发展的情况下，特别需要私募股权资本的支持。在风险方面，技术风险变得相对较小，其他几种风险依然存在。此阶段建议私募股权资本投资机构仅注入少量私募股权资本进行投石问路②。

（三）扩张期（expansion stage）

扩张期指中小企业技术发展和产品进入大量生产的快速成长时期。可从以下三个特征进行识别：产品有一定的市场占有率；营销模式已经初步确立；管理团队基本稳定，管理模式基本形成。处于此阶段的中小企业一般销售收入大于销售支出，但由于市场需求量增大和扩大生产需要，急需大量资金投入生产经营和市场推广。由于企业现在尚没有形成足够的抵押资产和品牌声誉，一般较难争取到银行贷款，但形成系统的风险评价与控制体系的银行、担保等中介金融机构会择机而入，如国家开发银行、地方银行贷款支持和协会担保贷款等。针对扩张期中小企业的实际需求，私募股权资本投资机构同样通过设立母基金的形式，投资于以成长期中小企业为投资对象的发展资本、

---

①　谢胜强：《种子期风险投资项目的风险分布与风险控制研究》，《科学学与科学技术管理》2003年第 5 期，第 83—86 页。

②　庞跃华：《创业投资的制度研究》，博士学位论文，湖南大学，2011 年。

夹层资本等，为他们提供股权融资或股权/债权混合融资①。

（四）成熟期（mature stage）

成熟期的中小企业有以下三个特征：产品质量已达到同类产品中较高水准；营销模式非常成熟；管理团队稳定，管理理念形成。此阶段中小企业已经有足够的抵押资产和社会资信吸引银行贷款或企业发债等获得发展资金。成熟阶段是私募股权资本投资机构考虑退出的阶段。如果采取 IPO，则可协作进行相应上市培育、企业包装和正式上市，上市之日也是可以退出之日，由于中小企业已经过了快速增长时期，但不同的国家有不同的锁定期限制，私募股权资本投资机构还要陪同中小企业走上一段历程，有些私募股权资本投资机构甚至会较长时间持有中小企业一部分股份。建议私募股权资本投资机构在此阶段不要大量寻找此类中小企业，仅是作为投资组合或粉饰业绩而已。当私募股权资本走完以上四个流程，一般的中小企业和私募股权资本投资机构的"婚姻"就到此结束。对于成熟期的中小企业，发行股票（IPO）是募集资本最佳的途径之一，私募股权资本投资机构应考虑在时机成熟时及时退出②。

（五）重建期（reconstitution stage）

重建期指中小企业处于重建过程或进行并购阶段。我们可从以下三个方面对重建期的中小企业的特征进行识别：产品变得不适应市场需求；营销模式已经跟不上市场；由于中小企业成熟后，管理团队官僚化，管理体制不能适应市场变化，管理理念已经变得陈旧。处于此阶段的中小企业就需要进行重建或者成为行业内的横向一体化或纵向一体化的对象，私募股权资本投资机构就可联手管理层进行管理层并购（MBO）或导入外部投资者并购等③。这些策略的实施，要充分考虑国家的宏观经济走势与金融政策取向，要密切

① 英英、萨如拉：《金融工具创新之夹层融资——破解科技型中小企业融资难题的可选途径》，《中国科技论坛》2011 年第 3 期，第 67—72 页。
② 刘亮，秦青：《创业投资对创新的影响机制分析》，《东岳论丛》2011 年第 10 期，第 149—153 页。
③ 庞跃华：《创业投资的制度研究》，博士学位论文，湖南大学，2011 年。

跟踪拟投资或已投资中小企业的经营情况与资金使用状况。

总之，中小企业的生命力在于创新，而创新需要大量的资金投入。因此，私募股权资本投资机构要根据每阶段的具体情况来选择投资方式。中小企业在其生命周期的不同阶段，融资需求的特点是不同的。因此，私募股权资本投资机构根据中小企业生命周期的特征，充分考虑到中小企业每个阶段融资的实际需求，来确定投资策略。私募股权资本在我国尚处于发展初级阶段，政府应如何对相关的政策进行调整和完善，为中小企业融资提供便利，是本书所要研究的重点。

第五节 私募股权资本投资风险与防范策略

一、私募股权资本投资面临的风险

一般来说，在私募股权资本市场上，风险是私募股权资本投资收益的不确定性。私募股权资本投资风险是指私募股权资本投资由于受不确定因素的作用，使得私募股权资本投资的实际收益和预期收益发生偏离而导致私募股权资本投资损失的可能性。私募股权资本投资风险是指私募股权资本投资的预期收益变动的可能性及变动幅度。

（一）私募股权资本投资风险风险的分类

与私募股权资本投资相关的风险可分为系统风险和非系统风险两大类。如图 5－3 所示。

1. 系统性风险

系统性风险又称为客观风险，是由于私募股权资本投资外部不确定性因素引发的风险，私募股权资本投资机构与中小企业无法控制和无力排除系统性风险。私募股权资本投资的系统性风险主要有以下几类：

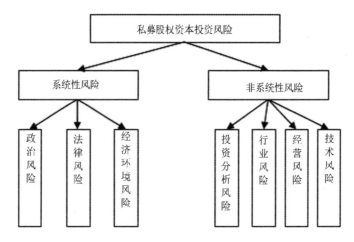

图 5-3 私募股权资本投资风险风险分类

（1）政治风险。政治风险是指私募股权资本投资项目所在地的政治局势和政策制度环境的不稳定，导致私募股权资本投资项目失败或损失的不确定性。例如，国家宏观政策变化以及经济发展战略的变化等。在任何私募股权资本投融资活动中，各参与主体都要承担来自投资项目的政治风险，主要包括政治革命斗争、政权更迭与外国侵略等，此外，还有官僚腐败、利益冲突、民族矛盾和宗教冲突、工人罢工与恐怖主义等。私募股权资本投资的绩效，除受一般市场因素的影响外，还要受到投资地区或国家政治因素的影响，一旦私募股权资本投资国家或地区出现政治动荡，私募股权资本投资将很难达到预期的收益①。在我国，政治风险也是私募股权资本投资机构与私募股权资本投资者需要关注的。我国政治形成相对稳定，政治风险主要体现在政策的变化上。

（2）法律风险。法律风险是指法律的不健全、缺乏法律保护、不完善或频繁调整与变化给私募股权资本投资机构与私募股权资本投资者所带来的不确定性。私募股权资本投资在国内的法律框架下还没有明确其定义，私募股权资本投资各方主体的权利与义务约定还没有明确的法律保障，法律、法规

---

① 王飞、刘雪梅：《中国投资哈萨克斯坦的经济政治风险》，《国际经济合作》2016 年第 2 期，第 28—34 页。

和条例不完善，有时相关法规变化很突然，给我国私募股权资本投资造成特有的法律风险。由于私募股权资本投资法律的缺位，使私募股权资本投资的发展得不到法律的保护，增加私募股权资本投资的风险[1]。

（3）经济环境风险。经济环境风险指经济领域中各种可能导致私募股权资本投资的风险。一般认为，经济周期大体包含复苏（Recovery）、繁荣（Prosperity）、衰退（Recession）和萧条（Depression）四个阶段[2]。私募股权资本投资根据经济周期的波动而出现周期性的变化。

2. 非系统性风险

非系统性风险是指私募股权资本投资机构或中小企业内部不确定性因素引发的风险。私募股权资本投资的非系统性风险主要有以下几种：

（1）投资分析风险。一般是指私募股权资本投资策略、投资规模、投资工具、投资阶段等方面的不确定性因素而导致的风险。在私募股权资本投资活动中，中小企业比私募股权资本投资机构更清楚投资项目成功的概率、企业的经营状况及出现风险的概率，这增加了私募股权资本投资策略、投资规模、投资工具、投资阶段等方面的不确定性，增加私募股权资本投资的风险，直接导致"道德风险""逆向选择"以及"敲竹杠"等问题的产生[3]。

（2）行业风险。一般是指私募股权资本投资中小企业所处行业的不确定性因素而导致的风险。中小企业所处行业的不同，私募股权资本投资面临的风险也不一样。例如，有些企业所处行业受国家政策影响大，私募股权资本投资面临的风险较大。

（3）经营风险。一般是指中小企业的管理层在经营决策中出现失误而导致私募股权资本投资机构收益遭受损失的可能性。经营风险涉及中小企业的文化、营销策略、人力资源管理、质量服务、管理层的素质等方面。经营风险产生大多是由于中小企业的管理层的能力不足等客观方面原因造成的，并

---

① 赵振宇、周海：《我国私募基金的风险防范》，《中国金融》2008年第23期，第69—70页。

② 陈乐一：《再论中国经济周期的阶段》，《财经问题研究》2007年第3期，第10—17页。

③ 戴菊贵：《敲竹杠问题的本质及其解决方法》，《中南财经政法大学学报》2011年第4期，第10—16页。

不是由于中小企业管理层的主观意愿造成的[①]。

(4) 技术风险。技术风险是指在私募股权资本投资中，由于中小企业因旧技术实现的产量不高或者新技术存在故障而导致私募股权资本投资收益的不确定性。技术风险往往是导致私募股权资本投资失败的一个主要原因。具体表现为：一是技术成功的不确定性。一项新技术从研究开发到实现产品化、产业化的过程中，任何一个环节的技术障碍或技术难题，都将使技术创新前功尽弃。二是技术前景的不确定性。三是技术效果的不确定性，导致高新技术产业化创新活动的中断或夭折致使经济损失的各种可能性。四是技术寿命的不确定性。一些技术寿命周期缩短，私募股权资本投资机构将面临巨大的风险[②]。

(二) 私募股权资本投资风险的特性

私募股权资本是金融和创新的有机融合，具有高收益性与高风险性相伴的显著特点。因此，在实际投资过程中，私募股权资本投资机构在关心高收益的同时，也必须注意防范私募股权资本投资的风险。私募股权资本投资具有以下风险特性：

1. 对称性。私募股权资本投资机构要承担与投资收益相对称的风险。风险与收益是对称的，具体表现在以下几个方面：(1) 私募股权资本投资收益是风险的补偿。(2) 风险是分散的，承担私募股权资本投资风险的主体往往也是分散的。(3) 在私募股权资本投资中，私募股权资本投资机构必须对其投资行为的风险与收益进行综合分析，并以此作为一个重要投资决策依据[③]。

2. 客观性。私募股权资本投资所面临的各种经济因素都具有不确定性，这是客观存在的，不以人的意志为转移。因此，私募股权资本投资风险是客观存在的，具有一定的必然性，只要私募股权资本投资存在，相伴随的私募

---

① 汪洁、王晓梅：《中国式私募股权投资基金经营风险防范与控制》，《广西民族师范学院学报》2017 年第 6 期，第 64—67 页。

② 侯合银：《高新技术创业企业风险的系统分析：辨识与规避》，《科技管理研究》2008 年第 10 期，第 132—135 页。

③ 邱航：《风险和收益的对称性与不对称性》，《市场周刊》2009 年第 1 期，第 112—113 页。

股权资本投资风险就一定必然存在。

3. 偶然性。某一具体的私募股权资本投资风险的发生是众多不确定因素随机组合的结果，一般都是由偶然事件引发的。

4. 时间性。风险是一种"时间"现象。从私募股权资本投资决策的角度来看，私募股权资本投资的风险正是时间的不可逆和过去时间与未来时间的不对称的最集中、最典型的表现之一[1]。

二、私募股权资本投资风险识别与度量

（一）风险识别

风险识别是指运用各种方法、程序，在风险发生之前，分析引发风险的潜在因素，确定私募股权资本投资风险的来源，找出私募股权资本投资所面临的各种风险[2]。

（二）私募股权资本投资风险识别的基本原则

为较全面合理科学地识别私募股权资本投资面临的各种风险，在私募股权资本投资风险的识别过程中，应当遵循以下的一些基本原则[3]：

1. 全面具体。全面具体地了解导致私募股权资本投资风险发生的原因以及风险发生的概率，以便及时、清晰地为私募股权资本投资的各参与主体提供防范风险的措施。

2. 综合考察。要综合各种风险分析方法来分析私募股权资本投资风险。

3. 科学计算。对私募股权资本投资风险要有一个总体的综合性认识，用严密的数学运算、全面完整的数据采集、科学系统的计量分析方法来识别和

---

[1] 李伯聪：《风险三议》，《自然辩证法通讯》2000年第5期，第48—55页。

[2] 刘向东、陈奕文：《私募股权投资法律风险的分析与控制》，《天津法学》2012年第1期，第64—71页。

[3] 高立新：《我国证券投资基金的风险及其管理》，博士学位论文，中国社会科学院研究生院，2003年。

衡量私募股权资本投资风险。

4. 制度化。私募股权资本投资制度在很大程度上决定着风险管理的效率，所以，私募股权资本投资的识别必须是一个制度化的过程。

(三) 风险度量的方法

1. 私募股权资本单一投资预期收益与风险的衡量

(1) 私募股权资本单一投资的预期收益测算

私募股权资本投资预期收益是以概率为权数的各种可能收益的加权平均值。由于私募股权资本投资的收益率常受很多不确定因素的影响，所以它是一个随机变量。如果我们知道收益率的概率分布，那就可以采用下面的公式计算出该项私募股权资本投资的期望收益率：

$$E(R) = \sum_{i=1}^{n} R_i P_i$$

其中：E （R）表示私募股权资本投资的预期收益，R_i 表示每种私募股权资本投资的预期收益，P_i 表示每种私募股权资本投资预期收益发生的概率，i 表示每种私募股权资本投资可能收益的序号，n 表示观察数，满足 $\sum_{i=1}^{n} P_i = 1$。

(2) 私募股权资本单一投资的风险测算

实际上，私募股权资本投资机构不能仅依据期望收益率进行决策，因为实际收益率与期望收益率之间或多或少地会有偏差。由概率论的基本知识可知，实际存在的可能收益率越分散，它们偏离期望收益率的程度就越大，而同时私募股权资本投资的风险就越大，这说明这种偏离程度一定程度上反映私募股权资本投资风险的大小。所以在应用中，除期望收益率外，我们还需要另一种反映风险大小的指标即反映实际收益率可能偏离期望收益率程度的指标——收益率的方差。可采用下面公式：

$$\sigma^2 = \sum_{i=1}^{n} [R_i - E(R)]^2 P_i$$

其中：σ 表示标准差，σ^2 表示方差。

（3）模拟案例分析[①]

设有 A、B、C 三个中小企业可供私募股权资本投资机构选择进行投资，A、B、C 三个中小企业经营情况随着经济周期的改变而改变。现在我们假定经济环境根据经济周期分为繁荣、衰退、萧条、复苏 4 种状况，他们在经济周期中出现的概率依次为 0.1、0.2、0.3、0.4。私募股权资本投资机构选择投资 A、B、C 三个中小企业有不同的收益并按前述概率分布（见表 5—9）。下面我们来分析私募股权资本投资机构的投资收益、风险及投资策略。

表 5—9　私募股权资本投资机构投资 A、B、C 三个中小企业收益的概率分布

经济环境	不同经济环境的发生概率	私募股权资本投资机构在不同经济换境下的收益		
		A	B	C
繁荣	0.1	11	8	10
衰退	0.2	5	7	8
萧条	0.3	2	3	4
复苏	0.4	7	6	9

根据以上资料，套公式 $E(R) = \sum_{i=1}^{n} R_i P_i$，我们可以计算出私募股权资本投资机构投资 A、B、C 三个中小企业的预期收益：

投资 A 的预期收益：$0.1 \times 11 + 0.2 \times 5 + 0.3 \times 2 + 0.4 \times 7 = 5.5$

投资 B 的预期收益：$0.1 \times 8 + 0.2 \times 7 + 0.3 \times 3 + 0.4 \times 6 = 5.5$

投资 C 的预期收益：$0.1 \times 10 + 0.2 \times 8 + 0.3 \times 4 + 0.4 \times 9 = 7.4$

通过计算，我们发现。如果以预期收益作为投资决策依据，假如投资的成本是 40 个单位的私募股权资本，且其他条件相同，私募股权资本投资机构会选择对中小企业 C 进行投资，因为中小企业 C 的预期收益比投资中小企业 A 的预期收益高，也比投资中小企业 B 的预期收益高。但是我们知道仅以预期收益作为唯一选择标准是不够的，因为预期收益只计算出私募股权资本投资未来收入的平均水平，并没有揭示私募股权资本投资中小企业的风险。

①　本案例参考了霍文文编著的《证券投资学（第三版）》，高等教育出版社 2008 年版，第 188—190 页。

根据以上资料，套公式 $\sigma^2 = \sum\limits_{i=1}^{n} [R_i - E(R)]^2 P_i$，我们可以计算出私募股权资本投资机构投资 A、B、C 三个中小企业的预期收益的方差和标准差：

投资 A 的方差：$0.1 \times (11-5.5)^2 + 0.2 \times (5-5.5)^2 + 0.3 \times (2-5.5)^2 + 0.4 \times (7-5.5)^2 = 7.65$

投资 B 的方差：$0.1 \times (8-5.5)^2 + 0.2 \times (7-5.5)^2 + 0.3 \times (3-5.5)^2 + 0.4 \times (6-5.5)^2 = 3.05$

投资 C 的方差：$0.1 \times (10-7.4)^2 + 0.2 \times (8-7.4)^2 + 0.3 \times (4-7.4)^2 + 0.4 \times (9-7.4)^2 = 3.5$

根据方差，我们可以计算出私募股权资本投资机构投资 A、B、C 三个中小企业的标准差。

投资 A 的标准差：2.766

投资 B 的标准差：1.746

投资 C 的标准差：1.87

表5-10　私募股权资本投资机构投资 A、B、C 三个中小企业收益与风险分析

中小企业	预期收益	收益率	方差	标准差
A	5.5	13.75%	7.65	2.766
B	5.5	13.75%	3.05	1.746
C	7.4	16%	3.5	1.87

从表5-10可以看出：

私募股权资本投资机构投资中小企业 A 的未来收益在 $5.5 \pm 2.766 = 2.734 \sim 8.266$ 之间波动；私募股权资本投资机构投资中小企业 B 的未来收益在 $5.5 \pm 1.746 = 3.754 \sim 7.246$ 之间波动；私募股权资本投资机构投资中小企业 C 的未来收益在 $7.4 \pm 1.87 = 9.27 \sim 5.53$ 之间波动。

从表可以看出，私募股权资本投资机构在 A、B 两个中小企业做一次选择的话，因为私募股权资本投资机构投资中小企业 A 与投资中小企业 B 的收益相同，都是 5.5 个单位，但投资中小企业 A 风险大于投资中小企业 B 的风

险，私募股权资本投资机构将对中小企业 B 进行私募股权资本投资。私募股权资本投资机构在 A、C 两个中小企业做一次选择的话，投资中小企业 A 风险大于投资中小企业 C 的风险，投资中小企业 A 的收益小于投资中小企业 C 的收益，对中小企业 C 进行私募股权资本投资是私募股权资本投资机构较好的选择。总的来看，如果私募股权资本投资机构在 A、B、C 三个中小企业做选择的话，对中小企业 C 进行投资比较理想。

2. 私募股权资本组合投资预期收益与风险的测算

（1）私募股权资本组合投资的预期收益率测算[1]

私募股权资本组合投的预期收益率取决于组合中投资每一个中小企业的预期收益率和投资比例。计算公式如下：

$$r_p = \sum_{i=1}^{N} X_i \cdot r_i$$

其中：r_p 表示私募股权资本组合投资的预期收益率；X_i 表示投资第 i 个中小企业的期初价值在组合值中的比率；r_i 表示第 i 个中小企业的预期收益率；N 表示私募股权资本组合投资中包含的中小企业数量。

从上式可以看出，私募股权资本组合投资的预期收益率就是组成私募股权资本投资组合的中小企业的预期收益率的加权平均数，其权数等于各个中小企业的期初价值在整个组合中所占的比重。

（2）私募股权资本组合投资风险的计算

私募股权资本组合投资的标准差公式为[2]：

$$\sigma_P = (\sum_{i=1}^{N} \sum_{j=1}^{N} X_i X_j COV_{ij})^{1/2}$$

其中：X_i、X_j 表示投资中小企业 i、投资中小企业 j 在私募股权资本组合投资中的投资比率（即权数）；COV_{ij} 表示投资中小企业 i 与投资中小企业 j 收益率之间的协方差；$\sum_{i=1}^{N} \sum_{j=1}^{N}$ 表示双重加总符号，表示所有投资中小企业收益率的协方差都要相加。

① 张中华：《投资学（第四版）》，高等教育出版社 2017 年版，第 83 页。
② 霍文文：《证券投资学（第三版）》，高等教育出版社 2008 年版，第 197 页。

（3）模拟案例分析[①]

假如私募股权资本投资机构对 W、L 两个中小企业进行组合投资，私募股权资本投资机构对中小企业 W 进行投资的预期收益率为 17%，标准差为 15%，私募股权资本投资机构对中小企业 L 进行投资的预期收益率为 18%，标准差为 18%，两个中小企业的相关系数为 0.6，私募股权资本投资机构对 W、L 两个中小企业投资的金额的比重分别为 0.2、0.8。下面我们来分析私募股权资本投资机构组合投资的收益与风险。

第一步，套用公式 $r_P = \sum_{i=1}^{N} X_i \cdot r_i$，我们可以求出组合投资的预期收益为 17.8%。

第二步，套用公式 $\sigma_P = (\sum_{i=1}^{N} \sum_{j=1}^{N} X_i X_j COV_{ij})^{1/2}$，我们可以求出组合投资的标准差为 16.4%。

从这个案例可知，只要投资两个中小企业的相关系数小于 1，组合投资的标准差 16.4% 就要小于投资两个中小企业标准差的加权平均数 0.2×15%＋0.8×18%＝17.4%。实际上，只要投资中每两个中小企业的相关系数小于 1，组合投资的标准差就会小于私募股权资本投资机构对单个中小企业投资标准差的加权平均数。也就是说，组合投资的风险小于单个投资的风险。

三、私募股权资本投资风险形成原因分析[②]

（一）未来经济变量对私募股权资本投资活动有直接的影响

未来经济变量是私募股权资本投资机构无法完全把控的重要因素。此外，由于信息不对称、人们认识的局限性及私募股权资本投资可能存在失误情况，就会导致出现私募股权资本投资结果与预期偏离的现象。例如，未来某一时

---

① 本案例参考张亦春、郑振龙、林海主编：《金融市场学（第三版）》，高等教育出版社 2008 年版，第 296 页。

② 本部分内容的初稿为课题组成员康文峰撰写，经课题负责人修改后编入本书。

期经济变量中的技术、市场、产品、收益和增值,私募股权资本投资机构很难进行全面准确的判断,这时候凭借自身对市场的了解进行私募股权资本投资,会面临很大的风险。在中小企业种子期、初创期,私募股权资本投资机构对企业的产品成熟状态、盈利能力持续性等很难有效充分的了解[①]。因此,有时,私募股权资本投资机构面临的私募股权资本投资风险较大,甚至可能面临灭顶之灾。

(二) 国民经济层面的复杂性对私募股权资本投资有必然的影响

国民经济的生产、分配、交换、消费四环节本身就是一个复杂的运行系统。私募股权资本投资不仅要参与这四个环节,而且还涉及企业、个人及市场不同的预期,使得这一过程充满诸多可能性及结果。没有哪一家私募股权资本投资机构会全面掌握国民经济各层面的信息、政策、需求、供给等各方面的发展态势,实力再强大的私募股权资本投资机构由于其从业人员的专业知识、认识的局限性不可能对复杂的国民经济运行情况进行有效的认识。因此,在私募股权资本投资过程中,私募股权资本投资机构面临各种各样的风险是必然的。

(三) 信息披露的迟钝性加重信息不对称

由于我国未建立私募股权资本投资的有效监管机制,一些在私募股权资本投资行业协会备案的甚至不备案的机构都有意或以"擦边球"的形式,打着私募股权资本投资的旗号,承诺高回报率,对私募股权资本投资者进行误导,进行非法集资或集资诈骗。而且正规的机构中也出现一些非法行为。例如,2015 年 6 月,北京监管部门查处的 5 家从事非法私募活动的机构都是正式登记备案的。由于其非公开的操作,其非法私募具有一定的隐蔽性,这导致监管机构难以及时发现并查处,具有多发性和顽固性[②]。

---

① 张鲁彬、柳进军、刘学:《基于生命周期的创业孵化模式研究》,《科技进步与对策》2016 年第 5 期,第 104—110 页。

② 《北京市加大对非法私募应严厉打击》,《经济日报》2015 年 6 月 9 日。

(四) 私募股权资本投资行业过于集中

马克思主义政治经济学认为行业内竞争会降低平均利润，私募股权资本投资首要目的是获取高额利润。选择正确的、有发展前景的行业是保证私募股权资本投资利润，降低私募股权资本投资风险的关键。众所周知，美国私募股权资本投资是全球发展较快的国家，其私募股权资本投资行业选择和投资集中比例没有超过 20%，投资金额没有超过 15%。而我国私募股权资本投资行业比较集中。清科研究中心 2009 年在对我国 65 家传统企业投资调查发现，私募股权资本投资占总投资的 56%，且大多集中在服务业的投资中[1]。

(五) 私募股权资本投资管理体制机制不完善

我国还未建立一套科学、完整的私募股权资本投资管理体制与机制。一些私募股权资本投资机构具有政府背景，具体的管理人员由于工资薪酬的固定，难以对他们形成激励。一些管理人员缺乏责任，不能以负责任的态度为私募股权资本投资者谋利益。这种缺乏激励和责任的管理体制与机制导致私募股权资本投资风险增加。

四、私募股权资本风险的防范策略

在私募股权资本运行的募集、投资、投资后管理与退出的四个阶段中，私募股权资本投资处于私募股权资本运行的第二阶段，潜藏着一些可预知和不可预知的风险。了解私募股权资本投资风险种类和形成的原因，找到合理的私募股权资本投资风险防范方式，是私募股权资本行业健康发展的关键所在。只有建立起严密的"防火墙"，私募股权资本投资机构才能在较为安全的环境中发展自己，从而实现私募股权资本的增值。

---

① 李琼、周再青：《我国私募股权基金投资风险成因及其管理对策》，《金融经济》2011 年第 6 期，第 97—99 页。

（一）系统性风险的防范策略

由于系统性风险无法规避，因此，私募股权资本投资机构要随时关注私募股权资本投资的系统性风险，提高对系统性风险的警惕，运用科学的方法进行分析。从价值投资的角度来看，当私募股权资本投资项目价值有高估趋势的时候，私募股权资本投资机构对系统性风险要提高警惕。掌握政策、法律、经济环境变化对私募股权资本投资项目的正向、反向影响。组建专门的研究队伍，借助外脑研究政策、法律、经济环境变化可能造成的私募股权资本投资风险。运用经济分析工具和方法对政策、法律、经济环境变化可能造成的影响进行研究，随时关注金融业务和体系变动对私募股权资本投资项目的影响。此外，私募股权资本投资机构要注意控制单个私募股权资本投资比例[1]。

（二）非系统性风险的防范

非系统性风险贯穿于私募股权资本投资的全程，对其防范和控制有效与否是决定私募股权资本投资的成败。就我国私募股权资本投资非系统性风险而言，为保持我国私募股权资本投资可持续发展，在宏观上要把握私募股权资本投资非系统性风险防范的实质与其发生的概率，尽可能降低非系统性风险发生带来的经济损失；在微观上，非系统性风险防范最有效的方法是投资组合管理。投资组合管理是指通过多项投资来分散系统性风险，即通常所说的"所有的鸡蛋不要放在一个篮子里"，这是最有效转移和分散非系统性风险的方法。具体来说要从私募股权资本投资机构的内部与投资项目本身加强对私募股权资本投资非系统性风险的防范[2]。

---

① 陈建华：《风险投资项目中风险的识别、评估与防范研究》，博士学位论文，暨南大学，2007年。

② 彭安丽：《私募股权投资的风险及其管理》，硕士学位论文，复旦大学，2006年。

本章小结

在本章，我们主要完成五个任务：

一是分析私募股权资本投资的内涵与流程。分析了私募股权资本投资的内涵。指出私募股权资本投资的一般流程包括项目搜集、投资评价、项目立项、尽职调查、谈判、正式投资等几个阶段。介绍私募股权资本投资阶段的尽职调查的程序与尽职调查的内容两个方面。

二是私募股权资本投资的经济学分析。指出私募股权资本投资阶段是私募股权资本投资机构将募集到的私募股权资本向中小企业输出的过程。指出在投资阶段私募股权资本有机构成的公式变为：$(C+C'):(V+V')$，不变资本（$C+C'$）与可变资本（$V+V'$）的比例要适当，探讨私募股权资本有机构成有阶段性的动态变化与长期的动态变化规律。并指出管理与技术被量化为私募股权资本、投资过程利润增长的倍增效应的规律。

三是分析私募股权资本投资阶段的信息不对称现象。分析私募股权资本投资中信息不对称的表现形式。提出私募股权资本投资中信息不对称的克服方法。

四是分析中小企业生命周期与私募股权资本投资规律。分析中小企业融资难及原因。指出私募股权资本对中小企业的促进作用。分析中小企业生命周期与私募股权资本投资的规律。

五是分析私募股权资本投资的风险与防范策略。指出私募股权资本投资风险的分类、特性，指出私募股权资本投资风险识别与度量的方法。分析私募股权资本投资风险形成的原因。提出防范私募股权资本投资风险的策略。

第六章 我国私募股权资本投资后管理机理研究

我国私募股权资本行业经过多年的发展，在"募、投、管、退"四大流程中，"募""投"流程已比较成熟，"退"在策略上已经融合于投资交易结构设计之中，实施则更多的依赖于私募股权资本投资中介机构，相比较而言，"管"一直没有受到足够的重视①。因此，为提升中小企业的内在价值，在私募股权资本投资机构向中小企业进行投资之后，还要对其进行投资后管理。例如，国内顶尖的私募股权资本投资机构——九鼎投资已经成立专门的投资后管理部门，其主要作用是为被投资的中小企业提供上市服务、战略优化、并购整合、管理改进与其他业务，并把所有的资源整合在一起，给融资企业提供所需的帮助（如表6－1所示）。私募股权资本投资后管理主要解决"价值管理"的问题，这也是私募股权资本区别于其他投资的标志之一②。目前，我国的私募股权资本投资机构的投资后管理正开始跟国际接轨。私募股权资本投资后管理阶段在私募股权资本的整个运行过程中起关键性的作用。

总的来说，我国私募股权资本的投资后管理机理可以概括为：私募股权资本投资机构按照合理的投资后管理方式，以科学理论为指导，寻求与中小企业博弈的最佳管理策略，全面分析投资后管理的影响因素，为中小企业提供全方位的增值服务。投资后管理阶段结束后，私募股权资本运行进入最后一个阶段——退出阶段。我们将在以下的内容中进行具体论述。

---

① 郑庆伟：《基于双重委托——代理运作模式的我国风险投资特征及其成因研究》，博士学位论文，华侨大学，2011年。

② 王兰：《VC-E合作治理机制与技术创新绩效关系研究》，博士学位论文，重庆大学，2012年。

表 6-1　九鼎投资后管理内容

投资后管理内容	具体事项
上市服务	协助企业规划本土及海外资本市场战略
战略优化	优化企业发展战略和商业模式
并购整合	物色对象、协助调查、设计方案、协调资源
管理改进	改善治理、完善架构、引进人选、优化激励
其他业务	业务拓展、融资优化、税务筹划、危机管理

资料引自九鼎投资官网，网址：http://www.jdcapital.com/info。

第一节　私募股权资本投资后管理内涵与方式分析

一、私募股权资本投资后管理的内涵分析

（一）私募股权资本投资后管理的概念辨析

私募股权资本投资后管理是指私募股权资本投资机构对中小企业进行私募股权资本投资后，为实现私募股权资本的增值，私募股权资本投资机构直接或间接参与中小企业的决策管理，帮助中小企业改善经营状况，参与所投项目的管理与监督，通过充分挖掘其内部潜力，包括公司治理结构、市场空间、财务潜力等，提升其价值[①]，并谋划在适当的时机以适当的方式与适当的价格从中小企业退出的过程。私募股权资本投资与传统投资最大的区别是私募股权资本投资机构利用各类投资条款为中小企业提供投资后管理。私募股权资本投资机构参与中小企业的投资后管理的最终目的是为获得私募股权资本的增值，同时是也为促使中小企业健康地成长。

私募股权资本投资后管理是一个广义的概念，具有特定内涵，它涵盖监督、控制、增值服务。目前国内私募股权资本投资机构较少采用"私募股权

---

① 庄文韬：《私募股权资本：经济增长、竞争力与财富政策》，厦门大学出版社 2009 年版，第 169 页。

资本投资后管理"这一术语，较多采用的是"增值服务"。我们认为私募股权资本投资后管理必须包括投资后私募股权资本投资机构对中小企业所实施的监督、控制以及提供的增值服务。私募股权资本投资后管理的一个重要方面是私募股权资本投资机构为中小企业提供"增值服务"，其中"监督与控制"是"增值服务"的范畴[①]。

我们可以将广义的投资后管理理解为私募股权资本投资机构视角下的投资后管理，其内涵是指私募股权资本投资机构与中小企业签订投资协议后，从私募股权资本投资开始到私募股权资本退出为止这个过程当中，私募股权资本投资机构对中小企业所实施的监督、控制以及提供增值服务的行为。私募股权资本投资后管理包含的活动内容不再局限于增值服务，而是与中小企业相关的一切活动，包括监督和控制也是投资后管理的重要内容[②]。

我们可以将狭义的投资后管理理解为中小企业视角下的私募股权资本投资后管理，其内涵是为促进中小企业快速成长，私募股权资本投资机构向其所提供的一切管理活动。"募集、投资、投资后管理与退出"是私募股权资本运行的四个阶段，其中投资后管理含义等同于私募股权资本投资机构对中小企业的管理，此时的投资后管理阶段就是狭义的投资后管理，指私募股权资本投资机构为协助中小企业进行战略决策、协助中小企业进行后续融资，通过参加中小企业董事会对其进行投资后管理。

（二）私募股权资本投资后管理原则

一般来说，私募股权资本投资机构对中小企业所实施投资后管理应遵循以下一些基本原则：

1. 全面性原则[③]。全面性原则就是要求私募股权资本投资后管理覆盖被投资企业的各项业务过程和环节，实现私募股权资本投资的全过程控制，确

---

① 吕洪燕：《风险投资后监控管理研究》，硕士学位论文，哈尔滨工业大学，2007 年。

② 彭飞：《风险投资后管理概念辨析及分类模式研究》，《现代管理科学》2011 年第 6 期，第47—49 页。

③ 孟庆君：《房地产私募基金：募、投、管、退中的疑难精解》，首都经济贸易大学出版社 2014年版，第 104 页。

保私募股权资本投资后管理没有遗漏，不留空白点。此外，私募股权资本投资机构参与投资事宜的每一位职员也要积极参与私募股权资本投资后管理。

2. 审慎性原则。审慎性意味着管理过程的严谨慎重，应当合理预计私募股权资本投资收益可能面临的不确定性，不应过高估计私募股权资本投资收益。私募股权资本投资后管理遵循审慎性原则旨在加强私募股权资本投资机构约束中小企业在获得私募股权资本投资后的经济行为，避免出现中小企业在获得私募股权资本投资机构的投资后单方面追求高收益而过分冒险，由此出现损害私募股权资本投资机构利益的情况①。

3. 相互制约原则。私募股权资本投资后管理不能由一个部门决定，私募股权资本投资机构各个部门都要肩负起管理职责，而且各部门间要相互分工、权责明确。私募股权资本投资机构对投资后管理机构设置、投资后管理的重大事项决策、投资后管理的权责分配及投资后管理的业务流程等方面要形成相互监督、相互制约，同时兼顾私募股权资本投资后管理效率②。

4. 专门性原则。私募股权资本投资后管理是一项专业性很强的工作，应当独立于被投资企业，由私募股权资本投资机构来进行。私募股权资本投资机构要根据私募股权资本投资后管理的目的，对被投资企业的投资后管理设立专业性的机构、部门和岗位来推动私募股权资本投资后管理，明确职责和人员配备，制定专门的私募股权资本投资后管理方案③。

（三）私募股权资本投资后管理的特点

私募股权资本投资机构与中小企业签订投资契约以后，私募股权资本投资机构就应向中小企业提供投资后管理服务。例如，监控中小企业的财务状况、资金运用、重大人事变动，参与中小企业的重大决策；为中小企业提供关系网络、资本运作、后续融资、战略等方面的支持；帮助中小企业进行资

---

① 张建平：《我国创业投资的发展模式与途径研究》，博士学位论文，中国社会科学院研究生院，2000年。

② 旷达：《天和钻具公司的投资价值分析与投后管理服务研究》，硕士学位论文，中南大学，2013年。

③ 郑泳梁：《风险投资后管理中存在的问题及对策》，《当代经济》2017年第35期，第46—47页。

源整合，保障私募股权资本能够获利退出。分析起来，私募股权资本投资后管理有如下基本特点：

1. 私募股权资本投资后管理是主动管理。私募股权资本投资机构对中小企业实施的投资后管理内容十分广泛。从私募股权资本投资机构的角度研究探讨如何对中小企业进行监控和服务，私募股权资本投资机构是私募股权资本投资后管理的主体，中小企业是私募股权资本投资后管理的客体。投资后管理的实施主体是私募股权资本投资机构。中小企业是私募股权资本投资机构的"产品"，私募股权资本投资机构是中小企业增值服务的提供者和监督实施者。由于不能积极有效的获取相关信息，大多数中小企业接受私募股权资本投资后管理具有很大的被动性。私募股权资本投资机构应发挥主观能动性，积极主动地分析中小企业的各种因素，及时调整私募股权资本的投资策略，以防范投资风险①。

2. 私募股权资本投资后管理是战略管理。私募股权资本投资后管理着眼于战略管理，一般不过多干预中小企业的日常管理，往往通过在中小企业董事会中的席位影响中小企业的战略决策。一般私募股权资本投资机构的投资后管理应帮助中小企业确定3～5年的企业发展战略，向中小企业提供有建设性的战略规划支持，包括中小企业经营的规模、主营业务方向、资源的有效配置等。战略管理指引中小企业应向何处走，影响中小企业的长期发展目标。许多中小企业因缺乏战略规划，面对日益增长的竞争压力，无法形成中小企业的核心竞争力。私募股权资本投资机构往往帮助中小企业制定战略规划，或通过参加董事会以影响中小企业的战略决策②。

3. 私募股权资本投资后管理是间接管理。一般情况下，私募股权资本投资机构不直接参与其日常管理，私募股权资本投资机构只与中小企业的高层管理人员接触，帮助中小企业组织兼并和收购活动，向中小企业提供财务金融和市场营销咨询，物色战略伙伴，协助中小企业制定发展战略和做出重大决策，向中小企业提供一些有创意或创新的经营管理思路或方法，仅在中小

① 张莫同：《投后管理新解与投后前置新趋势》，《新理财》2017年第9期，第38—40页。
② 包善驸：《论新常态下私募股权的投后管理》，硕士学位论文，首都经济贸易大学，2017年。

企业出现危机时进行干涉。利用私募股权资本投资机构在管理方面的技能，建立管理咨询团队，通过沟通与服务，全面提升中小企业的管理团队和管理水平，规避和克服发展过程中的各种风险。所以，我们认为中小企业在创业之初是否能选择一家优秀的私募股权资本投资机构对中小企业的成败有重要影响[①]。

4. 私募股权资本投资后管理是动态管理。私募股权资本投资后管理是一个动态的运行过程。当前社会竞争越来越激烈，私募股权资本投资的竞争表现为动态竞争。私募股权资本投资机构面对的环境越来越复杂，因此私募股权资本投资后管理必然只有采取动态管理，才能保障其获取相应的投资收益，从而维持私募股权资本的运行。私募股权资本投资机构不但要密切关注中小企业与竞争对手之间的竞争互动，也要关注中小企业自身的发展动态[②]。

5. 私募股权资本投资后管理是公平管理。私募股权资本投资机构在实行投资后管理时，应该充分注重投资后管理过程的公平，确保信息共享与交流。若在私募股权资本投资后管理过程中，一方出现过程不公平的行为就会引起对方对其交易意图的怀疑。如果中小企业在接受私募股权资本投资机构投资后管理时，发现私募股权资本投资机构不能公平对待他们，即私募股权资本投资机构的投资态度非中立性，那么中小企业就会放弃对私募股权资本投资机构的信任，不再与私募股权资本投资机构共享关键资源与信息，取而代之的是，以谈判的方式来维系与私募股权资本投资机构的关系。过程公平决定投资后管理的质量。假如中小企业以对等地位感知到私募股权资本投资机构的投资后管理行为过程公平，他们则愿意按照私募股权资本投资机构的建议调整经营思路与方向，也愿意为双方共同利益而努力工作。但是如果中小企业发现私募股权资本投资机构对所投资的中小企业不能平等对待，即投资态度非中立性，或感知过程不公平，那么中小企业不会出于自愿而采纳私募股权资本投资机构的创新建议[③]。

---

① 谭祖卫、蔡莹：《政府基金与社会基金投后管理比较研究——以中关村政府基金为例》，《商业时代》2014 年第 31 期，第 70—72 页。

② 陈昕、石国玲、沈乐平：《国有风险投资的投资后续管理困境与对策》，《科技管理研究》2007 年第 8 期，第 143—145 页。

③ 王兰：《VC-E 合作治理机制与技术创新绩效关系研究》，博士学位论文，重庆大学，2012 年。

二、私募股权资本投资后管理的作用

私募股权资本是一种特殊的股权资本,私募股权资本运行机理的内核存在于专业私募股权资本投资机构的投资后管理功能上。私募股权资本投资机构一旦与中小企业签订私募股权资本投资协议,私募股权资本投资机构与中小企业两者之间就形成合作关系。在中小企业成长与发展的过程中,私募股权资本投资机构面临较大的风险,这就需要私募股权资本投资机构通过加强对中小企业的投资后管理来防范私募股权资本投资的风险,确保实现中小企业的价值增值。因此,私募股权资本投资机构对中小企业的投资后管理水平的高低直接影响中小企业价值是否增值。

(一) 重视投资后管理有利于私募股权资本投资的专业化分工

私募股权资本运行本质上是一个集体的、多部门的、动态的、多功能的和多地域的分工过程,是私募股权资本投资机构、中小企业、中介机构、政府部门等一系列主体参与的分工环节构成的系统。在这里,私募股权资本投资机构扮演着重要的角色。私募股权资本投资机构是私募股权资本市场最直接的参与者,是私募股权资本的实际运作者,是连接私募股权资本投资者与中小企业的金融中介。私募股权资本投资后管理作为私募股权资本运行的一环,是专业化分工的客观需要,是私募股权资本行业发展到一定阶段的历史产物。从创新的角度来看,私募股权资本投资后管理是金融创新的结果,直接表现为私募股权资本运行分工的细密化[①]。

(二) 重视投资后管理有利于增强私募股权资本的投资理念

一般来说,私募股权资本投资的收益主要来源以下两个方面:一是私募股权资本投资中小企业的成长性,中小企业成长后利润增长带来的价值增加;二是中小企业在上市后,企业的经营管理变得规范,知名度、美誉度得到了

---

① 张斌:《基于交易成本理论的风险投资机理研究》,博士学位论文,武汉理工大学,2011年。

提升，非上市中小企业在上市后的估值得到了极大的提高。因此，当前私募股权资本的投资理念应为：私募股权资本投资机构在投资后，通过提升中小企业成长性，在条件成熟时帮助中小企业上市，以实现长期合理的回报。就本质而言，私募股权资本投资能够取得较高收益的原因不仅在于私募股权资本投资机构向中小企业提供货币资本，而且更重要的是私募股权资本投资机构向中小企业提供"企业家才能"，将货币资本与"企业家才能"两者在中小企业的成长过程中有机地融合起来，从而实现 $1+1>2$ 的效果①。对于私募股权资本投资机构来说，通过选择最优秀的中小企业投资，并重视投资后管理，通过有效的成本管理、品牌营销以及财务管理等，协助其提高技术、提高生产效率、精简组织架构、改进流程，不仅可以提升中小企业利润空间、实现经济增加值，同时也使私募股权资本投资机构的价值创造过程得以实现。而且，从总体上来看，也促进整个私募股权资本市场向价值投资的转变，提高整个私募股权资本市场的运行效率。

（三）重视投资后管理有利于提高私募股权资本投资机构的竞争力

竞争力是一个复杂的概念。随着私募股权资本行业的高速发展，私募股权资本市场竞争的白热化，整个行业处于优胜劣汰的大潮中，在这种形势下，不少业内有识之士提出未来私募股权资本投资机构竞争的重点将在于投资后管理业务。私募股权资本投资后管理侧重于战略规划、渠道支撑、外部关系网络建设、人力资本管理、募集后续资金、引入中介机构等方面的内容，主要包括私募股权资本投资机构的增值服务和管理监督两个方面②。因此，管理水平是这一阶段私募股权资本投资机构核心竞争能力的主要表现③。私募股权资本投资机构要在竞争中取胜必须具有其自身的竞争优势。私募股权资本投资机构竞争优势来源其是否具有有价值的、稀缺的异质性资源，是否具有某

---

① 李新颜：《浅谈私募股权投资中的投后管理业务》，2012 年 1 月 5 日，2016 年 4 月 11 日，http：//www.docin.com/p—320633115.html。

② 张威：《风险约束下的私募股权投资基金公司绩效管理体系研究》。博士学位论文，天津大学，2015 年。

③ Bloom N.，Sadun R.，Van Reenen J.，"Do Private Equity Owned Firms Have Better Management Practices？"The American Economic Review，2015，Vol. 105，No. 5，pp. 442—446.

种核心能力。异质性资源可使私募股权资本投资机构快速地积累和成长，也可使私募股权资本投资机构在私募股权资本投资业获得"李嘉图垄断租金"，以保持其竞争优势。

（四）重视投资后管理有利于强化私募股权资本投资机构的增值服务

对于中小企业而言，私募股权资本投资机构提供的投资后管理服务大多是非资本增值服务，主要有财务咨询、管理咨询、技术支持以及上下游的服务，为中小企业快速发展提供所需要的政府关系、金融部门关系、声誉和信任，非资本增值服务可以弥补中小企业自身的不足。私募股权资本投资机构想要获得预期的投资收益，还需要与上下游渠道、金融部门和政府部门建立良好关系，共同为中小企业提供非资本增值服务。因此，从这个角度看，重视投资后管理是强化私募股权资本投资机构提供非资本增值服务的客观需要[1]。

三、私募股权资本投资后管理方式

私募股权资本投资机构向中小企业投资之后，将会为中小企业提供全方位的服务和支持。从大的方面来看，私募股权资本投资后管理方式有两种：

（一）为中小企业提供的增值服务

私募股权资本投资的突出特点之一就是私募股权资本投资机构不仅向中小企业投入货币资本，而且还为中小企业提供增值服务，表现在：1. 帮助中小企业制定经营战略规划。2. 帮助中小企业提供渠道支撑。3. 帮助中小企业提供外部关系网络。4. 帮助中小企业提高人力资本管理水平。5. 帮助中小企业募集后续资金和并购上市。6. 引入中介机构[2]。本章的第四节将会对"增

---

[1] 梅德强：《科技创业企业引入风险投资的合作效应研究》，博士学位论文，重庆大学，2011年。

[2] 李严：《基于人力资本的风险投资机构绩效传导机制研究》，博士学位论文，东北大学，2013年。

值服务"的内容进行重点讨论与分析。

(二) 对中小企业进行监控

为了解被投资中小企业生产经营活动的真实状况及发展动向，并获取相应的信息，私募股权资本投资机构要对其投资的中小企业生产经营的重要环节进行监控。私募股权资本投资机构监控中小企业的方式主要有：参加董事会；参与中小企业的人事管理，必要时更换中小企业管理层；加强与中小企业管理层的沟通，掌握中小企业的相关信息；采用股票期权的报酬体系激励等。

1. 参加中小企业董事会。私募股权资本投资机构参加中小企业董事会后，可以利用其在中小企业董事会的有利位置对中小企业管理层实行监督。私募股权资本投资机构虽然不谋求对中小企业的控股权，也不以经营中小企业为目的，但为了控制与引导中小企业的发展不偏离私募股权资本投资的方向，往往要求在中小企业董事会拥有一票否决权。私募股权资本投资机构参加中小企业董事会后，可以帮助中小企业减少决策上的失误。当中小企业经营业绩欠佳时，私募股权资本投资机构应对中小企业的日常事务进行监控，加大干预的力度；当中小企业经营业绩优良时，私募股权资本投资机构主要对中小企业的财务、人事、企业发展战略进行监控[1]。

2. 参与中小企业的人事管理。私募股权资本投资机构应该给中小企业管理层自由的经营和管理公司的自由权，让其充分发挥其才能。前提是私募股权资本投资机构能够不断地从中小企业获得足够的信息来判断中小企业管理层的经营和管理能力，以此预测私募股权资本投资的预期收益能否实现。当中小企业管理层的经营和管理的能力与预期相差太远，私募股权资本投资机构应有足够的权利选聘优秀的专业人才加入中小企业的管理层，及时更换中小企业的管理层，以保护私募股权资本投资机构的利益，从而确保私募股权资本投资的预期收益能够实现[2]。

---

[1] 伍李明：《我国股权投资基金内部控制研究》，博士学位论文，北京交通大学，2013年。

[2] 田新华：《企业人力资源管理外包研究》，博士学位论文，厦门大学，2009年。

3. 加强与中小企业管理层的沟通。为熟悉掌握中小企业管理层的运作思路和原则以及其具体运作情况,私募股权资本投资机构与中小企业管理层应该保持良好的沟通关系。一般来说,中小企业专业性强,规模小,变化快,私募股权资本投资机构很难有效利用中小企业定期披露的信息。但是私募股权资本投资机构更应该重视中小企业的那些潜在的、具有前瞻性的非财务信息,如中小企业的管理情况以及产品的营销手段、中小企业技术成果的商品化生产的可能性以及市场前景等[①]。因此,私募股权资本投资机构获取这些信息,就需要加强与中小企业管理层之间的沟通。

4. 采用股票期权的报酬体系激励。私募股权资本投资机构将中小企业管理层的报酬同中小企业的经营业绩联系起来是规避私募股权资本投资风险的一个有效途径。中小企业管理层的报酬可以分为两部分:一是固定收益。这部分报酬主要是工资收益,用字母 A 表示。二是可变收益。这部分报酬以股票期权的形式存在,用字母 W 表示。股票数量占企业的份额用字母 β 表示。企业总利润为 π。因此,中小企业管理层的最终报酬收益可表示为:$R=A+W$,其中 $W=\beta\times\pi$,因此,$R=A+\beta\times\pi$。中小企业的经营业绩(π)与中小企业管理层拥有的股票期权的收益(W)是紧密相关的。如果中小企业不能成功的增值,经营业绩(π)欠佳,中小企业管理层将仅能获固定收益(A)。因此,中小企业管理层获得股票期权带来的这部分报酬(W)的条件是努力经营提高经营业绩(π)[②]。

总之,私募股权资本投资后管理是私募股权资本运行的一个非常重要的阶段。在实践中,私募股权资本投资机构为中小企业提供股权资本,更重要的是向中小企业提供增值服务与对中小企业进行监控。

---

① 包苏日古嘎:《上市公司自愿性信息披露对企业价值影响的实证研究》,硕士学位论文,沈阳理工大学,2015 年。

② 郭名媛:《信息不对称条件下风险投资机构在风险投资中的代理风险规避研究》,《科学管理研究》2005 年第 2 期,第 92—95 页。

第二节 私募股权资本投资后管理的经济学分析

私募股权资本运行的第三个环节是投资后管理阶段。私募股权资本投资机构对中小企业进行私募股权资本投资后，还需对被投资的中小企业进行投资后管理，直接或间接参与中小企业的战略规划和经营管理。私募股权资本投资机构将募集来的私募股权资本投资到中小企业之后，通过有效监管和提供增值服务的过程，实现劳动力与生产资料的有机结合，生产出包含创新利润在内的创新产品，这就是私募股权资本运行的投资后管理的阶段。

马克思认为"不论生产的社会形式如何，劳动者和生产资料始终是生产的因素。但是，二者在彼此分离的情况下只在可能性上是生产因素。凡要进行生产，就必须使它们结合起来。"① "凡是直接生产过程具有社会结合过程的形态，而不是表现为独立生产者的孤立劳动的地方，都必然会产生监督劳动和指挥劳动。不过它具有二重性。" "一方面，凡是有许多个人进行协作的劳动，过程的联系和统一都必然要表现在一个指挥的意志上，表现在各种与局部劳动无关而与工场全部活动有关的职能上，就像一个乐队要有一个指挥一样。这是一种生产劳动，是每一种结合的生产方式中必须进行的劳动。" "另一方面，——完全撇开商业部门不说，——凡是建立在作为直接生产者的劳动者和生产资料所有者之间的对立上的生产方式中，都必然会产生这种监督劳动。这种对立越严重，这种监督劳动所起的作用也就越大。"② 按照马克思的观点，我们认为私募股权资本投资后管理也具有二重性：私募股权资本投资后管理一重性是由私募股权资本投资机构与中小企业分工协作劳动引起的，私募股权资本投资机构向中小企业投入股权资本，就需要对其进行投资后管理；私募股权资本投资后管理的另一重属性，是由建立在私募股权资本投资机构与中小企业之间的对立地位引起的。私募股权资本投资后管理从来都是

---

① 马克思：《资本论（第二卷）》，人民出版社 2004 年版，第 44 页。
② 马克思：《资本论（第三卷）》，人民出版社 2004 年版，第 431 页。

由占有私募股权资本的私募股权资本投资机构按照自身的利益来实现其对中小企业的管理。

私募股权资本运行的投资后管理阶段与投资阶段密不可分，有些专家，如刘志阳（2006）[①] 在论述中直接把投资后管理阶段并入投资阶段里，将私募股权资本的运行划分为募集、投资与退出三个阶段。私募股权资本生产过程与一般生产资本是有本质区别的。"生产资本在执行职能时，消耗它自己的组成部分，使它们转化为一个具有更高价值的产品量。"[②] 一般生产资本的职能是生产出包含剩余价值（M）的商品；而私募股权资本生产过程是首先用货币资本购买生产资料和劳动力，中小企业家就运用劳动力（一般来说科技人员与管理人员占有很大比例）与生产资料进行生产，但这里生产价值比一般生产资本有更高的价值，因为除创造一般生产资本的价值外，科技人员与管理人员还是创新商品价值生产的最主要贡献者。

企业引入私募股权资本生产的商品比普通商品包含着具有潜在附加价值的创新产品样品。由于其产品的异质性，使得它可能具有某种垄断性和高附加值的特性，正是因为高利润率的驱使，私募股权资本投资机构才愿意投入到高风险的私募股权资本投资行业中来追逐利润[③]，才愿意加强对中小企业的投资后管理，为其提供增值服务。

为保持私募股权资本运行的连续性，就要求私募股权资本投资机构提高经营管理水平。从私募股权资本投资机构来讲，如果投资后管理工作做得不好，必然会影响到私募股权资本运行的连续性。这会减缓甚至阻碍私募股权资本的循环与周转。在投资后管理阶段，私募股权资本投资机构应尽可能督促中小企业采用先进的技术装备，提高劳动生产率，加快资金循环。因此，私募股权资本投资后管理对私募股权资本的循环与周转起到了重要的促进作用，是私募股权资本运行过程中重要的一环。

[①] 刘志阳：《创业资本，一种新投资方式还是新资本形态?》，《上海市经济学会学术年刊》2006年，第124—134页。

[②] 马克思：《资本论（第二卷）》，人民出版社2004年版，第45页。

[③] 刘志阳：《创业资本，一种新投资方式还是新资本形态?》，《上海市经济学会学术年刊》2006年，第124—134页。

第三节 投资后管理阶段 PE 与 EN 博弈分析

一、PE 与 EN 的一次博弈分析

（一）基本假设

1. 相对于中小企业（EN）需要的投资后管理服务而言，私募股权资本投资机构（PE）在投资后管理阶段能提供的投资后管理服务是有限的。私募股权资本投资机构（PE）对中小企业（EN）进行投资后管理需要支付一定成本 C_{PE}，$C_{PE} \geqq 0$。

2. 参与人：私募股权资本投资后管理博弈模型的博弈的理性决策主体是私募股权资本投资机构（PE）与中小企业（EN），PE 与 EN 按效用最大化的原则选择各自相应的策略。

3. 战略：这里，私募股权资本投资机构（PE）有两种策略：

一是采取"积极管理"策略，向中小企业提供各种投资后管理服务，例如：帮助中小企业制定经营战略规划、提供渠道支撑、提供外部关系网络、提高人力资本管理水平、募集后续资金和并购上市、引入中介机构。此时，私募股权资本投资机构（PE）取得的收益为 R_{PE}，支付的成本为 C_{PE}（比如：私募股权资本投资机构管理人员需要消耗必需的时间和精力、更新投资后管理技术、需要更新知识、挖掘并分析私募股权资本投资数据等）。私募股权资本投资机构（PE）采取"积极管理"得到的未来收益的现值为 r_{PE}。这样，私募股权资本投资机构（PE）能够及时发现中小企业的"违约"行为，并且针对中小企业的"违约"行为采取相应的预案。

二是采取"消极管理"策略，私募股权资本投资机构（PE）与中小企业（EN）签订私募股权资本投资契约后，私募股权资本投资机构（PE）并没有向中小企业（EN）提供相应的各种投资后管理服务。此时，私募股权资本投

资机构（PE）取得的收益为 R_{PE}，支付的成本为 0，私募股权资本投资机构（PE）采取"消极管理"得到的未来损失的现值为 d_{PE}。如果私募股权资本投资机构消极管理，中小企业就可以通过违规操作来获得非法收益。

中小企业（EN）也有两种策略：

一是采取"守约"策略。中小企业（EN）从私募股权资本投资机构（PE）募集到私募股权资本后，按照协议使用私募股权资本，接受私募股权资本投资机构提供的投资后管理服务。此时，中小企业（EN）取得的收益为 R_{EN}，支付的成本为 C_{EN}（中小企业向私募股权资本投资机构支付的投资后管理费用）。中小企业（EN）采取"守约"得到的未来收益的现值为 r_{EN}，中小企业（EN）"守约"的总收益为：$R_{EN} - C_{EN} + r_{EN}$。

二是采取"违约"策略。中小企业（EN）从私募股权资本投资机构（PE）得到私募股权资本后，不按照协议使用私募股权资本，表面接受私募股权资本投资机构提供的投资后管理，背后做的完全违背私募股权资本投资机构（PE）的意愿。比如，管理层把从私募股权资本投资机构（PE）得到私募股权资本用于购买奢侈品，或修建豪华办公楼等。这时私募股权资本投资机构（PE）面临较大的管理风险。此时，中小企业（EN）采取"违约"策略得到的未来损失的现值为 d_{EN}。

博弈结果将分为四种情况：

第一种情形，私募股权资本投资机构（PE）"积极管理"，中小企业（EN）"守约"，双方的收益组合为 $(R_{PE} - C_{PE} + r_{PE}, R_{EN} - C_{EN} + r_{EN})$。

第二种情形，私募股权资本投资机构（PE）"积极管理"，中小企业（EN）"违约"，双方的收益组合为 $(R_{PE} - C_{PE} + r_{PE}, R_{EN} - d_{EN})$。

第三种情形，私募股权资本投资机构（PE）"消极管理"、中小企业（EN）"守约"，双方的收益组合为 $(R_{PE} - d_{PE}, -C_{EN} + r_{EN})$。

第四种情形，私募股权资本投资机构（PE）"消极管理"，中小企业（EN）"违约"，双方的收益组合为 $(0, 0)$。

4. 信息：博弈中双方所获信息是不对称的，中小企业（EN）具有信息优势。

5. 支付：博弈结束时，私募股权资本投资机构（PE）与中小企业（EN）

得到或失去的利益大小就称为支付，也叫作得失。支付不仅与私募股权资本投资机构（PE）与中小企业（EN）自身所选择的策略有关，而且与私募股权资本投资机构（PE）与中小企业（EN）所取定的策略集有关。

6. 私募股权资本投资机构提供的增值服务是由私募股权资本投资机构（PE）与中小企业（EN）的博弈均衡决定的，其他变量都视为外生变量。另外，私募股权资本投资机构（PE）与中小企业（EN）之间不存在任何形式的串谋、共谋等协议。

7. 对上述参数的假定。$d_{EN} > r_{EN}$，$d_{PE} > r_{PE}$；$R_{PE} - C_{PE} + r_{PE} \geqq R_{PE} - d_{PE}$，且 $R_{EN} - C_{EN} + r_{EN} \geqq R_{EN} - d_{EN}$。

在以上 7 条假设下，形成私募股权资本投资机构（PE）向中小企业（EN）提供"增值服务"博弈的"囚徒困境"模型[1]（见表 6-2）。

表 6-2 **PE 与 EN 博弈的"囚徒困境"私募股权资本投资机构**

（PE）	中小企业（EN）	
	守约	违约
积极管理	$R_{PE} - C_{PE} + r_{PE}$，$R_{EN} - C_{EN} + r_{EN}$	$R_{PE} - C_{PE} + r_{PE}$，$R_{EN} - d_{EN}$
消极管理	$R_{PE} - d_{PE}$，$-C_{EN} + r_{EN}$	（0，0）

在私募股权资本投资机构（PE）与中小企业（EN）的"囚徒困境"博弈中：

1. 当私募股权资本投资机构（PE）选择"积极管理"博弈时，中小企业（EN）有两种选择，"守约"或"违约"。中小企业（EN）选择"守约"时，私募股权资本投资机构（PE）和中小企业（EN）获得的收益（$R_{PE} - C_{PE} + r_{PE}$，$R_{EN} - C_{EN} + r_{EN}$）；当中小企业（EN）选择"违约"时，则私募股权资本投资机构（PE）受损，只获采取"积极管理"得到的未来收益的现值为 r_{PE}，还得支付成本 C_{PE}，中小企业（EN）则获得收益 $R_{EN} - d_{EN}$，此时，双方的收益为（$R_{PE} - C_{PE} + r_{PE}$，$R_{EN} - d_{EN}$）。

2. 当私募股权资本投资机构（PE）选择"消极管理"博弈时：中小企业

（EN）有两种选择，"守约"或"违约"。中小企业（EN）选择"守约"，此时，双方的收益为（$R_{PE}-d_{PE}$，$-C_{EN}+r_{EN}$）；当中小企业（EN）选择"违约"时，私募股权资本投资机构（PE）与中小企业（EN）同时受损，各自收益为0，此时，双方的收益为（0，0）。

3. 在PE向EN提供"增值服务"博弈的"囚徒困境"中，对私募股权资本投资机构（PE）来说最优的策略是选择"积极管理"，对中小企业（EN）来说，同等的策略也是选择"守约"。从而建立起一种策略均衡。在这种均衡中，只需$-C_{PE}+r_{PE}\geqq0$，且$-C_{EN}+r_{EN}\geqq0$时，即$r_{PE}\geqq C_{PE}$，且$r_{EN}\geqq C_{EN}$时，私募股权资本投资机构（PE）与中小企业（EN）获得收益为（$R_{PE}-C_{PE}+r_{PE}$，$R_{EN}-C_{EN}+r_{EN}$），是他们每个人的超优策略。

综上所述，所谓"囚徒困境"是说：对私募股权资本投资机构（PE）与中小企业（EN）来说，都只想利益最大化，且无法影响对方的行为，那么，唯一可能的答案就是选择（积极管理，守约），私募股权资本投资机构（PE）与中小企业（EN）获得的收益为（$R_{PE}-C_{PE}+r_{PE}$，$R_{EN}-C_{EN}+r_{EN}$）。

二、PE与EN的有限次重复博弈

在私募股权资本投资机构（PE）与中小企业（EN）的有限次重复博弈中，双方依然会陷入"囚徒困境"。假设私募股权资本投资机构（PE）与中小企业（EN）事先都知道双方会进行有限次博弈，私募股权资本投资机构（PE）与中小企业（EN）选择的策略如下：

在私募股权资本投资机构（PE）与中小企业（EN）最后一轮博弈中，双方都知道是最后一次博弈，双方都没有机会在新一轮博弈中对对方的背信弃义行为进行惩罚，因此私募股权资本投资机构（PE）与中小企业（EN）博弈的结果为（消极管理，违约）；再考虑倒数第二轮，既然在最后一轮中私募股权资本投资机构（PE）与中小企业（EN）都会选择不合作，那么此轮依然没有合作的必要，私募股权资本投资机构（PE）与中小企业（EN）双方坚持（消极管理，违约）。以此类推，在倒数第三轮、倒数第四轮……直到第一轮，私募股权资本投资机构（PE）与中小企业（EN）双方都已经明白对自身来说最优策略不是合作。在有限次重复博弈中，私募股权资本投资机构（PE）与中小企业（EN）稳定的纳什均衡（消极管理，违约）成为最优解，私募股权资本投资机构（PE）与中小企业（EN）并未摆脱"囚徒困境"[①]。

三、PE 与 EN 的无限次重复博弈[②]

如果私募股权资本投资机构（PE）与中小企业（EN）为长期合作关系，它们之间的博弈可以分为很多阶段，假设每阶段的收益等情况均相同，私募股权资本投资机构（PE）与中小企业（EN）均采用"冷酷触发"策略。也就是说，如果私募股权资本投资机构（PE）与中小企业（EN）双方均守约，将永远合作下去；如果一方违约，另一方将终止与其合作。折现率为 θ，$0 < \theta < 1$。此时，私募股权资本投资机构（PE）与中小企业（EN）的博弈为无限次重复博弈。

在第一阶段：私募股权资本投资机构（PE）与中小企业（EN）均守约时的收益需要考虑未来收益的折现，所以私募股权资本投资机构（PE）与中小企业（EN）在第一阶段均守约时收益与前面不同，此时私募股权资本投资机构（PE）与中小企业（EN）第一阶段的支付矩阵如表 6-3 所示。

表 6-3　PE 与 EN 博弈之间无限次重复博弈中的第一阶段博弈

私募股权资本投资机构（PE）	中小企业（EN）	
	守约	违约
积极管理	$(R_{PE} - C_{PE} + r_{PE}) / (1-\theta)$, $(R_{EN} - C_{EN} + r_{EN}) / (1-\theta)$	$R_{PE} - C_{PE} + r_{PE}$, $R_{EN} - d_{EN}$
消极管理	$(R_{PE} - d_{PE}, -C_{EN} + r_{EN})$	$(0, 0)$

（一）均衡结果分析

在私募股权资本投资机构（PE）与中小企业（EN）一次博弈的分析中，

① 吕坤、富航、于振利：《我国商业银行小额信贷博弈分析》，《财经界（学术版）》2012 年第 1 期，第 32—33 页。
② 陶丙印：《我国企业信用风险管理博弈分析》，硕士学位论文，首都经济贸易大学，2009 年。

当条件 $r_{PE} \geqslant C_{PE}$，且 $r_{EN} \geqslant C_{EN}$ 成立时，博弈存在纳什均衡（积极管理，守约），因为均衡结果仍然是（积极管理，守约），此时私募股权资本投资机构（PE）与中小企业（EN）的收益分别为 $(R_{PE} - C_{PE} + r_{PE}) / (1 - \theta)$，$(R_{EN} - C_{EN} + r_{EN}) / (1 - \theta)$。

（二）战略选择分析

前面私募股权资本投资机构（PE）与中小企业（EN）均采取"冷酷触发"策略，现假设私募股权资本投资机构（PE）与中小企业（EN）只有一方采取"冷酷触发"策略时，分析结果如下：

1. 私募股权资本投资机构（PE）选择"冷酷触发"策略

如果私募股权资本投资机构（PE）选择"冷酷触发"策略，那么私募股权资本投资机构（PE）一开始就会选择"积极管理"策略。也就是说，如果私募股权资本投资机构（PE）采取"积极管理"策略，而中小企业（EN）选择"违约"策略，那么私募股权资本投资机构（PE）接下来势必会对中小企业（EN）进行惩罚，这种行为可称为"冷酷触发"策略[①]。

此时，中小企业（EN）选择"违约"的话，以后私募股权资本投资机构（PE）将永远不会与中小企业（EN）合作，也就是中小企业（EN）未来收益为 0，此时中小企业（EN）总收益仅为 $R_{EN} - d_{EN}$。

当 $(R_{EN} - C_{EN} + r_{EN}) / (1 - \theta) \geqslant R_{EN} - d_{EN}$ 成立时，即 $\theta \geqslant (C_{EN} - r_{EN} - d_{EN}) / (R_{EN} - d_{EN})$

成立时，中小企业（EN）有动力选择"守约"，收益为：$(R_{EN} - C_{EN} + r_{EN}) / (1 - \theta)$。

2. 中小企业（EN）选择"冷酷触发"策略

如果中小企业（EN）选择"冷酷触发"策略，那么中小企业（EN）一开

---

① 卜振兴：《运用无限次鹰鸽博弈模型研究国际关系——以中日关系为例》，《中共四川省委党校学报》2016 年第 3 期，第 99—104 页。

始就会选择"守约"策略。此时,私募股权资本投资机构(PE)选择"消极管理"的话,以后中小企业(EN)将永远不会与私募股权资本投资机构(PE)合作,此时私募股权资本投资机构(PE)总收益仅为 $R_{PE} - d_{PE}$。

当($R_{PE} - C_{PE} + r_{PE}$)/($1 - \theta$)$\geqslant R_{PE} - d_{PE}$ 成立时,即 $\theta \geqslant$($C_{PE} - r_{PE} - d_{PE}$)/($R_{PE} - d_{PE}$)

成立时,私募股权资本投资机构(PE)有动力选择"积极管理",收益为:($R_{PE} - C_{PE} + r_{PE}$)/($1 - \theta$)[1]。

无限次重复博弈是解决投资后管理阶段私募股权资本投资机构(PE)与中小企业(EN)"囚徒困境"的一个有效方法,私募股权资本投资机构(PE)与中小企业(EN)双方会采取(积极管理,守约)的策略从而使得私募股权资本投资机构(PE)与中小企业(EN)的收益实现帕累托最优。

第四节 投资后管理的影响因素分析

私募股权资本投资后管理是保障私募股权资本投资收益的重要手段。最大限度地实现中小企业的价值增值是私募股权资本投资后管理的目的。投资完成后,私募股权资本投资机构仍然需要对中小企业进行投资后管理,以保证私募股权资本的顺利运行,同时提前预防可能对私募股权资本投资机构产生利益损害的事件发生,有效控制风险。根据国外经验,私募股权资本投资机构在确定投资后管理时,主要考虑投资阶段、投资股份、投资行业、投资效果以及私募股权资本投资机构与中小企业双方的合作时间等因素[2]。

一、投资阶段

私募股权资本投资机构应该根据中小企业的发展阶段来设计私募股权资

① 陶丙印:《我国企业信用风险管理博弈分析》,硕士学位论文,首都经济贸易大学,2009 年。
② 王天宇:《私募股权投资基金的投后管理研究——基于 J 基金对 S 公司的投资案例分析》,硕士学位论文,河南工业大学,2018 年。

本投资后管理机制。在中小企业不同的发展阶段，私募股权资本投资机构的投资后管理的方式应有所差异。在中小企业的早期，中小企业管理机构不健全，管理层缺乏管理的经验，此外中小企业的担保能力相对不足，这个阶段，中小企业对私募股权资本投资机构的投资后管理更加渴望，私募股权资本投资机构必须有较大的最终控制权，在必要时有权更换中小企业管理层，以尽可能减少私募股权资本投资的风险和损失，这时积极干预型管理方式是私募股权资本投资机构采取的常用管理方式；在中小企业的后期，管理层的能力逐步显现，企业价值不断提高，私募股权资本投资机构的控制权可以动态调整，这个阶段，私募股权资本投资后管理的方式和内容也需动态调整，私募股权资本投资后管理的核心是对中小企业管理层进行严格的监控，并实行良好的激励，此时放任自由型管理方式是私募股权资本投资机构采取的常用管理方式[①]。

二、投资股份

私募股权资本投资机构应该根据拥有的中小企业投资股份的比例不同来设计私募股权资本投资后管理机制。由于私募股权资本投资机构拥有的中小企业投资股份的比例不同，投资后管理的方式和参与程度也会有所差异。一般情况下，私募股权资本投资机构持股权比例越大，私募股权资本投资机构与中小企业的利益、风险、成长等连在一起，私募股权资本投资机构参与投资后管理程度就越深，所选择的投资后管理方式也越多，私募股权资本投资机构也会尽最大努力为中小企业提供投资后管理服务。反之，私募股权资本投资机构持股权比例越小，私募股权资本投资机构与中小企业的利益、风险、成长等联系不是很紧密，私募股权资本投资机构参与投资后管理程度就不会太深。例如，股份多时，私募股权资本投资机构都会要求在董事会中占有席位，可能会参与中小企业的董事会、监事会、派人员出任财务经理、参与公

---

① 袁纲：《风险投资后管理机制及创新性分析》，《当代经济》2009 年第 11 期（上），第 134—136 页。

司的重大经营决策和人事决策或派专员进驻中小企业任总经理等协助中小企业进行经营管理[①]。

三、投资行业

私募股权资本投资机构应该根据中小企业所在行业性质来设计私募股权资本投资后管理机制。行业不同，私募股权资本投资风险程度也不一样。私募股权资本投资机构应根据投资行业的性质来确定投资后管理的方式。例如，科技型中小企业领域的创业者大多数是技术型人才，缺乏系统的管理知识，私募股权资本投资未来收益具有较大的不确定性，在这种行业里私募股权资本投资机构对这种企业的投资后管理参与程度就深；反之，对于风险小的非科技型中小企业，其未来收益的不确定性相应较小，创业者大多属于在市场打拼多年的职业经理人，私募股权资本投资机构参与程度就浅一些[②]。

四、投资效果

通常情况下，在中小企业运行正常时，私募股权资本投资机构介入的程度可浅些，私募股权资本投资机构只需和中小企业管理层保持定期的沟通，不会主动地介入中小企业的日常经营管理中，私募股权资本投资机构可采取放任自由型投资后管理；相反，当中小企业的运行出现困难时，如团队中关键人物突然离职、产品未能如期生产以及大客户毁合同等困境，私募股权资本投资机构应主动介入中小企业的日常经营管理，向中小企业提供力所能及的帮助，私募股权资本投资机构要采取积极干预型投资后管理。但如果在私募股权资本投资机构的各种补救措施对中小企业无济于事时，私募股权资本投资机构应该果断退出[③]。

---

① 王奇：《风险投资对创业板企业 IPO 抑价的影响》，硕士学位论文，西南财经大学，2013 年。
② 杨锴：《风险投资投后管理探究》，《中国物价》2011 年第 2 期，第 37—40 页。
③ 黄韬：《股权投资基金募集法律制度研究》，博士学位论文，南京大学，2013 年。

五、双方合作的时间

防范私募股权资本投资风险是私募股权资本投资机构对中小企业进行投资后管理的一个主要原因。一般情况下，私募股权资本投资机构与中小企业合作的时间越长，私募股权资本投资机构对中小企业的经营情况越了解，越能减小私募股权资本投资机构对中小企业两者之间的信息不对称，从而降低私募股权资本投资风险，私募股权资本投资机构的投资后管理力度越弱。反之，如果私募股权资本投资机构与中小企业合作的时间越短，私募股权资本投资风险越高，私募股权资本投资机构的投资后管理力度越强[①]。

第五节 投资后管理阶段的增值服务及案例分析

私募股权资本投资后管理是私募股权资本运行的一个非常重要的阶段。私募股权资本投资机构在向中小企业进行私募股权资本投资后，为使扶持的中小企业上市实现资本退出，通常会向中小企业提供一系列增值服务，例如，为提升中小企业的盈利能力，助其快速成长与发展，私募股权资本投资机构会鼓励中小企业的创新和研发活动，帮助中小企业介绍潜在的用户和供应商、为中小企业提供融资与法律咨询服务，帮助中小企业聘用高级管理人员进行管理。不同的私募股权资本投资机构为中小企业提供的增值服务是不同的。优秀的私募股权资本投资机构往往帮助中小企业建立良好的制度，甚至帮助其物色优秀的技术人员与管理人员，参与中小企业的战略规划。

一、增值服务的内涵剖析

所谓增值服务（Value Added Service），是指为使中小企业快速成长与发

---

① 周国武：《风险项目选择的信息不对称消除研究》，博士学位论文，中南大学，2003 年。

展，私募股权资本投资机构在向中小企业投资后，为其提供的一系列服务（包括战略制定、高层人事更换、管理咨询、市场营销、融资、上市等）。私募股权资本不同于一般资本的重要特点是在私募股权资本投资过程中，私募股权资本投资机构向中小企业提供增值服务[1]。我们构建如下增值服务概念模型如图 6－1 所示。提供增值服务水平的高低是衡量私募股权资本投资机构水平高低的重要标准。在私募股权资本投资过程中，私募股权资本投资机构投入的不仅仅是资本，他们还提供重要的增值服务。私募股权资本可有效缓解中小企业的融资压力，为我国的中小企业开辟一条新的融资渠道。私募股权资本投资机构在对中小企业投入股权资本的同时也输入有效的管理模式，有利于改善中小企业的激励与约束机制，让中小企业的业务与各项社会资本更好地结合，从而促进中小企业的发展与价值提升。例如，平安 PE 利用在过去 20 多年积累的丰富经验，高薪聘请财务、人事、运营和资本运作等方面的专家顾问组建投资后管理团队，除为企业提供其急需的资金外，还为被投资企业提供财务规划、资本运作、投行顾问、组织扩展、人力资本、IT 技术等一系列增值服务[2]。又如，中科招商集团提供的增值服务有"资产管理、产业促进、并购重组和云信息服务"（如图 6－2 所示）。

---

[1] 杨肖：《创业投资中增值服务发展策略研究——以君联资本投资神州租车为例》，硕士学位论文，贵州大学，2015 年。

[2] 康民：《与 PE 竞争靠投资后管理》，《中国保险报》2013 年 1 月 7 日第 8 版。

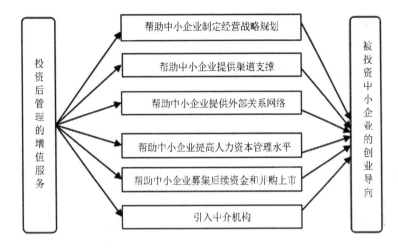

图 6—1 私募股权资本投资后管理增值服务概念模型

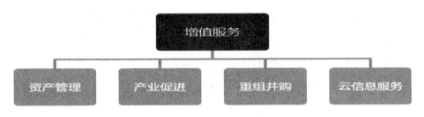

图 6—2 中科招商集团提供的增值服务

资料、图片引自中科招商集团官网，网址：http://www.leadvc.com/business.asp? section＝2&item＝1。

二、增值服务的内容

私募股权资本投资机构投资的中小企业，大多是高新技术中小企业，其创业者多拥有较高的技术水平，但经营管理能力不足。私募股权资本投资机构拥有各方面的专业人才，可帮助中小企业进行市场调研、制定战略规划、提供财务法律方面的增值服务以及监督中小企业的生产经营，以使中小企业更快更好地发展，实现收益最大化[①]。当然，私募股权资本投资机构并不是事

---

① 陈风华：《衡阳产业投资基金发展战略研究》，硕士学位论文，南华大学，2014 年。

无巨细的为中小企业提供增值服务，主要是在中小企业的经营战略制定、人事安排、组织结构调整等宏观方面提供增值服务，并不介入微观管理。具体来说，私募股权资本投资机构为中小企业提供的增值服务通常有以下几方面的内容：

（一）帮助中小企业制定经营战略规划

经营战略规划是中小企业发展的指引。私募股权资本投资机构通常对其投资行业的市场变化趋势以及市场潜力大小有较深入的了解。私募股权资本投资机构向中小企业投资后，可以协助中小企业正确制定出符合自身特点的经营战略规划。在我国中小企业的发展过程中，私募股权资本投资机构的出现对于中小企业把握经营战略规划有一定的作用[1]。为顺利实现私募股权资本退出与资本增值，私募股权资本投资机构要参与中小企业的经营战略规划的制定。

（二）帮助中小企业提供渠道支撑

中小企业尤其是一些初创期的中小企业由于市场尚未打开，缺乏良好的营销渠道。私募股权资本投资机构在长年累月跟政府部门、各种中介机构以及中小企业交往的过程中形成了一定社会网络，可以帮助中小企业建立相应的关系渠道。私募股权资本投资机构可以利用其建立的关系网络为中小企业提供生产、销售和售后服务，帮助中小企业寻找合适的供应商、销售商，提供会计统计服务，提供法律咨询与帮助寻找合适的管理人员等[2]。

（三）帮助中小企业提供外部关系网络

对中小企业来说，私募股权资本投资机构在多个行业领域的丰富投资经验，其所拥有的社会关系网络是宝贵的财富。私募股权资本投资机构通常与社会各界有着广泛的联系。优秀的私募股权资本投资机构具有广泛的政府关

---

① 刘奕询：《风险投资的 IPO 效应研究》，博士学位论文，华南理工大学，2011 年。

② 张斌：《基于交易成本理论的风险投资机理研究》，博士学位论文，武汉理工大学，2011 年。

系网络、金融关系网络、成熟的管理团队、信息资源网络、服务咨询网络、企业关系网络以及专家网络。如果中小企业能有效嫁接这些社会关系网络，将极大地改善中小企业的社会关系环境。私募股权资本投资机构往往能够凭借这些关系网络为中小企业带来许多战略性资源。一是帮助中小企业寻找供应商、产品经销商，拓展财务资源以及商业伙伴，帮助中小企业挑选投资银行、律师事务所以及会计师事务所，为中小企业引入重要的战略合作伙伴。二是为中小企业寻找技术、生产运营、销售和财务管理等关键领域的人才，有时帮助中小企业寻找 CEO[1]。

（四）帮助中小企业提高人力资本管理水平

中小企业人力资本的内涵包括他们先天的禀赋、后天的教育培训获取的各种能力。本书把中小企业的人力资本划分为四种子资本：智力资本、知识资本、经验资本、声誉资本。人力资本是中小企业最重要的资产，因此，对中小企业里的管理人才要有良好的激励机制和严格的约束机制。如果私募股权资本投资机构所投资的中小企业失败，则私募股权资本投资机构的声誉将受损，以后很难再募集到私募股权资本。私募股权资本投资机构的持股比例对中小企业的激励机制影响最大，特别是私募股权资本投资机构的持股比例越高时，私募股权资本投资机构会通过股权激励的方式来激励中小企业的管理层，将管理层的利益与中小企业的绩效联系起来，从而更好地发挥中小企业激励机制的作用[2]。由于私募股权资本投资产权关系明晰、利益约束硬化、激励机制透明，可以有效解决私募股权资本投资机构与中小企业的利益机制问题，能为最优秀的人才创造发挥最大潜能的制度条件[3]。私募股权资本投资机构帮助中小企业提高人力资本管理水平，既是私募股权资本投资机构确保自身发展方向的一个机制，也是增值服务的一项重要内容。

---

① 陶锋：《天际网组织管理与组织学习实践》，硕士学位论文，清华大学，2007 年。
② 苏启林：《家族控制、私募股权投资介入与民营上市公司治理》，经济科学出版社 2013 年版，第 157 页。
③ 王苏生、邓运盛、王东：《私募基金风险管理研究》，人民出版社 2007 年版，第 14 页。

（五）帮助中小企业募集后续资金和并购上市

中小企业在发展过程中不可避免地会遇到资金"瓶颈"。私募股权资本投资机构会采取追加投资、辛迪加投资以及利用自身的金融网络策划不同的融资方式来满足中小企业不同阶段的实际资金需要，帮助其解决后续资金问题。同样当中小企业发展到相应阶段，私募股权资本投资机构可以帮助中小企业增资扩股、兼并重组、上市等方式为中小企业策划后续融资[1]。私募股权资本投资机构善于利用社会资本为中小企业后续融资提供支持。私募股权资本投资机构可以通过策划并购为中小企业后续融资进行支持。为中小企业追加后续融资，有利于中小企业快速发展，实现中小企业的快速增值，这样可以使私募股权资本投资机构得到丰厚的回报，而且中小企业的快速增值能为私募股权资本投资机构赢得良好声誉，便于私募股权资本投资机构下一次募集资本。因此，为中小企业策划后续融资的能力，是考察、检验私募股权资本投资机构增值服务能力的重要标准，私募股权资本投资机构需要努力提高此方面的能力。

（六）引入中介机构

随着市场经济的发展，中介机构发展也成熟起来，成为市场体系的重要组成部分。私募股权资本投资机构可以在财务、法律、评估、管理、知识产权、投资、融资等方面为中小企业引入诸如会计师事务所、律师事务所、评估机构、投资银行及管理咨询公司、知识产权估值机构、投融资顾问、行业协会、督导员机构等中介，为中小企业提供专业的中介服务。在私募股权资本运行过程中，中介机构起着牵线搭桥的作用，既能为私募股权资本投资机构减少投资风险，保障私募股权资本的增值利润，又能使中小企业获得资金[2]。中小企业发展到一定阶段，需要中介机构提供专业化的服务，私募股权资本投资机构可中介机构的遴选、方案制订及评价沟通等方面为中小企业提

---

[1] 毛青松：《国内外 PE 投资策略比较研究》，硕士学位论文，大连海事大学，2012年。
[2] 王磊：《东营地区私募股权基金设立与发展研究》，硕士学位论文，中国石油大学，2010年。

供帮助，使其免走弯路。

三、案例分析：达晨创投投资同洲电子[①]

（一）案例概况

深圳市同洲电子股份有限公司成立于 1994 年 7 月，主要从事 LED 光电显示系列产品、光通信、卫星通信、有线电视、数字电视等领域宽带通信产品等高科技产品的研发和生产，致力于促进人类文明传播，为全球客户提供一流的产品和服务。"2001 年，公司吸收深圳市达晨风险投资有限公司（简称达晨创投）、创新投资集团有限公司（简称创新投）、高新技术产业投资服务有限公司（简称高新投）、深港产学研风险投资有限公司（简称深港产学研）等四家风险投资公司的联合投资 2000 万元，占公司股份 25%（达晨创投 10%，创新投 8%，深港产学研 5%，高新投 2%），并随后改制为管理规范的股份企业——深圳市同洲电子股份有限公司。"达晨创投、深港产学研、深创投、高新投资等进入后，"发挥了各自的丰富资源优势，带来了更多的资金和各种增值服务，彻底解决了公司的资金瓶颈，在投融资各方的努力下，公司得到了飞速发展。2006 年 6 月 27 日，同洲（股票代码为 002052）作为国内专业性从事数字电视第一股的龙头企业"[②]。同洲电子上市后，达晨创投出售其持有同洲电子的一半股票，获得的收益相当于达晨当年 960 万元投资的 10 多倍，套现 1 亿多元[③]。

达晨创投投资同洲电子这个案例是我国本土风险投资第一个成功案例，被誉为 2006 年中国创投的里程碑，同时也是我国私募股权资本投资的成功典范。达晨创投（深圳市达晨创业投资有限公司）、深港产学研（深圳市深港产

---

① 王泽翼：《风险投资增值服务对中小企业成长绩效影响的实证研究》，硕士学位论文，暨南大学，2011 年。

② 曾蔚、游达明、刘爱东等：《联合风险投资的价值溢出机理与案例分析》，《研究与发展管理》2008 年第 4 期，第 103 页。

③ 曾蔚、游达明：《基于联合风险投资的创业智力资本导入机理研究》，《财务与金融》2011 年第 6 期，第 24—29 页。

学研创业投资有限公司)、深创投(深圳市创新投资集团有限公司)、高新投资(深圳市高新技术投资担保有限公司)是案例中的投资机构;同洲电子(深圳市同洲电子股份有限公司)是案例中的被投资企业。

(二)私募股权资本投资机构为同洲电子提供的增值服务分析

达晨创投、深创投、深港产学研、高新投资分别利用他们在政府、金融、市场、学校等方面的资源为同洲电子提供增值服务。除资金注入,达晨创投、深创投、深港产学研、高新投资等机构,还为同洲电子提供多层次、全方位的增值服务。首先,他们为同洲电子 IPO 做好上市辅导工作。在进入同洲电子之后,他们帮助同洲电子优化公司财务结构,规范管理决策。此外,同洲电子上市的整个过程也主要由这三家机构来主导。同洲电子管理层知道私募股权资本投资机构与自身的利益一致。除了力推同洲电子上市,达晨创投、深创投、深港产学研、高新投资等机构也帮助同洲电子提高自身的声誉,而他们的介入就是对同洲电子质量的最好肯定。他们为同洲电子提供的增值服务有:

1. 帮助制定经营战略规划。达晨创投、深创投、深港产学研、高新投资在帮助众多高科技公司制定经营战略规划方面取得了成功经验。他们参与同洲电子的经营战略规划制定,为同洲电子制定经营战略规划提出大量建设性意见,可在一定程度上保证同洲电子经营战略规划的科学性。此后,同洲电子的市场开拓和后续发展方面得益于此。

2. 提供渠道支撑。第二大股东达晨创投具有广泛的市场资源,再加上其拥有湖南广电集团的行业背景等优势。达晨创投利用其在湖南广电系统的社会关系网络资源为同洲电子提供强有力的渠道支撑。对同洲电子的渠道规划、管理、开拓等起到重要的促进作用。同洲电子与湖南有线电视的资源对接,"同洲获得了湖南数字电视市场的第一笔订单,为在湖南市场的开拓打下坚实基础"。此后,"同洲再接再厉,获得 20 多个大中型城市机顶盒订单,成为中国数字电视第一品牌,一举奠定了国内机顶盒市场的龙头地位。"在国际市场,同洲电子的产品批量出口到北美、欧洲、澳大利亚、南美、中东、东南亚、北非等地区，连续八年全国同行出口第一，成为国际知名品牌①。

3. 提供外部关系网络。联合投资同洲电子的4家创投拥有广泛的资金、市场、管理、政府和社会资源等外部关系网络。其中，达晨创投为同洲电子开拓广电市场提供其在湖南广电集团拥有的渠道关系网络；深创投的主要管理人员与政府有关部门建立和保持密切的良好关系，具有长期的政府工作经验和丰富的政府资源，深创投有效地整合深圳市政府的资源，争取到政府政策的支持同洲电子的发展；高新投为同洲电子的融资提供担保与支持；深港产学研与同洲电子建立科研交流和合作关系。例如：深港产学研与国内众多知名学府（如北京大学、香港科技大学等）有密切关系，拥有广泛的高校资源，补充同洲电子的管理和科研资源，为同洲电子的发展提供科技与管理支持。

4. 提高管理水平。上市前，袁明、袁华兄弟俩持有同洲电子近60％的股份，家族企业的背景浓厚②。达晨创投、深创投、深港产学研、高新投资进入同洲电子后，参与同洲电子的内部管理。同洲电子最大的变化是企业在框架设计、财务、法律、管理等方面透明度的增加，并逐步走向全面规范，改变同洲电子原有浓厚的家族企业的管理模式。达晨创投、深创投、深港产学研、高新投资合计占同洲电子25％的股份，为提高4家创投在同洲电子的话语权，便于参与企业的重大决策，达晨创投、深创投、深港产学研、高新投资在同洲电子7个董事席（其中含两个独立董事）位中占有三个，企业重大事项必须经4家创投机构一致同意方能通过，这促使同洲电子突破管理瓶颈，提高管理水平③。

5. 募集后续资金和上市。达晨创投、深创投、深港产学研、高新投资进入同洲电子后，继续帮助其募集后续资金和上市。其中，达晨创投帮助同洲电子获得银行融资8000万元，派专人全面负责同洲电子的上市工作；深创投

---

① 曾蔚：《基于联合风险投资的创业智力资本对企业价值创造的作用机理研究》，博士学位论文，中南大学，2012年。

② 邢会强、孙红伟：《同洲电子：中国风险投资首个成功案例》，《国际融资》2009年第10期，第40—43页。

③ 曾蔚、游达明、刘爱东等：《联合风险投资的价值溢出机理与案例分析》，《研究与发展管理》2008年第4期，第101—105页。

为同洲电子建立研究中心和产业化基地带来专门建筑用地的划拨、重大项目的承接、政府的专项拨款和基金等政府资源和全方位的政策支持；深港产学研为同洲电子提供多项过桥贷款服务；深圳高新投为同洲电子提供 2000 万元人民币的贷款担保。由于达晨创投、深创投、深港产学研、高新投资的进入，同洲电子的银行资信等级得到大幅度提高，信贷额度由 300 万提高到 6000 万，2003 年获得 2000 万元人民币的信誉贷款[1]。创投帮助中小企业募集资金的服务效果是显而易见的，在这个案例中，达晨创投、深创投、深港产学研、高新投资四家创投向同洲电子投入 2000 万，为其带来 13000 万的资金[2]。

6. 引入中介机构。在达晨创投、深创投、深港产学研、高新投资四家创投机构的帮助下，同洲电子引入广发证券股份有限公司作为保荐人（主承销商），同时引入北京市金杜律师事务所、深圳市鹏城会计师事务所有限公司等中介机构为其提供上市辅导[3]。

从以上分析可以看出，同洲电子的迅速成长与发展离不开达晨创投、深创投、深港产学研、高新投资的资金支持，但同洲电子的迅速成长与发展的关键在于四家创投机构为其提供一系列增值服务。

本章小结

在本章，我们主要完成五个任务：

一是分析私募股权资本投资后管理的内涵与方式。分析私募股权资本投资后管理的内涵与特点，分析私募股权资本投资后管理的功能与管理方式，从大的方面来看，私募股权资本投资后管理方式有增值服务与监控两种。

二是私募股权资本投资后管理的经济学分析。私募股权资本运行的第三个环节是投资后管理阶段。私募股权资本投资机构将募集来的私募股权资本

---

① 曾蔚：《基于联合风险投资的创业智力资本对企业价值创造的作用机理研究》，博士学位论文，中南大学，2012 年。

② 马琨：《话"同洲"看"创投"》，《深圳特区科技》2006 年第 7 期，第 8 页。

③ 《深圳市同洲电子股份有限公司招股说明书》，2010 年 6 月 9 日，2016 年 4 月 11 日，http://www.doc88.com/p-5520221702.html。

投资到中小企业之后，通过有效监管和提供增值服务的过程，实现劳动力与生产资料的有机结合，生产出包含创新利润在内的创新产品，这就是私募股权资本运行的投资后管理的阶段。私募股权资本投资后管理也具有二重性。

三是分析私募股权资本投资后管理阶段 PE 与 EN 的博弈策略。分别构建 PE 与 EN 的一次博弈模型、PE 与 EN 的有限次重复博弈模型、PE 与 EN 的无限次重复博弈模型。

四是分析私募股权资本投资后管理的影响因素。指出私募股权资本投资机构在确定投资后管理时，主要考虑投资阶段、投资股份、投资行业、投资效果以及私募股权资本投资机构与中小企业双方的合作时间等因素。

五是投资后管理阶段的增值服务及案例分析。分析增值服务的内涵，探讨增值服务的内容，具体来说，私募股权资本投资机构为中小企业提供经营战略规划、提供渠道支撑、提供外部关系网络、提高人力资本管理水平、帮助中小企业募集后续资金和并购上市、引入中介机构等方面的增值服务。通过达晨创投投资同洲电子的案例来分析上述理论的适用性。

第七章 我国私募股权资本退出机理研究

　　私募股权资本退出是私募股权资本运行周期的最后一个阶段。私募股权资本成功退出对私募股权资本投资机构下一次募集资本具有决定性的作用。在退出阶段，私募股权资本投资机构全部或部分转让被投中小企业的股份，以减少所持权益的额度或风险敞口。私募股权资本退出是私募股权资本运行必不可少的环节。如果没有退出，私募股权资本运行的链条就会中断，私募股权资本就无法实现增值[①]。研究私募股权资本退出的主要目的是选择适当的退出时机、建立通畅的退出渠道和采用适当的退出方式来实现私募股权资本增值的顺利变现。由于退出渠道不通畅，我国的私募股权资本行业发展明显滞后于经济发展。在私募股权资本运行过程中，私募股权资本投资机构要把握好适当的退出时机，这样才能使私募股权资本投资的价值最大化，通畅的私募股权资本退出渠道不仅可以实现私募股权资本的顺利变现，提高其流动性，还可以补偿私募股权资本投资机构所承担的风险。

　　总的来说，我国私募股权资本的退出机理可以概括为私募股权资本投资机构遵循合理的私募股权资本退出流程，以科学理论为指导，尽可能地选择最优的退出渠道，全面分析退出阶段的影响因素，从而实现私募股权资本的增值。私募股权资本退出阶段结束后，私募股权资本运行进入下一个"募集——投资——投资后管理——退出"的循环与周转。我们将在以下的内容中进行具体论述。

---

① 张博宇：《私募股权投资基金退出机制研究》，硕士学位论文，天津大学，2010年。

第一节 私募股权资本退出内涵与流程分析

一、私募股权资本退出的内涵分析

一般来说，私募股权资本退出指的是在私募股权资本运行的过程中，私募股权资本投资机构在中小企业成长与发展到一定阶段后选择适当的退出时机将私募股权资本从中小企业中退出，通过私募股权资本市场以合适的退出路径（如 IPO、并购、回购、清算）和合适的价格出售或转让其手中持有的股权，以使股权变现并且实现投资收益，从而实现私募股权资本的增值，为介入下一个中小企业做准备。"募集——投资——投资后管理——退出"是整个私募股权资本运行所遵循的过程。私募股权资本的顺利退出是私募股权资本运行的最后一个阶段。退出不仅是私募股权资本上一个运行循环的终点，也是下一个循环的起点。退出环节在保障私募股权资本的"募集——投资——投资后管理——退出"循环运转的过程中具有十分重要的战略意义。成功的退出不仅可以给相关参与主体带来丰厚的收益，而且对私募股权资本投资机构再一次募集私募股权资本具有举足轻重的作用①。

二、私募股权资本退出的功能

在私募股权资本投资机构将私募股权资本投入到中小企业时，私募股权资本投资机构就会对私募股权资本退出时机与方式有一个初步规划。私募股权资本退出时机选择是一种动态选择，我们可以将这个过程描述为私募股权资本投资机构为在投资中获得回报，需要将非流动的中小企业股权变成实际的收益。这是私募股权资本实现收入与增值的标志，私募股权资本退出具有

---

① 刘旸：《美国私募权益资本研究》，博士学位论文，吉林大学，2010 年。

以下特征：

（一）退出是实现私募股权资本运行中金融与非金融循环的关键

一个良好的退出市场，能够促使更多资金向私募股权资本投资机构聚集，才能保证私募股权资本募集、投资、投资后管理与退出四个环节的顺利运行与循环。私募股权资本投资机构一般在进行资金的募集阶段时，双方都会进行双向选择。私募股权资本投资者会根据私募股权资本投资机构的规模大小来选择投资，同样私募股权资本投资机构会依据该企业的资本情况与私募股权资本投资者签订一份协议。因此，私募股权资本投资机构想要吸引更多的私募股权资本投资者，并且能够保持与原来私募股权资本投资者的继续合作，就要看私募股权资本退出的阶段是否顺利，能否从资本的退出阶段中获得资本的增值收益。这样，在以后的新一轮私募股权资本投资中才能形成良好的私募股权资本循环体系。私募股权资本如果不能成功的退出，不仅投资的私募股权资本不能获得合理的高收益，而且还会因此使整个私募股权资本运行的链条断开。私募股权资本运行目的是充分利用资金，实现资金的高效循环，只有从一个项目中退出才能获得本金和收益的变现，进入下一个项目的运作。完善的退出机制能够保证私募股权资本在时间和空间上的有效循环，使私募股权资本从已增值项目中撤出进入下一个新的项目[①]。反之，私募股权资本投资机构将因难以募集到资本而无法运营，"募集——投资——投资后管理——退出"的私募股权资本的循环与周转也就无从建立。私募股权资本运行的链条就会中断，无法实现私募股权资本运行中的金融与非金融的良性循环。

（二）退出是私募股权资本投资机构获取投资回报的重要手段

作为私募股权资本主导形式的私募股权资本投资机构。私募股权资本投资的成功与否要视最后退出的情况而定。私募股权资本投资的目的不是拥有和经营中小企业，其根本目的和动机是为获得高额投资回报，因此，私募股权资本投资机构每投资一个中小企业，就要同时考虑退出，取得高额回报

---

① 刘芳：《中国私募股权投资基金退出方式研究》，硕士学位论文，辽宁大学，2011 年。

（参见表 7—1）。没有高额投资回报，私募股权资本市场就无从发展。无论是以何种形式成立的私募股权资本，它在持有中小企业股权到一定时候后，就要考虑退出，收回投资，而不是对被投资中小企业实施控制[①]。私募股权资本投资机构只有顺利出让他在中小企业的股权资本后，才得以实现其价值。每一个私募股权资本投资机构都想在适当的时候出让手中的股权资本，从资本增值中获得高额利润。退出是对私募股权资本投资机构业绩的客观评价[②]。对私募股权资本投资者来讲，私募股权资本投资机构投资中小企业的经营业绩是私募股权资本投资机构投资能力的一个信号。成功的退出也是私募股权资本投资机构向私募股权资本投资者展示能力和业绩的好机会。同时，成功的退出会给私募股权资本投资机构赢得声誉。

表 7—1 2016 年 1 季度 VC/PE 支持的中国企业账面投资回报统计

	上市地点	平均账面投资回报（倍）
海外市场	香港主板	5.60
	纳斯达克证券交易所	2.54
	平均	4.24
境内市场	上海证券交易所	2.36
	深圳中小板	2.25
	深圳创业板	2.06
	平均	2.28
平均		2.61

资料、数据引自吴蒙：《2016Q1 仅 36 家中企上市，A 股注册制踩刹车，新三板继续高歌猛进》，2016 年 4 月 12 日，2016 年 6 月 11 日，http://www.jiemian.com/article/605647.html。

（三）退出是解决双层代理问题的有效手段

退出机制是私募股权资本市场的重要组成部分，其畅通和完善与否直接

[①] 曹和平：《中国私募股权市场发展报告》（2013—2014），社会科学文献出版社 2014 年版，第 65 页。

[②] Cumming D.，Walz U.，"Private equity returns and disclosure around the world"，*Journal of International Business Studies*，2010，Vol. 41，No. 4，pp. 727—754.

决定私募股权资本市场的投资积极性和活跃程度。在私募股权资本投资者、私募股权资本投资机构和中小企业三大决策主体之间，由于信息的不对称，存在着委托代理关系。在私募股权资本投资机构和中小企业之间，私募股权资本投资机构是委托人，中小企业是代理人。为降低代理风险，私募股权资本投资机构必须对中小企业进行有效的激励和约束。良好的退出机制则是解决私募股权资本委托代理问题的重要保障[1]。作为委托人的私募股权资本投资机构不愿看到私募股权资本缺乏流动性，或者是私募股权资本投资机构与中小企业现金流断裂。退出是私募股权资本运作能力的度量工具，是私募股权资本投资者评判私募股权资本投资机构的重要指标，是解决双层代理问题的有效手段。

（四）退出有利于实现中小企业的价值

私募股权资本的退出机制是私募股权资本成功的基本保障。私募股权资本一般由职业的私募股权资本投资机构从社会募集而来，具有高风险、很强的资产专用性以及价值评估困难等特殊性[2]。如果私募股权资本投资机构无法从投资的中小企业撤出，就无法进行新的投资活动，私募股权资本自身的运动与中小企业价值的增值过程和社会的创业活动就会中断，进而导致私募股权资本活动因难以募集到社会资本而无法进行。在募集、投资、投资后管理与退出四个阶段中，退出尤为重要，它是私募股权资本运行的关键环节。私募股权资本投资机构并不在意通过持有企业股权而获得稳定的股息收益，其目的是分享中小企业的高成长所实现的资本利得，这也是中小企业的价值实现功能的体现[3]。

---

① 程希：《我国私募股权基金投资并购退出研究》，硕士学位论文，天津商业大学，2017 年。

② Sorensen M.，Wang N.，Yang J Q.，"Valuing private equity"，*The Review of Financial Studies*，2014，Vol. 27，No. 7，pp. 1977-2021.

③ 熊奇：《创业板下风险资本的退出——基于中小投资者权益保护视角》，硕士学位论文，西南财经大学，2011 年版。

三、私募股权资本退出的一般流程

退出环节是私募股权资本运行过程中重要的环节。私募股权资本投资机构关注的不仅是退出路径选择问题，而且还有退出时机与退出过程以及相关决定因素。成功的退出有利于私募股权资本投资机构为下一轮资本募集做准备。私募股权资本投资机构进行投资不是为了拥有或者控制中小企业，而是为了私募股权资本的增值。因此，是否拥有一个畅通的私募股权资本退出渠道，对于私募股权资本运行起着极其重要的作用。一般来说，私募股权资本退出的流程①包括：确认私募股权资本退出机会、评估私募股权资本退出路径、设计私募股权资本退出过程、分工开始谈判、准备私募股权资本退出过程、开始执行私募股权资本退出、交易结束和私募股权资本退出后评估。

（一）确认退出时机

私募股权资本投资机构何时转让或出售其所持股份，则要视时机而定。一般情况下，私募股权资本投资机构要在中小企业走向成熟、市场对其产生良好预期时，才会出让其股权。就私募股权资本的退出时间而言，退出太晚，可能错过最佳的退出时机，同时还会影响私募股权资本投资机构的下一轮资本募集与投资，机会成本较高；退出太早，难以达到私募股权资本支持中小企业成长与发展的目的，也不利于私募股权资本投资机构获得预期的收益②。通常情况下，私募股权资本最佳的退出时机应该是资本市场上的投资者对中小企业价值产生高估的时候。私募股权资本投资机构退出时间的选择会对中小企业的利益具有重要的影响，一般来讲私募股权资本在最佳时机退出可以实现收益的最大化。私募股权资本投资机构确定退出时机需要考虑多方面的因素。私募股权资本投资机构不仅需要考虑当时投资中小企业的运营情况和实际的收益状况，同时要结合当时宏观经济政策。从宏观经济来看，投资中

① 文学国：《私募股权基金法律制度析论》，中国社会科学出版社 2010 年版，第 177—179 页。
② 刘志芳：《私募股权投资基金退出法律制度研究》，硕士学位论文，河北大学，2016 年。

小企业要受到投资环境、生产环境、销售环境的影响。经济周期的波动影响着经济政策的调整，从而影响着投资环境的变化。经济周期的变化影响着生产要素的价格和居民的就业情况，从而影响着投资中小企业的生产环境[①]。与此同时，经济政策、经济周期与利率的变化影响着投资项目的销售环境（如图 7—1 所示），由此可知确定正确的退出时机是十分重要的。

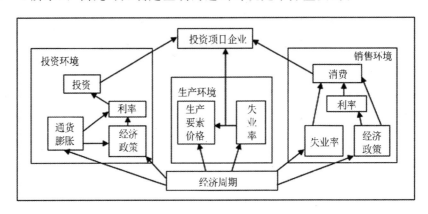

图 7—1　宏观环境对投资项目企业的影响

资料、图片引自李昕旸、杨文海：《私募股权投资基金理论与操作》，中国发展出版社 2008 年版，第 222 页。

（二）评估退出路径

退出路径是解决私募股权资本价值实现的途径问题，退出时机是解决私募股权资本何时退出的问题，退出过程是解决私募股权资本如何退出的问题。在确定私募股权资本退出的时机之后，要通过对各种合适的退出渠道进行评估，通过各种金融机构、中介机构等机构之间的相互协助，使得私募股权资本的退出路径选择更加合理化与便捷。在国家相关法律、法规的规定下，选择最有利于私募股权资本投资机构的方式退出。退出方式主要有 IPO、并购、

①　徐晓音：《我国中小企业融资方式选择影响因素研究》，博士学位论文，华中科技大学，2010年。

回购、清算四种方式①。退出在私募股权资本中处于核心的地位。多元的退出方式是实现私募股权资本行业高回报的关键，而高回报是吸引资本进入私募股权资本行业的根本原因。私募股权资本退出环节是决定私募股权资本运行成败的关键环节，影响着私募股权资本行业的持续发展。同时，关系到我国中小企业的健康发展。因此，要构建合理的多层次私募股权资本退出市场，多渠道的私募股权资本退出方式，促进私募股权资本顺利退出。

（三）设计退出过程

在私募股权资本投资机构确定好相应的退出环节与退出时间后，需要设计合理的私募股权资本退出过程，这涉及两个方面，第一是需要各方面的专业人员的相关运作，如法律、税收、利润计算等商业事务的程序说明和核算。第二是需要多方面的中介机构进行退出路径的监控，以此确保私募股权资本退出环节的顺利实施②。

（四）分工开始谈判

确定分工的合理化，确保每个参与私募股权资本退出过程的主体在权利和义务关系能够得到明确的划定，同时能够保障在私募股权资本退出阶段结束后，所得到的收益得到合理的分配，这需要制定详细的退出过程计划书③。计划书的制定能够对大家的工作任务有一个明确的界定，提高私募股权资本退出过程参与主体的工作积极性与主动性，从而实现私募股权资本退出效率的最大化。

---

① 陈丽萍，高艳：《我国私募股权投资基金退出方式研究》，《商业经济》2013年第22期，第107—108页。
② 朱宝莹：《中国私募股权基金退出的法律制度研究》，硕士学位论文，西南政法大学，2012年。
③ 崔璨：《私募股权投资基金退出方式研究》，硕士学位论文，中国社会科学院研究生院，2011年。

（五）准备退出过程

在做好前期相应的私募股权资本退出工作之后，需要将事先准备的关于中小企业相关环境调研、财务状况和业务前景预测以相关文件的形式提供给潜在参与私募股权资本退出过程的主体，使得参与私募股权资本退出过程的主体能够在各个方面能够准确、全面地了解私募股权资本退出的情况[①]。

（六）开始执行退出

中小企业通过私募股权资本投资机构给潜在参与私募股权资本退出主体提供信息，同时与私募股权资本投资机构管理团队进行接触与了解，开始执行私募股权资本的退出。

（七）交易结束与退出后评估

一旦有关各方就私募股权资本退出协议达成一致，完成私募股权资本退出后，退出阶段就算圆满地完成。为使私募股权资本退出能够顺利进行，建立和完善私募股权退出阶段的监督评估机制必不可少。

从私募股权资本退出的一般流程可以看出，私募股权资本与一般投资的重要区别在于，私募股权资本不仅向中小企业提供资本支持，同时还提供管理咨询及资本运营等服务，并通过出售所投资企业的股权来获取增值收入。中小企业的高风险性决定私募股权资本的介入并以资本的流动性为前提条件。因此，私募股权资本运作成功的最后一个关键环节是私募股权资本投资机构从中小企业中撤出。只有顺利将所持股份变现并退出，私募股权资本才具有流动性，才能充分发挥自身的资本运营优势，抚育和辅导更多的中小企业。从这个意义上来说，退出机制是私募股权资本的变现器、稳定器，是私募股权资本顺利运行的必要条件。如果我国私募股权资本退出机制不健全，私募

---

① 张增磊：《政府投资基金经济效应及作用路径研究》，博士学位论文，中国财政科学研究院，2018年。

股权资本行业就难以发展[①]。

第二节 私募股权资本退出的经济学分析

私募股权资本退出的职能是由股权资本转化为货币，是私募股权资本投资机构收回初始投资，实现价值增值的阶段。即私募股权资本投资机构成功地将私募股权资本从中小企业中退出。马克思在论述产业资本循环时认为 w 是 W 的增长额，g 是 G 的增长额，g 是 w 的货币表现。此时，$W'-G' = （W+w）-（G+g）$，因此，$G-W\cdots P\cdots W'-G'$ 的详细形式就变成 $G-W\cdots P\cdots（W+w）-（G+g）$。到退出阶段，私募股权资本运行完成其本轮运动周期的过程，从而使私募股权资本运行有新周期运行的可能。退出对于私募股权资本的运行有着重要的意义，私募股权资本的顺利退出后，私募股权资本投资机构可以收回初始投资，实现私募股权资本的增值，私募股权资本投资者也可以获得相应的收益，私募股权资本的循环将继续进行[②]。相反，如果私募股权资本投资的中小企业亏损、破产、倒闭，私募股权资本投资就可能血本无归。这一阶段决定私募股权资本投资机构的命运，是私募股权资本投资效益的最终检验。私募股权资本的退出，本属于简单私募股权资本运动的范畴，但这个运动实质上是私募股权资本职能的实现问题。

私募股权资本与产业资本运动公式相比，区别就是私募股权资本具有很强的虚拟性质，更多地要借助 IPO、清算、股权回购、并购等方式来实现。此外，产业资本的价值增值主要是通过在商品市场销售商品 W'来实现，而私募股权资本增值主要是通过在资本市场转让股权来实现[③]。这样，借助于私募股权资本的参与主体在私募股权资本市场上的交易行为，实现私募股权资本增值。

私募股权资本运行的一个重要特征是私募股权资本经过募集、投资、投

---

① 彭海城：《中国私募股权基金退出机制研究》，博士学位论文，华中科技大学，2012 年。

② 王文通：《我国风险投资退出时机研究》，硕士学位论文，西南财经大学，2016 年。

③ 刘志阳：《创业资本的金融政治经济学》，经济管理出版社 2005 年版，第 136—139 页。

资后管理与退出一个循环后，实现股权资本的增值性，即私募股权资本经过退出以后所获得的货币资本量已大大超过循环开始募集的货币资本量。私募股权资本的循环运动对中小企业经济效益的获取起着巨大的推动作用，这种推动作用会随着私募股权资本运动的加速而加强。如果私募股权资本循环顺次通过募集、投资、投资后管理、退出的时间越短，那么这种推动力就越大，私募股权资本投资机构的经营效率就越好；反之，就会产生相反的结果。如果中小企业获得私募股权资本投资机构的投资后没有赢利，私募股权资本失去增值性，那么就失去循环与周转的意义，从而影响社会再生产规模的扩大。在私募股权资本循环的四个环节中，退出是关键。因此，私募股权资本投资机构要讲究退出时机，强化退出策略，创新退出方式，这样，才能实现私募股权资本的"惊险的跳跃"①。

理论上，私募股权资本退出阶段虽然包含私募股权资本增值，但是必须全部完成的私募股权资本形态变化才算完成它的职能。也就是说，必须把私募股权资本全部从被投资的中小企业退出完成它的职能，才能收回初始投资和实现股权资本增值。

有效的退出机制是私募股权资本循环的保障。私募股权资本投资机构之所以投资于中小企业，其基本经济追求在于通过投资于中小企业，甘冒超出投资于一般企业的风险去追求超出平均收益的超额利润。退出为私募股权资本运行最后惊险的一跃。私募股权资本是一种流转的财富，并且只有不断地循环与周转才能实现其价值的最大化。私募股权资本的循环与周转，主要通过募集、投资、投资后管理与退出的循环来完成一进一出的过程，这也是私募股权资本增值的过程，完善的退出机制能够保证私募股权资本在时间和空间上的有效循环与周转。

---

① 彭海城：《中国私募股权基金退出机制研究》，博士学位论文，华中科技大学，2012年。

第三节 私募股权资本退出渠道选择及比较①

私募股权资本运行一般经历"募集——投资——投资后管理——退出"这样一个循环过程。如果没有退出，私募股权资本运行的链条就会中断，私募股权资本就无法实现增值。退出是私募股权资本投资机构的投资在持有中小企业股权一定时间后转让或出售，收回前期投资并获取利润，然后再进入下一个循环。私募股权资本退出方式的选择是以退出绩效最大化为原则的"相机抉择"。

一、私募股权资本常见的退出方式

在私募股权资本运行过程中，私募股权资本退出是私募股权资本投资机构实现投资回报的途径。以下是私募股权资本最常见的几种主要退出方式：

（一）IPO

IPO（Initial Public Offering，简称 IPO）是指企业在证券市场上第一次向公众出售股票进行公开募集资金。私募股权资本投资机构将资本投入到某个中小企业里以支持其发展，中小企业符合上市条件后，私募股权资本投资机构将其推入证券市场并在限售期满时转让其所持有的股权来实现退出。通过 IPO，私募股权资本投资机构通过证券市场向公众出售其所持有的中小企业股权，以收回投资并实现私募股权资本增值。根据划分的依据不同，IPO 分为境内 IPO 和境外 IPO（如表 7－2、表 7－3 所示）。IPO 的实质是私募股权资本投资机构推动私募股权资本的可流通与转让，以实现私募股权资本的增值，

---

① 本节主要内容引自李靖、王琳博：《中国私募股权资本退出：方式、困境及出路》，《海南金融》2016 年第 12 期，第 40—44 页。

获取投资收益[①]。对私募股权资本投资机构和私募股权资本投资者来说，IPO是实现私募股权资本退出的最理想的途径。主板市场门槛高，可以选择二板市场、海外上市等渠道。

表 7－2 2016 年 1 季度中国企业境内 IPO 市场统计

市场	上市数量	比例（%）	融资额（亿元人民币）	比例（%）	平均融资额（亿元人民币）
上海证券交易所	9	37.5	50.66	41	5.63
深圳中小板	6	25.0	39.24	31.7	6.54
深圳创业板	9	37.5	33.74	27.3	3.75
合计	24	100	123.64	100	5.15

表 7－3 2016 年 1 季度中国企业海外 IPO 市场统计

市场	上市数量	比例（%）	融资额（亿元人民币）	比例（%）	平均融资额（亿元人民币）
香港主板	10	83.3	218.70	95.20	21.87
纳斯达克证券交易所	1	8.3	10.56	4.6	10.56
香港创业板	1	8.3	0.43	0.2	0.43
合计	12	100	229.69	100	19.14

表 7－2、表 7－3 资料、数据引自吴蒙：《2016Q1 仅 36 家中企上市，A 股注册制踩刹车，新三板继续高歌猛进》，2016 年 4 月 12 日，2016 年 6 月 11 日，http://www.jiemian.com/article/605647.html。

1. IPO 退出的优势

（1）IPO 有利于提高中小企业的知名度，有利于保持中小企业的独立性，有利于中小企业改进技术与管理，有利于满足中小企业融资的需求，有利于促进中小企业发展壮大。

（2）IPO 可以提升私募股权资本投资机构在投资领域的声誉，私募股权资本投资机构也将获得丰厚的报酬。因此，无论对于私募股权资本投资机构，还是对于中小企业来说，IPO 是最受欢迎的退出方式，IPO 能够实现双方利

[①] 范运：《私募房地产股权投资基金风险管理研究》，博士学位论文，西南财经大学，2009 年。

益的最大化[①]。

2. IPO 退出的劣势

（1）IPO 容易受到外部政策以及整个经济环境的影响。当经济低迷时，IPO 有较大的不确定性，私募股权资本投资机构也需要承担上市后被投资中小企业所要面对的风险。

（2）IPO 退出过程比较复杂，上市门槛高，手续烦琐，退出费用比较高，上市的周期相对较长[②]。加上限售条款，私募股权资本投资机构投资后需要很长时间才能出售其所持股权。

（3）监管严格，私募股权资本通过 IPO 来退出变得比较难。

（二）并购

并购（Mergers and Acquisition，简称为 M & A）一般是指兼并和收购。兼并是将两个或两个以上的企业合成一个企业的行为，是私募股权资本一种重要的退出方式。收购指一家企业为获得另一家企业的控制权、某项资产或者全部资产的所有权，用现金或者有价证券购买另一家企业的股票或者资产的交易行为[③]。并购退出这种方式一直在各种退出方式中占据重要地位。目前，在首选的 IPO 退出方式不断受外部经济政策影响下，并购退出则受到越来越多的私募股权资本投资机构所重视。例如，2015 年前 11 个月共发生 VC/PE 相关并购交易 915 起，同比涨幅为 14.2%[④]。又如，阿里巴巴集团投资并购的领域范围非常广，具体情况如表 7—4 所示。

---

① 王磊：《我国私募股权投资基金退出途径研究》，硕士学位论文，对外经济贸易大学，2017 年。

② 彭海城：《中国私募股权基金退出机制研究》，博士学位论文，华中科技大学，2012 年。

③ 雷烁：《基于并购的私募股权投资基金退出方式研究》，硕士学位论文，西南财经大学，2016 年。

④ 清科研究中心：《2015 前 11 月并购市场整体活跃，上市公司并购政策持续放宽》，2015 年 12 月 18 日，2016 年 7 月 7 日，http://research.pedaily.cn/201512/20151218391551.shtml。

表 7—4　阿里巴巴集团投资并购案例

并购领域	典型案例
业务支持类	雅虎中国、中国万网（2009）、CNZZ（2011）、友盟（2013）、酷盘（2013）、高德地图（2013）
电子商务类	口碑网（2007）、上海宝尊（2010）、美国 Vendio（2010）、美国 Auctiva（2010）
社交关系链	陌陌（2012）、新浪微博（2013）
生活信息平台	美团网（2011）、丁丁网（2012）、穷游网（2013）
金融类	2013 年阿里巴巴集团收购天弘基金后，合作推出余额宝。

资料、数据引自马雪婧：《互联网企业并购风险控制研究》，硕士学位论文，内蒙古大学，2014 年。

1. 并购退出的优势

（1）信息披露较少，保密性高，可以取得协同效应。

（2）私募股权资本投资机构能快速收回投资，实现全面快速地从中小企业退出，加速私募股权资本循环。

（3）并购退出机制灵活。并购退出时间短、成本低、风险可控、手续简单，可以在中小企业发展的任何阶段进行。

2. 并购退出的劣势

（1）中小企业管理层容易产生抵制情绪，并购退出通常会受到中小企业管理层的反对。

（2）信息不公开，潜在买家数量有限，不容易找到合适的并购者，很有可能会出现"讨价还价"的局面。

（三）回购

回购是指中小企业的控股股东回购私募股权资本投资机构所持有的股权的一种交易行为。回购主要是在私募股权资本不是很成功的情况下采用，有主动回购和被动回购之分①。一般而言，当私募股权资本投资期满，私募股权

---

① 陈业华、李忠盛、张倩：《我国创业投资退出途径选择》，《科技进步与对策》2012 年第 8 期，第 21—24 页。

资本投资机构无法通过 IPO 或并购等方式从中小企业里实现资本退出时，一般会要求中小企业的控股股东以事先确定的价格和支付方式回购私募股权资本投资机构所持有的股权。而且中小企业的控股股东一般也不愿意看到他人收购本企业股权而失去一定的控制权，也会主动要求回购私募股权资本投资机构所持有的股权。为确保中小企业的控股股东能回购私募股权资本投资机构的股权。通过回购，私募股权资本投资机构可以从中小企业中实现退出。由于没有很好的法律规范股权，回购还有一些漏洞。此外，回购还要经过一系列流程才能顺利完成，花费时间也比较长。该种方式如果时间把握不够好，私募股权资本投资机构很有可能错失未来潜在的投资机遇。

1. 回购退出的优势

（1）时间成本和交易成本较低。这是因为回购只涉及私募股权资本投资机构与中小企业两方面，股权只是中小企业内部发生转移，产权明晰，操作简便[1]。

（2）有利于减少信息成本和提升管理效率。回购可将中小企业外部股权全部内部化，使中小企业控制权更集中，保持中小企业充分的独立性。

（3）相对于其他方式而言，原中小企业管理层对企业更了解。

2. 回购退出的劣势

（1）回购会对中小企业的发展将产生消极影响。一方面，回购在资本市场上传递中小企业的负面信息；另一方面，私募股权资本投资机构将对中小企业的发展前景失去信心。

（2）回购所能够获取的收益远远低于 IPO。

（四）清算

清算退出（Liquidation）主要是指在私募股权资本投资机构所投资的中小

---

[1] 李华丽：《A 私募基金公司股权投资退出渠道研究》，硕士学位论文，华北电力大学，2017年。

企业由于各种原因解散的情况下，经过清算程序使私募股权资本投资机构所投资的中小企业法人资格终止，仅仅在股东之间分配剩余财产。清算则是私募股权资本退出方式中最不令人喜欢但又是最迫不得已的方式。该种退出方式法律层面程序繁杂。对于私募股权资本投资机构而言，清算是控制风险的最后选择，清算退出时主要考虑的是投资风险的最小化[1]。在中小企业清算的情况下，可供私募股权资本投资机构分配的中小企业剩余财产很少，甚至为零。私募股权资本投资机构为最大程度上降低投资风险，确保能收回投资，往往会在投资协议上签订有利于自己的条款。其中，私募股权资本投资机构可以运用优先清算条款来要求中小企业优先将资金分配给私募股权资本投资机构，从而最大限度地保证投资风险的最小化。在这种情况下，私募股权资本投资机构最明智的选择就是果断退出，将能收回的资本投资下一个中小企业。

1. 清算退出的优势

清算退出的优势主要体现在：当中小企业经营失败时，清算就成为私募股权资本投资机构减少投资损失的最好办法，比如，收回余下资金、终止投资、快速止损，使投资损失最小化，并及时为下一次投资做准备。进一步说，私募股权资本投资机构只有经过清算退出，才能在众多投资项目中积累宝贵经验教训，从而寻找好的投资机会[2]。

2. 清算退出的劣势

（1）清算退出法律程序烦琐，耗时较长，退出成本也相对较高。

（2）收益甚少，多半严重亏损。产生亏损，前期投入变为沉没成本。

（3）清算是私募股权资本退出方式中最为失败的一种，通常意味着私募股权资本投资的失败。私募股权资本通过清算退出，往往只能收回部分投资，

---

① 沙群：《我国私募股权基金退出机制法律研究——基于美国制度的启示》，硕士学位论文，华东政法大学，2012年。

② 樊五勇：《风险资本市场研究》，博士学位论文，暨南大学，2001年。

乃至血本无归[1]。

除 IPO、并购、回购、清算几种退出方式以外，私募股权资本还有借壳上市、转板上市、股权转让、"新三板"上市以及 PE 二级市场退出等退出方式。

二、四种主要退出方式的比较

现在我们以表格的形式主要从退出收益、价格、成本、现金偏好性、时效性、市场容量、内部控制权激励效应、复杂性、法律障碍、企业管理层态度、公众购买者评价等方面对 IPO、并购、回购、清算四种退出方式进行比较，具体结论如表 7—5 所示。

表 7—5 IPO、并购、回购、清算四种退出方式比较维度表

比较维度	评价指标	IPO	并购	回购	清算
回报率	退出收益	最高	较高	较低	最低
	退出价格	欠灵活、高风险	较灵活、低风险	灵活、高风险	
	退出成本	最高	高	低	最低
流动性	现金偏好性	高	低	较高	
	退出时效性	低	高	高	较高
	退出市场容量	小	大	较大	
其他	内部控制权激励效应	高	较高	最低	
	退出复杂性	复杂	不复杂	不复杂	不复杂
	法律障碍	高			
	企业管理层态度	欢迎	排斥	欢迎	排斥
	公众购买者评价	成功	成功	一般	失败
选择等级		★★★★★	★★★★	★★	★

资料、数据引自万俊毅、罗明忠：《创业投资的退出方式：比较与选择》，《华南金融研究》2004 年第 3 期，第 58—63 页。

---

[1] 朱宝莹：《中国私募股权基金退出的法律制度研究》，硕士学位论文，西南政法大学，2012 年。

通过对 IPO、并购、回购、清算四种退出方式退出方式比较后，私募股权资本投资机构就面临选择最优的退出方式问题。可见，如何权衡利弊，选择适合的、稳健的资本退出方式，是私募股权资本投资机构必须慎重考虑的。事实上，退出方式的选择，是从私募股权资本投资阶段起就应该开始考虑和设计的。可以说，私募股权资本退出方式的选择是一个系统管理的过程，贯穿于私募股权资本投资机构与中小企业两者之间的整个合作过程。

第四节 私募股权资本退出的影响因素分析

私募股权资本退出受多种因素影响。从宏观层面上讲，私募股权资本退出受经济周期、证券市场活跃程度、产权交易市场成熟程度以及政府政策等因素的影响；从微观层面上讲，私募股权资本的存续期、私募股权资本投资协议、中小企业股权增值状况、私募股权资本投资机构管理层与中小企业管理层的偏好等是影响私募股权资本退出的微观因素。在此过程中，所处的宏观经济环境、私募股权资本投资机构与中小企业双方的经营状况、合作关系、权力地位都影响着私募股权资本的退出。基于私募股权资本投资机构可控制的风险因素视角，我们从私募股权资本投资机构、中小企业以及私募股权资本投资机构与中小企业之间的合作关系三个层面来分析影响私募股权资本退出的因素。

一、宏观经济环境影响

宏观经济环境的主要影响因子包括经济形势、资本市场发育程度、资本市场竞争程度、退出政策、法律制度等。实体经济和金融环境都会受到经济形势的影响；私募股权资本退出的路径选择受资本市场发育程度与竞争程度的影响；某种退出模式的实施难度受退出政策与法律制度的影响[1]。由于宏观

---

① 范鹏：《私募股权基金并购退出市场因素研究》，硕士学位论文，南京大学，2013 年。

环境是通过影响私募股权资本市场资源稀缺度进而影响退出方式选择。因此，当宏观经济环境较好时，资本市场发育程度与竞争程度较高，退出政策与法律制度较完善，私募股权资本以 IPO、M&A 方式退出的比例较大，成功率较高且收益预期较高，这种情况，有利于私募股权资本的退出。而当宏观经济环境不好时，经济周期处于衰退萧条时期，经济发展势头缓慢，资本市场疲软，投资者信心不足[①]，这种情况，企业破产清算退出比例加大，私募股权资本机构难以从投资企业中退出，私募股权资本投资机构就要谨慎选择股权转让方式实现退出[②]。

二、私募股权资本投资机构的因素

私募股权资本投资机构的资金实力、专业能力、管理层的能力、运行体制机制对私募股权资本的退出有重要影响。例如，就私募股权资本投资机构的资金实力来看，当其资金实力较强时，私募股权资本投资机构不会选择立即退出；当其资金实力较弱时，私募股权资本投资机构会选择快速退出。此外，就私募股权资本投资机构的运行体制来看，私募股权资本投资机构的所有制性质会影响私募股权资本的退出。国有私募股权资本投资机构经营体制、与政府关系的优势、投资领域上都和外国私募股权资本投资机构有所区别，这些对其退出决策有一定影响。部分外国私募股权资本投资机构总部机构在其国内已经具有上百年的经营时间，在我国设立分支机构的时间较早，且在并购业务方面比国有私募股权资本投资机构还健全。此外，我国的政策对我国与外国私募股权资本投资机构的差异也将导致在退出决策上的差异。

三、中小企业自身因素

就中小企业自身因素来看，中小企业所处行业特征、所处生命周期、经

---

① 陈凤娣：《我国风险投资退出方式的纵向考察及现实选择》，《亚太经济》2013 年第 5 期，第 127—131 页。
② 彭海城：《中国私募股权基金退出机制研究》，博士学位论文，华中科技大学，2012 年。

营业绩、管理水平、中小企业高管素质对私募股权资本的退出有重要影响。

就中小企业所处行业特征来看，中小企业所处行业的发展状况、前景与发展轨迹对私募股权资本退出有重要的影响。如果中小企业在所处行业中处于绝对优势，那么私募股权资本投资机构选择上市退出的可能性较大；如果中小企业在所处行业有许多同类的企业存在，那么私募股权资本投资机构选择兼并收购的退出的可能性较大[①]。

就中小企业所处生命周期来看，中小企业所处的生命周期与私募股权资本投资机构投资的私募股权资本退出方式选择密切相关。私募股权资本投资机构投资的中小企业在不同的发展阶段业绩会有较大的差异，这对私募股权资本的退出有较大的影响。私募股权资本投资机构退出的最佳时机是在中小企业扩张期前后。

就中小企业的经营业绩来看，中小企业的经营业绩直接影响着私募股权资本的退出。例如，当中小企业经营业绩惨淡，出现亏损，盈利能力较差达不到预期的目标，私募股权资本投资机构可能会选择清算退出；当中小企业经营业绩良好，盈利能力在持续增长，一旦达到预期的回报率，私募股权资本投资机构可能选择 IPO 或回购等方式退出[②]。因此，私募股权资本的退出在一定程度上受中小企业的经营业绩影响。

就中小企业的管理水平及高管素质来看，中小企业的管理层水平和高管素质在一定程度上影响私募股权资本的退出。理想的管理层应该具有财务、技术、运营、企业管理等方方面面的知识储备，能够对宏观经济环境的变化适时做出相应的政策调整，能为中小企业的成长与发展做出正确的选择，提升中小企业的价值。高层次的管理水平会强化私募股权资本的退出，对私募股权资本的退出有利。而如果私募股权资本投资机构一旦发现中小企业的管理层无法满足中小企业的高效的管理，私募股权资本投资机构要么考虑提前退出，要么调整管理层。所以从这个角度上讲，中小企业的管理层水平在一定程度上影响私募股权资本的退出。

---

① 许健：《中国私募股权投资退出方式研究》，硕士学位论文，辽宁大学，2012 年。

② 石佳灵：《私募股权基金公司运营管理研究——以 AB 私募股权基金公司为例》，硕士学位论文，西南交通大学，2016 年。

四、私募股权资本投资机构与中小企业的合作关系

私募股权资本投资机构与中小企业的合作关系也是影响私募股权资本退出的一个重要因素。在私募股权资本退出时，私募股权资本投资机构与中小企业可能会存在战略、目标、利益上的冲突。当私募股权资本投资机构与中小企业合作关系较好，双方的战略、目标、利益一致时，私募股权资本投资机构一般不倾向于立即退出，有时还会不断向中小企业投资。当私募股权资本投资机构与中小企业双方关系由于战略、目标、利益等方面的差异加大而矛盾加深时，私募股权资本投资机构一般考虑尽快退出[①]。

第五节 私募股权资本退出案例分析

在私募股权资本"募集——投资——投资后管理——退出"的循环过程中，退出是实现私募股权资本循环周转的关键环节。私募股权资本退出是实务性很强的工作，研究中的很多结论都有赖于实务操作领域的具体案例来验证。本节选取我国私募股权资本领域两个典型的案例，力图通过 IPO、并购两种私募股权资本退出方式来揭示私募股权资本投资机构的退出策略。

一、IPO 退出的案例分析

（一）企业介绍

蒙牛乳业（集团）股份有限公司成立于 1999 年 8 月，总部位于内蒙古自治区，是国家乳制品行业龙头企业。蒙牛乳业（集团）股份有限公司是我国

---

① 张青：《基于契约关系的风险投资运作机制与投资决策研究》，硕士学位论文，天津大学，2008 年。

最早引入私募股权资本的民营企业之一。2002 年，摩根士丹利、鼎晖投资以及英联投资三家境外私募股权资本投资机构以私募形式进入蒙牛。三家机构分两轮共投资 6120 万美元，短短三年内获投资回报约 26 亿港币，投资收益率约 500％，而牛根生团队等原始股东得到 5000％的收益率，这引起商界的广泛关注[①]。在引入私募股权资本的过程中，蒙牛成为中国最大的乳品公司之一，公司于 2004 年 6 月 8 日在港交所上市（股票代码：2319. HK）。2014 年 2 月 12 日，香港恒生指数公司宣布，将蒙牛乳业正式纳入恒生指数成分股，该决定在 2014 年 3 月 7 日收盘后生效，这标志着蒙牛成为入选恒生指数成分股的中国乳业第一股[②]。

（二）私募股权资本投资机构简介

1. 摩根士丹利

摩根士丹利在全球 37 个国家设有超过 1200 家办事处，公司主要为各地企业、政府机关、事业机构和个人投资者提供财富管理、投资管理、投资银行以及证券等方面的服务。摩根士丹利是一家全球领先的国际性金融服务公司[③]。

2. 鼎晖投资

鼎晖投资成立于 2002 年，到 2013 年 12 月 31 日，鼎晖投资管理超过 870 亿元人民币的资金规模，是中国最大的另类资产管理机构之一。鼎晖投资陆续投资 150 多家企业，其中 30 多家已经在国内外上市，培育了一批行业领导品牌。鼎晖投资所投企业的雇员人数超过 50 万人，是中国经济活力的一股重要力量。鼎晖投资的核心理念是为投资人、被投企业不断创造价值。鼎晖投资与 100 多家国际和国内的机构投资人保持着密切的合作伙伴关系，鼎晖投

---

① 李经宇：《私募股权投资基金：企业成长的助推器》，《财务与会计》2008 年第 4 期，第 32—34 页。

② 内蒙古蒙牛乳业官网，网址：http://www.mengniu.com.cn/about/jtjs/。

③ 投资界网站 https://zdb.pedaily.cn/company/show4633/。

资的投资人还包括国际和国内的高资产个人投资人，致力于成为亚洲地区最受尊敬的另类资产管理平台①。

3. 英联投资

英联投资是一家积累超过 60 年的新兴市场（如亚洲、非洲和拉丁美洲市场）投资经验的私募股权资本投资机构。目前英联投资分布于全球 9 个国家，旗下拥有 100 多位专业投资人士，管理资产总额达 70 亿美元，其所投企业数量一直持续增长。英联投资专注于私募股权资本、能源与房地产三类资产的投资。英联投资在环境、社会和治理方面都启用最高标准，并协助联合国界定负责任的投资原则。英联投资通过积极为所投企业创造价值，带动整个社会及新兴市场的持续发展。过去十余年当中，英联投资以促进私募投资在新兴市场的持续发展为己任，在新兴市场的投资已达 31 亿美元，它的宗旨是让募集到的资金通过英联投资的管理，为基金所投企业在本土的持续稳定的发展创造机会，同时也为英联投资的投资方带来投资回报②。

（三）私募股权资本的退出

2002 年 12 月 19 日，摩根士丹利、鼎晖投资和英联投资对蒙牛进行 2597 万美元（折合人民币 2.16 亿元）的首轮投资后，在 2003 年 10 月追加投资 3523 万美元。2004 年 6 月 10 日，创立仅 5 年的蒙牛在摩根士丹利、鼎晖投资和英联投资的"辅佐"下成功于香港主板上市③。摩根士丹利、鼎晖投资和英联投资成功从蒙牛退出"套现"。

1. 第一次套利。2004 年 6 月 10 日上市首日，摩根、英联、鼎晖三大机构减持 1 亿股。经此操作，摩根、英联、鼎晖三大机构即实现退出收益，摩根、英联、鼎晖收回的资金达到大约 3.925 亿港元④。

---

① 鼎晖投资官网 http：//www.cdhfund.com/index.php/a/lists/catid/10。
② 英联官网 http：//china.act.is/china/462/Profile。
③ 顾俊：《牛根生披露大摩"套现"内幕》，《东方早报》2005 年 7 月 7 日，第 B04 版。
④ 李经宇：《私募股权投资基金：企业成长的助推器》，《财务与会计》2008 年第 4 期，第 32—34 页。

2. 第二次套利。在蒙牛乳业上市六个月之后的 2004 年 12 月 16 日，PE 机构行使当时仅有的 30％的换股权，获得 1 亿多股，同时，摩根、英联、鼎晖三大机构以每股 6.06 港元的价格，减持 1.68 亿股份，套现 10.2 亿港元①。

3. 第三次套利。2005 年 6 月 13 日，PE 在剩余的 70％可转债换股权刚刚到期三天，就迫不及待地转换成股份，并减持完成第三次套现。此番，摩根、英联、鼎晖三大机构以每股 4.95 港元的价格，抛售 1.94 亿股，套现又近 10 亿元②。

（四）启示

私募股权资本退出是私募股权资本运行过程中最重要的环节。私募股权资本投资机构对中小企业进行私募股权资本投资后解决了中小企业的融资问题，同时为中小企业提供投资后管理服务，以期在中小企业成长相对成熟后通过 IPO 退出实现私募股权资本的增值。通过私募股权资本投资机构的投资与支持，蒙牛从一个初创的中小企业，以"蒙牛速度"成长为一个步入成熟的上市企业。私募股权资本投资机构对蒙牛 IPO 功不可没。此次 IPO 退出给蒙牛以及三家私募股权资本投资机构都带来可观的利益和丰厚的回报。只有建立畅通的退出机制才能为私募股权资本投资机构提供持续的流动性。在三家私募股权资本投资机构向蒙牛作出投资决策前就已经充分考虑私募股权资本的退出渠道。

二、并购案例分析

（一）企业介绍：英孚思为

成立于 2003 年的上海英孚思为信息科技股份有限公司（以下简称：英孚思为），是一家专注于汽车行业信息化和管理咨询服务的汽车行业管理软件龙

---

① 王旗：《三次套现 大摩告别蒙牛》，《财经时报》2005 年 8 月 4 日。
② 王旗：《三次套现 大摩告别蒙牛》，《财经时报》2005 年 8 月 4 日。

头，注册资本 3600 万人民币。目前，英孚思为已经通过上海市高新技术企业认定、上海市软件企业认定、ISO9001 认证和 CMMI Level3 认证，迄今已为 30 多家车厂、6000 多家经销商提供咨询服务、现场服务和软件产品等一揽子解决方案[①]。

（二）私募股权资本投资机构：东方富海

成立于 2006 年的深圳市东方富海投资管理有限公司（以下简称：东方富海）是由数位在中国创业投资领域有较大影响力的专业人士发起设立的专业性创业投资管理公司。东方富海管理严格细致，投资决策高效，参照国际成熟 PE 市场模式建立自己的运营机制，并能根据需要为被投资企业提供增值服务。截至 2012 年 3 月份，东方富海累计管理的基金规模达 70 亿元人民币，已投资项目 90 余个，投资项目分布在北京、上海、深圳、芜湖等地区，一些项目通过上市、并购等方式退出。2009 年 11 月，天津东方富海股权投资基金合伙企业（有限合伙制），为深圳市东方富海投资管理有限公司在天津募集的一支基金，向英孚思为公司以 9 倍左右的市盈率投资 2450 万元，占总股份 9.72％[②]。

（三）并购方：用友软件

成立于 1988 年的用友软件股份有限公司是我国甚至亚太地区 ERP、内审、商业分析、CRM、人力资源管理、小微企业等管理软件和财政、汽车、烟草等行业应用解决方案提供商。用友软件在 P2P、企业支付、企业通信、企业社交与协同、培训教育、数字营销、管理咨询等服务领域以及金融、能源、电信、医疗卫生等行业应用快速发展。2015 年 1 月 30 日，用友软件（股票代码：600588）在上海证券交易所 A 股上市[③]。

[①]　张超：《私募股权投资基金退出方式及案例分析》，硕士学位论文，华东理工大学，2013 年。

[②]　隋杰、郭星玮：《私募股权投资退出障碍与退出途径分析》，《时代金融》2013 年第 6 期，（中旬刊），第 86—87 页。

[③]　用友网络科技股份有限公司官网 https://www.yonyou.com/。

（四）退出

用友软件于 2010 年 6 月斥资 4.91 亿元人民币全资收购英孚思为，创下国内管理软件行业并购之最[①]。通过此次并购交易，东方富海实现了私募股权资本退出。

（五）启示

1. 这次并购交易，对并购方——用友软件有重要的战略意义。用友软件并购英孚思为，提高了后台软件的市场拓展能力，形成一套汽车行业整体解决方案，在国内汽车行业前端软件市场取得领先地位，强化其对汽车行业的覆盖。

2. 这次并购交易，给被并购企业——英孚思为带来可观的利益和丰厚的回报。首先，并购交易给英孚思为的股东带来不菲的现金回报，例如，通过股权的转让，7 位自然人股东中的两名持股比重较大的自然人身价过亿；其次，通过并购交易，用友软件在客户、渠道、品牌、技术等方面为英孚思为提供支持与帮助。

3. 这次并购交易，给并购方——东方富海带来丰厚的投资回报。并购退出是私募股权资本的退出方式之一，以并购方式退出可以成为我国私募股权资本退出方式的重要选择。这次并购交易给东方富海带来丰厚的回报。通过并购交易，东方富海转让其在英孚思为 9.72% 的股份，所获得的税前投资回报率为 94.8%，税前利润为 2322.52 万元。私募股权资本以并购方式退出花费的时间少，东方富海对英孚思为从投资到退出仅花费 9 个月时间，实现私募股权资本投资的顺利退出[②]。此外，这次并购交易为日后我国私募股权资本行业的发展提供宝贵的实践素材，是私募股权资本以并购方式退出的成功典范，大大提高了东方富海在私募股权资本行业的声誉，大大增强了东方富海的知名度，有利于增强有限合伙人的投资信心和下一轮资本的募集。

---

① 潘琦、邱江：《用友斥资 4.91 亿收购英孚思为》，《上海证券报》2010 年 06 月 22 日。
② 茆德军：《私募股权投资以并购方式退出的研究》，硕士学位论文，安徽大学，2012 年。

本章小结

在本章，我们主要完成五个任务：

一是分析我国私募股权资本退出的内涵与流程。分析私募股权资本退出的内涵，分析私募股权资本退出的特征。梳理私募股权资本退出流程，一般来说，私募股权资本退出的流程包括确认私募股权资本退出机会、评估私募股权资本退出路径、设计私募股权资本退出过程、分工开始谈判、准备私募股权资本退出过程、开始执行私募股权资本退出、交易结束和私募股权资本退出后评估。

二是私募股权资本退出的经济学分析。主要运用马克思主义政治经济学原理分析，私募股权资本退出的职能是由股权资本转化为货币，私募股权资本投资机构收回初始投资，实现价值增值的阶段。

三是我国私募股权资本退出渠道选择及比较。分析私募股权资本的 IPO、并购、回购、清算退出方式，从退出收益、价格、成本、现金偏好性、时效性、市场容量、内部控制权激励效应、复杂性、法律障碍、企业管理层态度、公众购买者评价等方面对 IPO、并购、回购、清算四种退出方式进行比较。

四是分析我国私募股权资本退出的影响因素。指出我国私募股权资本退出受宏观经济环境、私募股权资本投资机构的因素、中小企业自身因素、私募股权资本投资机构与中小企业的合作关系等因素的影响。

五是我国私募股权资本投资退出的案例分析。私募股权资本退出是实务性很强的工作，研究中的很多结论都有赖于实务操作领域的具体案例来验证。选取我国私募股权资本领域两个典型的案例，力图通过 IPO、并购两种私募股权资本退出方式来揭示私募股权资本投资机构的退出策略。

第八章 我国私募股权资本行业发展的对策研究

通过对我国私募股权资本运行机理开展理论研究与实证分析，指出我国私募股权资本的募集、投资、投资后管理与退出阶段存在的问题，研究了私募股权资本的募集、投资、投资后管理与退出四个阶段的运行机理。根据我国私募股权资本行业发展存在的问题，按照"问题与对策建议一一对应"的原则，提出了我国私募股权资本行业发展的对策。

第一节　拓宽私募股权资本的募集渠道①

一、积极发挥政府资金的引导作用

政府资金投入在相当长的一段时间内还将是私募股权资本的一个重要来源。政府资金进入私募股权资本领域，会释放政府重视私募股权资本行业发展的信号，从而起到引导社会资本进入私募股权资本领域的作用。政府投入私募股权资本往往是为了鼓励科技创新，从而推动经济增长，其政策导向作用更为明显。主要目的不是追求资本增值，而是引导市场。与此同时，政府资金可以吸引社会资本、外国投资者进入国内私募股权资本领域。政府通过制定一些政策扶持私募股权资本行业的发展，可以将"十四五"高新技术产

---

　　①　本节内容引自李靖：《我国私募股权资本募集渠道多元化研究》，《海南金融》2016 年第 3 期，第 50—53 页。

业规划与政府支持私募股权资本行业发展的政策充分结合起来，让政府资金引导社会资本、外国资本参与我国的科技创新。此外，法律环境的改善是促进私募股权资本行业发展的主要原因之一。法律环境越好，私募股权资本投资的报酬率越高。政府在所有的制度安排中起决定作用。拥有一套设计完备的制度是私募股权资本行业健康发展的前提。政府应该在消除管制障碍、降低税率等方面有所作为，为私募股权资本行业的健康发展提供一个良好的商业环境①。政府是"启动者＋引路人＋裁判员"，不再是"寡头""垄断者"。政府角色主要是制定相关的法律、法规，为调动社会资本进入私募股权资本行业铺平道路。通过完善私募股权资本发展的软环境，引导社会资本流向，可以起到组织和放大的作用②，从而发挥政府资金的"双重乘数"效应，最终实现私募股权资本募集的市场化。

二、规范商业银行涉足私募股权资本领域

理论上，私募股权资本主流募集渠道应该是吸收商业银行的资金，对商业银行进入私募股权资本给予政策支持和倾斜，以拓宽商业银行在私募股权资本来源的比重③。作为专业的投资者，商业银行具有雄厚的资金实力和风险承受能力。我国商业银行拥有大批优质客户，掌握着大量的客户资源与资金资源，同时拥有一批专业管理团队，可以在资金、项目、服务等多方面为企业提供全方位的支持，这为商业银行进军私募股权资本行业奠定坚实的基础。目前，商业银行参与私募股权资本业务均是以其旗下子公司的名义出资发起设立私募股权资本投资基金管理公司，将私募股权资本业务价值链与商业银行价值链进行对接。此外，商业银行开展私募股权资本的业务机会主要有：

① Weir C.，Jones P.，"Wright M. Public to Private Transactions，Private Equity and Financial Health in the UK：An Empirical Analysis of the Impact of Going Private"，*Journal of Management & Governance*，2015，Vol. 19，No. 1，pp. 91—112.

② 王开良：《重庆私募股权基金发展战略与模式研究》，中国社会科学出版社 2015 年版，第 87 页。

③ 吴江：《拓宽私募股权投资基金资金来源渠道》，《现代物业（中旬刊）》2010 年第 3 期，第 87—88，83 页。

私募股权资本托管；财务顾问和融资顾问，提供咨询、推荐、评估等私募股权资本中介服务；借道信托公司、与私募基金管理公司合作、与产业基金开展私募股权资本业务；通过境外子公司开展私募股权资本业务；私募股权资本创设与理财；通过境外子公司投资和通过收购信托公司投资；通过收购信托公司开展私募股权资本业务；银团贷款；私人银行业务模式下与私募股权资本投资机构合作开展业务[①]。

三、鼓励社保基金进入私募股权资本领域

社保基金投资私募股权资本前景光明，其投资形态逐渐从以计划为主向以市场需求为主转变，在我国转变经济发展方式的大背景下，社保基金投资私募股权资本市场，进而投资广大中小企业，使社保基金的投资回报可以大幅度提高。私募股权资本在满足社保基金增值要求的同时，也为我国目前社保基金的投资渠道提供一种新的模式。社保基金可以通过委托投资方式、直接投资方式两种不同投资方式进入私募股权市场[②]。

四、适度放宽保险资金的投资领域

由于保险资金具有资金量大、投资周期长的特点，遵循安全性、收益性和流动性的原则，这与私募股权资本的投资周期长以及流动性相对低的特点相适应。私募股权资本的长期回报率较高，适合规模巨大的保险资产投资[③]。我国的《保险资金投资股权暂行办法》明确提出保险资金可以直接投资企业股权或者间接投资企业股权，禁止保险资金投资设立或者参股投资机构、投资创业、风险投资基金。因此，要适度放宽保险资金的投资领域，积极引导

---

① 胡涛：《商业银行参与私募股权投资的模式探索》，《经营管理者》2011 年第 15 期，第 13—14 页。

② 马翔航：《私募股权投资基金资金来源研究分析》，《企业导报》2011 年第 9 期，第 238—240 页。

③ 袁从伦：《基本养老保险基金入市的资产配置研究》，硕士学位论文，首都经济贸易大学，2017 年。

保险资金投向私募股权资本领域。未来我国应逐渐放松对保险资金各方面的管制，从而增加我国私募股权资本的募集来源。

五、鼓励富裕家庭和个人投资私募股权资本

富裕家庭和个人资本进入私募股权资本领域在私募股权资本发展初期将起到关键的推动作用，加速私募股权资本产业的发展。富裕家庭和个人可以作为私募股权资本的来源，根据私募股权资本的相关分析，可以发现我国富裕家庭和个人的资金已初具规模，这些资金也在不断寻求投资渠道，富裕家庭和个人可以将其资金委托给具有专业知识的私募股权资本投资机构运作，如果能够合理地将这一部分资金引导向私募股权资本也是一件有意义的事。鼓励富裕家庭和个人投资私募股权资本，既有助于集中社会分散闲置资金，又利于社会资本的有效配置。我国东部地区的发达经济催生了很多富裕家庭与个人以及企业，他们手中积聚着相当可观的资金，具有很强的风险认识和承受能力，因此可以成为重要的私募股权资本的来源[1]。因此，我国很有必要引导民间富裕家庭和个人的资本进入私募股权资本领域。

六、加强对外国投资者的引导与监管

引进外国投资者，不但可以改善我国私募股权资本来源不足的状况，而且可以借鉴发达国家发展私募股权资本的经验，建立我国私募股权资本发展的模式。积极引进外国投资者，扩大外国投资者直接投资我国私募股权资本的试点范围。外国投资者在通过资格审批和外汇资金的监管程序后，将其资本兑换为人民币资金，投资于我国的私募股权资本市场。为此建议：要加快立法，做好外国私募股权资本的监管工作，严格按照产业政策管理外国私募股权资本，应充分掌握现行外国投资企业的真实身份，加强对外国私募股权

---

① 杨中尉、孙克任：《我国私募股权投资的差别化发展》，《金融发展研究》2010 年第 2 期，第 52—53 页。

资本流动的统计监测和预警，了解外国私募股权资本的地区背景、投资规模、资金流动等基础信息[①]。

第二节 优化私募股权资本的投资策略

一、选择复合型投资工具

我国私募股权资本投资机构可采用可转换债券、可转换优先股等复合型投资工具对中小企业进行投资并在当前法律下进行创新。当中小企业经营业绩很好时，允许私募股权资本投资机构将私募股权资本转换为普通股，以分享中小企业的成长收益；当中小企业经营业绩一般时，允许私募股权资本投资机构继续保持为优先股，以保证私募股权资本投资机构既能分享中小企业的成长收益，又能在一定程度上防范私募股权资本投资的风险；当中小企业经营业绩较差时，允许私募股权资本投资机构将私募股权资本转换为债券，以保障私募股权资本投资的安全[②]。

二、促进投资区域均衡化

私募股权资本投资是一个地区发展经济应有的要素。我国一些著名的高等学府和主要的科研机构主要集中在北京、上海、广州以及深圳等一线城市，这为私募股权资本的创新研究集聚了大批优秀人才。在"东北振兴""中部崛起""西部开发"的策略指引下，不仅是我国北京、上海、广州以及深圳等一线城市需要发展私募股权资本投资，内地各省市也需要全力实现私募股权资

---

① 周永坤、王国建：《外资私募股权投资基金问题研究》，《上海金融》2009 年第 2 期，第 53—55 页。

② 李琼、周再清：《我国私募股权基金投资风险成因及其管理对策》，《金融经济》2011 年第 6 期，第 97—99 页。

本投资的健康、可持续发展。中西部地区可以借鉴北京、上海、广州以及深圳等一线城市私募股权资本投资发展的经验，取其精华，因地制宜，加快当地私募股权资本投资的发展速度，从而保证私募股权资本投资区域的均衡化。

三、促进投资行为合理化

私募股权资本投资机构应当改变投资行为短期功利化趋势，不仅要投资于上市前的中小企业，而且要投资处于初创期、种子期、成长期的中小企业，将目标放得更加长远，变"投机"为"投资"。私募股权资本投资机构投入的不仅是股权资本，更是投资后管理以及学识、经验、社会联系的提供与传承，因此真正的私募股权资本投资周期从投入到产生回报一般是 3～7 年，私募股权资本投资机构真正关注的是中小企业的发展前景和投资资本的增值情况。

四、优化投资环境

良好的投资环境是私募股权资本投资顺利进行的必要条件。私募股权资本投资发展需要充分利用一切有利的环境因素促进私募股权资本投资的发展。因此，改善投资环境就成为促进私募股权资本投资发展的关键。私募股权资本投资环境是投资回报的函数。现实的私募股权资本投资环境是一个复杂系统，主要包括法律环境、政策环境、金融市场环境、人才环境、文化环境及社会服务环境。法律环境为私募股权资本投资发展提供坚实的基础保障；政策环境为私募股权资本投资提供正确的投资方向；金融市场环境为私募股权资本投资发展提供多元化的退出渠道；人才环境为私募股权资本投资发展提供源源不断的智力支持；文化环境为私募股权资本投资发展提供适宜的观念氛围；社会服务环境为私募股权资本投资发展提供顺畅的桥梁与纽带[1]。我国现阶段私募股权资本投资环境还很不完善，所以要大胆吸收和借鉴发达国家的经验，结合我国国情，大力宣传大众创业、万众创新、崇尚创新、鼓励冒

---

[1] 王荣：《农业高新技术产业化风险投资研究》，《山东农业大学》2010 年。

险、宽容失败等精神，营造良好的私募股权资本投资发展所需要的政策环境、法律环境、金融市场环境、人才环境、文化环境及社会服务环境。

第三节 创新私募股权资本的投资后管理方式

一、提高投资后管理意识

私募股权资本投资机构要提高投资后管理意识，真正实现私募股权资本投资后管理理念与实际运作的一致性。坚持正确的私募股权资本投资后管理基本理念，实际运作也要以私募股权资本投资后管理的基本理念为指导。具体建议如下：

（一）私募股权资本投资机构要把投资后管理作为一项重要职责，自觉为中小企业的投资后管理服务，要改变重投资轻管理的思想，把投资后管理作为私募股权资本运行过程中必不可少的一个重要阶段①。

（二）树立私募股权资本投资后管理是动态管理的理念。私募股权资本投资机构要根据中小企业的发展动态采取相应的投资后管理策略。

（三）树立私募股权资本投资后管理是沟通管理的理念。私募股权资本投资机构要采取多种形式加强与中小企业的管理层、董事会、主要股东以及其他相关利益者之间的沟通。

（四）中小企业的经营管理者应自觉接受私募股权资本投资机构的投资后管理，主动配合私募股权资本投资机构开展投资后管理工作与提供增值服务。

（五）为给私募股权资本投资后管理实践提供理论支持，为推动私募股权资本投资后管理工作的开展，学术界要加强对私募股权资本投资后管理理论研究与成功案例研究。

---

① 赵广财：《我国风险投资后管理中存在的问题及对策》，《学术交流》2004 年第 9 期，第 114—117 页。

二、组建投资后管理团队

一个优秀的投资后管理团队是投资后管理成功的关键。切实发挥投资后管理团队的作用是改善当前我国私募股权资本投资后管理困境的重要举措。投资后管理团队是私募股权资本投资后管理的具体执行者，所以组建一个投资后管理团队是必要的①。私募股权资本投资后管理团队在知识与技术、管理与运作经验上具有互补性，要挑选不同的、有经验的专业或学科人员；私募股权资本投资后管理团队的组建要跨越不同的技术、专业与部门，实行多学科搭配与优化组合；私募股权资本投资后管理团队需要跟踪私募股权资本投资项目运作的全过程，涉及中小企业的兼并、分立、回购、清算、股权转让、策划上市等具体业务。因此，团队成员在业务上要能独当一面。

三、建立市场化的投资后管理机制

市场化的投资后管理机制是指按照市场规则在私募股权资本投资机构与中小企业之间形成的投资后管理机制。为降低私募股权资本投资的风险，确保私募股权资本投资机构的利益，缓解私募股权资本投资中的信息不对称，市场化的投资后管理机制必不可少。只有建立科学合理的投资后管理机制，私募股权资本运行循环与周转才能完成，私募股权资本增值才能实现。在私募股权资本投资机构内部，为使投资后管理效益最大化，调动私募股权资本投资后管理团队工作的主动性与积极性，要按照市场规则建立激励与约束机制，将投资后管理团队成员的报酬与投资后管理效益捆绑起来。建立私募股权资本投资机构内部各部门协同管理的机制，注重发挥私募股权资本投资机构内部各部门有关行业管理部门的专业优势，形成投资后管理合力。私募股权资本投资机构将投资后管理的落脚点放到为中小企业做好增值服务上，寓

---

① 旷达：《天和钻具公司的投资价值分析与投后管理服务研究》，硕士学位论文，中南大学，2013 年。

管理于服务中，不断提高私募股权资本投资机构投资后管理的增值服务意识和质量。在私募股权资本投资机构与中小企业之间，用可转换债券、可转换优先股等复合型投资工具将私募股权资本投资机构与中小企业双方利益捆在一起。这样，可以明确管理边界，提高私募股权资本投资后管理效益[①]。

四、建立科学的投资后管理监控模式

私募股权资本投资后管理是确保私募股权资本投资机构预期投资收益与减少投资风险的重要手段，也是私募股权资本投资区别于其他融资投资方式的重要标志。常见的监控模式有以下几种：

（一）组建董事会或监事会。组建董事会或监事会，通过赋予私募股权资本投资机构更多的控制权来强化对中小企业的监控。私募股权资本投资机构可以向中小企业派驻一名成员参与董事会或监事会。主导的私募股权资本投资机构可以控制董事会或监事会，向中小企业派人担任董事长或监事，积极和充分地发挥董事会或监事会席位条款对中小企业的监控功能。

（二）组建监控小组。私募股权资本投资机构与中小企业签订投资协议，并向中小企业注入第一批私募股权资本后，私募股权资本投资机构面临的首要监控问题是如何适时监控中小企业生产经营活动的重要环节及财务业绩。对此，私募股权资本投资机构可以组建监控小组，对中小企业实行投资后管理监控[②]。

（三）建立私募股权资本运行预警系统。私募股权资本投资机构可以利用私募股权资本运行预警系统判断中小企业各个方面的运营状况。可以最大限度的减少主观判断和决策所带来的不确定性，提高监控的效率。

（四）更换管理层。私募股权资本投资机构在投资后管理中最重要的工作之一是提高中小企业的管理能力。当私募股权资本投资机构了解到中小企业

---

① 何秘茸：《西安高新区中小企业风险投资后续管理的应用研究》，硕士学位论文，西北工业大学，2007年。

② 赵广财：《我国风险投资后管理中存在的问题及对策》，《学术交流》2004年第9期，第114—117页。

面临困境而处于危机状态，在必要时需更换管理层[①]。

五、明确投资后管理边界

在私募股权资本投资后管理的具体实施过程中，边界和边界分析为私募股权资本投资后管理管理团队有效地进行投资后管理提供很好的工具和手段。为确保私募股权资本投资后管理权力的有效运作，提高私募股权资本运行的效率，私募股权资本投资后管理的管理团队应该从边界入手，明确投资后管理边界。私募股权资本投资机构与中小企业之间要对投资后管理权力进行合理地划分，从而使私募股权资本投资后管理权力配置达到最佳状态。私募股权资本投资机构应该把一些管理权下放给中小企业的管理层给其合适的空间，不应该过多的干预中小企业的具体经营活动，以免发生角色错位[②]。私募股权资本投资后管理主要定位在财务管理和风险管控。可以对被投资中小企业的经营活动提出建议，但不直接参与中小企业的生产经营活动。

第四节 健全私募股权资本的退出机制[③]

私募股权资本运行中最重要、最关键的环节是退出环节，退出是否畅通决定着私募股权资本运行的成败。退出机制是私募股权资本市场的重要组成部分，其畅通与否直接决定私募股权资本市场的投资积极性和活跃程度。私募股权资本退出是国内私募股权资本运行的重大难题。退出不畅意味着私募股权资本的"蓄水池"难以有效维持自身循环、私募股权资本缺乏流动性或私募股权资本投资机构与中小企业现金流的断裂。因此，为完善私募股权资本退出机制，我们建议如下：

[①] 杨锴：《风险投资投后管理探究》，《中国物价》2011年第2期，第37—40页。
[②] 赵辉：《我国私募股权基金退出问题分析》，硕士学位论文，上海师范大学，2012年。
[③] 本节主要内容引自李靖、王琳博：《中国私募股权资本退出：方式、困境及出路》，《海南金融》2016年第12期，第40—44页。

一、建立与完善多层次资本市场体系

完善的多层次资本市场是私募股权资本行业发展的基础，有利于私募股权资本更好地通过 IPO 退出。多层次资本市场体系之内的各个市场是互相独立并互相衔接的，可以满足私募股权资本投资机构与中小企业的需要。一个健全的私募股权资本退出机制应该是以主板和创业板为主，其他退出渠道为辅。因此，要建立主板、中小板、创业板、债券市场以及区域交易市场在内的多层次市场。探索推出与新三板相适应的上市机制和转板机制。构建我国多层次资本市场体系的基本思路是：重新定位现存的主板市场、创业板市场、场外交易市场与其他市场的关系、服务对象和市场设立的位置以及覆盖范围，从而实现私募股权资本退出渠道的多元化[1]，具体建议如下：

（一）对于主板市场，一方面要完善主板市场结构、创新证券市场产品；另一方面要不断壮大中小板市场规模。主板市场的发展方向是"做大做强"，为创业板市场、场外交易市场等的发展积累经验与提供有益的借鉴。

（二）对于创业板，要建立严格的上市标准与退市制度，为无法在主板上市的中小企业提供上市的机会，为私募股权资本的退出搭建一个良好平台。

（三）积极发展场外交易市场，为私募股权资本退出提供通道。主板、创业板无法实现我国全部企业的上市融资，也无法满足全部私募股权资本的退出。场外交易市场可以为私募股权资本退出提供交易场所，建立全国统一的场外交易市场，明确其在多层次资本市场中的职能与定位，明确交易制度、运作模式、投资者门槛、监管模式[2]。场外交易市场可以为中小企业股权、退市企业股票提供交易场所。此外，应加快发展新三板，加强新三板市场的建设[3]，这样，新三板作为交易平台就能够为私募股权资本提供一个新的退出渠道。还要完善产权交易市场，建立私募股权资本与产权交易市场对接机制，

---

[1] 王敏：《论区域性股权市场的制度构建》，《湖南社会科学》2014 年第 6 期，第 182—185 页。

[2] 张亦春、林木顺：《我国私募股权基金退出方式偏好与障碍分析》，《现代管理科学》2012 年第 9 期，第 7—9 页。

[3] 张旭波：《民间资本转化为私募股权投资的影响因素研究》，经济管理出版社 2015 年版，第 151 页。

把产权交易市场打造成为我国非上市企业并购与私募股权资本退出的重要交易平台。

（四）引导私募股权资本投资机构到外国资本市场（如美国、新加坡、韩国等国的创业板市场）退出。

（五）建立层次间的对接转换机制。多层次资本市场体系是一个动态的市场，要建立不同层次市场畅通的对接转换机制。对接转换机制的设计要能动态反映企业价值变化。建立起良好的"转板"机制，要根据企业价值变化，在不同层次的市场之间转板。若中小企业达到场内交易的条件，便可顺利地从场外"升级"至场内；反之，一些上市企业由于经营不善，不符合场内交易的条件，也可以退到场外市场进行交易，从而形成完整有效、动态对接、双向转板机制，为私募股权资本退出开辟一条通畅的退出渠道。

二、建立与完善私募股权资本行业的法律体系

私募股权资本行业发展需要有一整套相应的法律体系规范各私募股权资本参与主体及其相关者的资格、行为及其相互之间的关系，这样才可能有效地保护各参与主体的权益，增强各参与主体的信心，降低私募股权资本退出的风险。因此，为实现私募股权资本顺利退出，必须创造旨在降低私募股权资本退出风险的法律法规体系。为此，我们建议如下：

（一）完善和修改私募股权资本有效供给与有效需求的法律、提高私募股权资本运行效率的法律、私募股权资本退出机制的法律以及《公司法》《证券法》《信托法》《破产法》《合伙企业法》等法律中的相关条款，在条件成熟的情况下，可以考虑制定一部完整的与私募股权资本相关的法律法规，为私募股权资本退出提供法律上的保障。明确私募股权资本及各种退出方式的定义，细化其流程和所遵循的规则，并规定各种退出方式的法定程序。以此来促进私募股权资本有序地退出。

（二）在立法过程中要尽量避免有关法律法规条款之间的冲突，理顺各零散法律之间的关系，使我国的私募股权资本退出做到有法可依与有法必依。

（三）从法律上明确私募股权资本退出的监管主体。我们认为证监会作为

私募股权资本退出的监管主体要比其他部门更具有优势。

（四）确定私募股权资本行业发展的管理办法和实施细则，建立并完善私募股权资本发行制度和投资者的管理制度，为新的退出方式提供合理的法律依据，更好地探索新的退出方式，这也有利于监管部门更加有效合理的监督私募股权资本市场[①]。

（五）建立一套与私募股权资本行业相关的知识产权保护的法律体系。

三、加快私募股权资本行业的人才培养和引进

私募股权资本行业实践性很强，又涉及科技、金融、投资、评估、管理、审计等多方面的学科。私募股权资本行业的人才应该是既懂金融，又懂管理，并具有金融投资、企业管理实践经验的综合性人才。私募股权资本行业的人才不仅具有传统金融行业的从业能力，更重要的是他们拥有在众多的项目中辨识出具有超常发展潜力，会带来超额利润的私募股权资本投资项目的专业技能，积极参与所投资中小企业的运作过程，为其未来成功注入增值活力[②]。鼓励与引导一批高层次的热爱私募股权资本行业的人投身到私募股权资本行业中来。政府主管部门和相关高校应该着眼于长远，尽快设立与私募股权资本相关的专业和研究方向，培养技能扎实的私募股权资本行业人才以适应私募股权资本的发展。还应制定人才流动政策，政府主管部门及高校应当定期选拔私募股权资本行业优秀人才到国外参加培训学习，并吸引国外私募股权资本行业优秀人才和专家学者来我国高校授课与传授经验，从而带动国内私募股权资本行业人才的成长。

四、加快私募股权资本行业中介机构的发展

私募股权资本的退出通常要涉及经济环境预测、技术论证、资产评估、

---

① 关凤荣、方红：《股权众筹监管法律制度研究》，《电子科技大学学报（社科版）》2017 年第 4 期，第 46—51 页。

② 惠恩才：《我国风险投资发展障碍与对策研究》，博士学位论文，东北财经大学，2005 年。

法律咨询等多方面的知识与技术问题。私募股权资本退出在很大程度上受中介机构的影响。为加快私募股权资本行业中介机构发展，我们认为至少要做好以下几个方面的工作：

（一）完善私募股权资本行业中介机构体系，包括建立全国性的私募股权资本行业协会，大力发展中小企业评级机构、企业融资担保公司、科技项目评估机构、知识产权评估机构、咨询顾问公司、和信息咨询服务机构等中介机构，为私募股权资本退出提供市场信息和决策咨询等服务[①]。

（二）引导证券机构为私募股权资本的退出提供有效服务，引导与支持证券机构积极进入私募股权资本行业领域。

（三）提高私募股权资本行业中介机构的市场化运作程度。

（四）规范私募股权资本行业中介机构及其从业人员的行为。强化私募股权资本行业中介机构的资质的审定，强化私募股权资本行业中介机构从业人员的资格考核，定期对私募股权资本行业中介机构进行整顿与清理，促进私募股权资本行业中介机构的健康发展。

五、构建顺畅的退出渠道

IPO虽说是私募股权资本退出的最佳方式，但在我国资本市场体系不完善的情况下，并购、回购、"借壳"上市仍是可行的退出方式。私募股权资本投资机构也可以选择国内创业板上市来实现私募股权资本的退出，以实现投资收益的最大化[②]。此外，要加快新三板的发展和改革，建立健全符合新三板发展的机制，不断弥补新三板在机制上的漏洞和缺陷，尽快形成货币市场与证券市场结合、长期融资与短期融资互补、公募与私募两种模式综合运用的多层次、全方位的退出通道，探索与建立符合我国经济发展需要的私募股权资本退出机制，实现退出渠道多样化。

---

① 陈伟萍：《我国私募股权投资退出机制研究》，硕士学位论文，厦门大学，2008年。
② 马海静：《私募股权投资基金退出机制研究》，《广东广播电视大学学报》2009年第2期，第92—95页。

本章小结

在本章，我们主要完成了四个任务：

一是提出了拓宽私募股权资本募集渠道的对策。根据我国私募股权资本募集阶段存在的问题以及该阶段的运行机理，提出相应的对策建议。如积极发挥政府资金的引导作用；规范商业银行涉足私募股权资本领域；鼓励社保基金进入私募股权资本领域；适度放宽保险资金的投资领域；鼓励富裕家庭和个人投资私募股权资本；加强对外国投资者的引导与监管。

二是提出了优化私募股权资本投资策略的对策。根据我国私募股权资本投资阶段存在的问题以及该阶段的运行机理，提出相应的对策建议。如选择复合型投资工具；促进投资区域均衡化；促进投资行为合理化；优化投资环境。

三是提出创新私募股权资本投资后管理方式的对策。根据我国私募股权资本投资后管理阶段存在的问题以及该阶段的运行机理，提出相应的对策建议。如提高投资后管理意识；组建投资后管理团队；建立市场化的投资后管理机制；建立科学的投资后管理监控模式；明确投资后管理边界。

四是提出完善私募股权资本退出机制的对策。根据我国私募股权资本退出阶段存在的问题以及该阶段的运行机理，提出相应的对策建议。如建立与完善多层次资本市场体系；建立与完善私募股权资本行业的法律体系；加快私募股权资本行业的人才培养和引进；加快私募股权资本行业中介服务组织体系建设；构建顺畅的退出渠道。

第九章 研究总结与展望

第一节 主要结论

我们在对国内外文献及有关资本理论进行梳理的基础上，构建了我国私募股权资本运行的理论模型，对全球私募股权资本行业的发展状况进行了分析与调查，对我国私募股权资本的募集、投资、投资后管理、退出四个阶段的机理进行了分析与论证，得出的主要结论如下：

一、私募股权资本是经济发展到一定阶段的产物，在其形成和发展的漫长过程中，经过不断的博弈和试错，逐步形成特有的组织形式、投融资方式、制约机制，并在正式规则层面得到政府的认同与参与，最终成为一种新的制度。从博弈论的角度看，是博弈参与人包括私募股权资本投资机构、私募股权资本投资中介机构、私募股权资本投资者、中小企业等利益主体之间的策略互动最后成为自我实施的一种博弈均衡过程。私募股权资本是组织形式与运行结构的结合，是投资行为与融资行为的结合，是产业资本与金融资本的结合，是投资理念与投资方式的结合，是投资行为与管理行为的结合，是"融资"与"融智"的结合，是思维方式与管理模式的结合，是货币资本、人力资本、信用资本、知识资本、技术资本与社会资本的结合。

二、私募股权资本运行系统是一个复杂的系统，就其自身的结构而言是由众多的私募股权资本供给者（可以是自然人，也可以是法人）、私募股权资本需求者（中小企业）和私募股权资本投资机构及其他中介机构相互作用、相互联系结合而成的具有特定经济功能的有机整体。私募股权资本市场将私募股权资本供给者、私募股权资本需求者（中小企业）和私募股权资本投资机构三大主体联结成一个有机组织体。尽管世界各国的私募股权市场的发达程度各不相同，但是就私募股权私募股权资本运行系统本身的构成要素来说基本相同，不外乎包括以下三个方面，即私募股权资本市场主体（包括私募股权资本需求者与供给者）、私募股权资本市场中介、私募股权资本市场交易工具。

三、已有的研究成果，特别是马克思的资本循环与周转理论是研究私募股权资本运行理论的宝贵资源，是创建私募股权资本运行理论模型的直接理论来源。所以，我们研究私募股权资本的运行机理直接理论依据是马克思的资本循环与周转理论。另外，我们还需借鉴西方经济学中各种流派的"资本"理论。

四、私募股权资本主要以未上市的中小企业为投资对象，无论是从微观还是宏观上都对我国的经济发展都起重要的作用。私募股权资本的发展有利于我国"大众创业、万众创新"国家战略的实施，有利于改善我国的经济结构，促进经济的长期稳定发展。

五、私募股权资本的循环与周转就是一个价值发现、价值创造、价值管理和价值实现的循环与周转过程。私募股权资本的运行过程包括私募股权资本的募集、投资、投资后管理与退出四个环节，四者环环相扣，任一环节的不畅都会导致整个私募股权资本运行的不畅。私募股权资本通过资本募集、投资、投资后管理与退出，实现资本的周转与循环。私募股权资本的运行过程具有循环往复的特征，是"募集——投资——投资后管理——退出"过程的不断循环与周转。私募股权资本运行的四个环节，时间跨度长、流动性较差、收益慢、风险较大。私募股权资本的募集、投资、投资后管理与退出四个阶段相互影响、相互制约，共同决定私募股权资本的运行。私募股权资本循环只能不停顿地在募集、投资、投资后管理与退出四个阶段按正常顺序进行。如果私募股权资本在募集阶段停顿下来，私募股权资本就会闲置于私募股权资本投资者手中；如果私募股权资本在投资阶段停顿下来，一方面私募股权资本就会闲置在私募股权资本投资机构手中，另一方面中小企业也会出现融资难的问题；如果私募股权资本在最后退出阶段停顿下来，私募股权资本的价值增值就无法实现，私募股权资本投资机构就会面临投资的风险。

六、私募股权资本发展有很多的国际经验值得借鉴，这些经验包括：私募股权资本发展需要多样化的募集渠道、灵活的投资策略、有效的投资后管理、通畅的退出渠道等。

七、私募股权资本募集是私募股权资本运行的起点，是私募股权资本投资、投资后管理与退出的基础，如果私募股权资本募集不成功，其他环节也无从谈起。站在私募股权资本投资机构的角度来看，私募股权资本募集过程的实质就是融资过程。从某种意义上讲，在私募股权资本运行四个阶段中，最重要的也是最困难的不在投资、投资后管理与退出阶段，而在募集阶段。私募股权资本募集受多种因素的影响，如经济发展水平、资本利得税、首次公开发行市场强弱、资本准入条件、政府政策等。从理论上讲，私募股权资本的募集一般呈现多渠道、多元化格局，社会上的许多资金（政府资金、社保资金、保险资金、银行资金、大型企业集团资金、外国投资资金、富裕家庭和个人资金等）都可能是私募股权资本的潜在来源，他们的资金通过多种方式汇聚到私募股权资本投资机构，私募股权资本投资机构通过一定的组织形式来管理与运用私募股权资本。

八、私募股权资本成功地把货币资本、人力资本、信用资本、知识资本、技术资本以及社会资本等有机结合在一起。私募股权资本投资机构募集好私募股权资本后，下一步的重要工作就是寻找中小企业进行投资。我国现有的投资大多只是针对大中型国有企业，如果中小企业想要获得长足的发展，可以考虑利用自身的优势从私募股权资本投资机构获取私募股权资本。长期以来，"融资难"成为制约中小企业发展的"瓶颈"。因此，发展私募股权资本无疑为解决中小企业"融资难"问题开辟一条新的路径。在我国，私募股权资本投资作为一种新型的投资方式，积极有力地推动我国中小企业的发展。

九、私募股权资本投资后管理阶段在私募股权资本的整体运作过程中起着关键性的作用。为提升中小企业的内在价值，在私募股权资本投资机构向中小企业进行投资之后，还要对其进行投资后管理。我国私募股权资本行业经过多年的发展，在"募、投、管、退"四大流程中，"募""投"流程已比较成熟，"退"在策略上已经融合于投资交易结构设计之内，实施则更多的依赖于私募股权资本投资中介机构。私募股权资本投资后管理主要解决"价值管理"的问题，这也是私募股权资本区别于其他投资的标志之一。比较而言，在私募股权资本投资后管理方面，一直没有受到足够的重视。目前，我国的私募股权资本投资机构的投资后管理正在变得多元化，开始跟国际接轨。

十、有效的退出机制是私募股权资本循环的保障。私募股权资本投资机构并不在意通过持有企业股权而获得稳定的股息收益，其根本目的是分享中小企业的高成长以实现资本利得，这也是中小企业价值发现功能的体现。私募股权资本投资机构之所以投资于中小企业，其基本经济追求在于通过投资中小企业，甘冒超出投资于一般企业的风险去追求超出平均收益的超额利润，并不寻求拥有被投资中小企业的控制权。退出是私募股权资本运行最后惊险的一跃。私募股权资本是一种流转的财富，并且只有不断地循环与周转才能实现其价值的最大化。私募股权资本的循环与周转，主要通过募集、投资、投资后管理与退出的循环来完成一进一出的过程，这也是私募股权资本增值的过程，完善的退出机制能够保证私募股权资本在时间和空间上有效地循环与周转。

第二节　主要特色

我们在已有研究的基础上做了一些尝试性的工作。可以说，没有已有的成果做基础，我们不可能完成这本书的研究工作。本书的主要特色体现在以下几个方面：

一、研究成果的拓展性

我们尝试把马克思《资本论》中的资本循环理论、资本有机构成理论等与我国的私募股权资本运行情况结合起来，为构建我国私募股权资本运行的理论体系做了一些探索性的工作。本书在已有研究的基础上对马克思的资本循环与周转理论、资本有机构成理论等进行拓展。例如，马克思的资本有机构成理论是指由资本技术构成决定、并且反映资本技术构成变化的资本价值构成的理论，通常用公式 C：V 表示。私募股权资本出现后，资本有机构成仍然遵循 C：V 的基本计算原则，我们对计算公式加以调整：将作为无形资产的技术量化为私募股权资本的数额计为 C′，将作为智能劳动的创造与管理量化为私募股权资本的数额计为 V′，这时的生产资本总额导入资本运动所激发的新因素 C′+V′，此时，资本有机构成的公式变为（C+C′）：（V+V′）。对资本有机构成公式 C：V 进行拓展的意义在于进一步说明技术的无形资产形态和创造与管理的智能劳动形态经私募股权资本的运作之后潜藏巨大的财富。进一步推出的结论是，中小企业通过私募股权资本融资方式获得股权资本支持以后，应加大对技术创新的投入力度，并应加大对科技人员与管理人员的支持力度。

将马克思资本循环公式进行拓展，对劳动力与生产资料进行细分。我们把马克思资本循环公式中的劳动力 A 划分为 Ampe 与 Awpe，其中，Ampe 表示作为科技人员与管理人员的劳动力，Awpe 表示作为一般工人的劳动力；把原来公式中的生产资料 Pm 划分为 Pmpe 与 Ptpe，其中，Pmpe 表示一般生产资料的物质资源，Ptpe 表示科技含量较高的生产资料的物质资源。这样做的好处在于可以快速地发现科技含量较高的生产资料的物质资源、科技人员与管理人员在价值创造中的作用。

二、研究内容的系统性

本书基于马克思主义政治经济学原理的资本循环与周转理论，构建一个较为系统的私募股权资本循环与周转模型，紧紧围绕私募股权资本的募集、投资、投资后管理与退出对私募股权资本运行的整个过程进行系统研究。目前国内有大量学者对私募股权资本的募集、投资、投资后管理与退出的各个方面分别进行研究，相关研究或侧重私募股权资本的募集阶段的研究，或侧重投资阶段的分析，或侧重投资后管理阶段的分析，或侧重退出阶段的分析。这些研究是针对每个阶段的具体分析，将私募股权资本的募集、投资、投资后管理与退出四个阶段结合起来进行研究的还不多。本书运用马克思主义政治经济学原理，从私募股权资本的募集、投资、投资后管理与退出四个环节来系统地考察私募股权资本运行的总过程，揭示私募股权资本运行的特点与规律。

第三节 不足之处

我们在相关专家的指导下对私募股权资本的运行机理做了一定的研究，取得了一些成果。但由于各方面条件的限制，本书的研究深度与广度还不够，还存在一些需要改进的地方。

一、研究数据的局限性

我们开展私募股权资本的研究面临的最大挑战是如何取得真实、准确、权威的资料与数据。私募股权资本对中小企业发挥促进作用的案例并不多。私募股权资本行业的资料与数据搜集难度较大，私募股权资本操作及信息极少公开，大多数私募股权资本投资机构都将募集情况、投资情况、投资后管理情况及退出情况等内容视为核心机密，仅向私募股权资本投资者以及其他相关利益主体提供。此外，由于我国私募股权资本行业发展还处于起步阶段，概念不统一，一些可用的资料与数据都没有达到一个完整的运行周期，目前国内不同机构的数据统计口径和来源也有很大的差别，权威、真实的数据难以收集与获得。

二、案例分析的局限性

由于私募股权资本运行的特殊性，本书中的同洲电子、蒙牛乳业、英孚思为3个案例仍不免存在一些局限，这3个案例的资料主要通过实地查阅、电话咨询、查询文献及相关企业的网站等渠道获得，在私募股权资本行业快速发展的今天，数据资料的权威性有待进一步考证。因此，案例的代表性值得验证，针对本书的研究主题，今后要适当地从更大区域范围内选取企业案例，使最终结论更具说服力。

三、研究方法的局限性

任何研究方法都有其局限性，本书的研究方法也不例外。最大的不足是缺乏对私募股权资本运行客观实证数据的定量分析。我们认为如果在统计口径不一致、数据不权威的基础上进行定量分析，那计算出来的结果本身就值得怀疑，以此为依据提出私募股权资本运行的对策建议也是不可靠的。因此，在现有条件下，本书很难利用计量经济学的理论与方法构建相应的模型，对相关数据进行分析与检验。因此，本书不以定量分析为重点，主要以定性分析为主，侧重于理论论述，辅以数据分析。本书涉及的行业数据取自公开的文献资料、国内几家研究机构发布（如清科、投资中国等）的报告以及我们调查取得的资料和数据，并对各方面数据的进行比对和印证，以尽量克服这方面的不足。

第四节 研究展望

私募股权权资本运行机理相当复杂，研究者需要拥有较全面的经济学、管理学、数学、法学等学科的专业知识，而且需要具备一定的实践经验，做出的研究才有深度与广度，我们缺乏这方面的实践经验。私募股权资本运行机理研究的领域涉及私募股权资本募集、投资、投资后管理与退出等多方面的问题，其实每个问题都是一个有研究价值的大课题。由于各方面的条件所限，本书只是从总体上论述私募股权资本运行机理，没有对私募股权资本募集、投资、投资后管理与退出进行更深入地研究。

今后，我们将吸纳实际工作部门的人员，扩大研究队伍，继续开展相关课题的研究。在具备权威、统一、真实数据的基础上，我们将加强私募股权资本的定量分析与研究。此外，私募股权资本的募集、投资、投资后管理与退出四个阶段的内在规律、中国私募股权资本市场体系建设、中国私募股权资本市场的效率、中国私募股权资本运行的监管（法律）制度设计、中国私募股权资本的区域分布规律、中国私募股权资本发展与中小企业成长的互动关系、中国私募股权资本行业发展的典型案例分析以及全球主要国家（美国、英国、德国、日本等）的私募股权资本行业发展等都是很有价值的研究课题。我们将在以后很长一段时间内继续做好这些课题的研究工作。

本章小结

在本章，我们主要完成了四个任务：

一是对本书的主要结论进行总结。在对国内外文献及有关资本理论进行梳理的基础上，构建了我国私募股权资本运行的理论模型，对全球私募股权资本行业的发展状况进行分析与调查，对我国私募股权资本的募集、投资、投资后管理、退出四个阶段的运行机理进行分析与论证，得出了一些结论。

二是对本书的主要特色进行介绍。本书的主要特色体现在把马克思《资本论》中的资本循环理论、资本有机构成理论等与我国的私募股权资本运行情况结合起来，为构建我国私募股权资本运行的理论体系做了一些探索性的工作。

三是对本书的不足之处进行分析。指出本书在研究数据、案例分析、问卷调查、研究方法、研究深度上还存在一些不足与缺陷。

四是提出了研究展望。指出私募股权资本运行机理研究涉及私募股权资本募集、投资、投资后管理与退出等多方面的问题，每个问题都是一个有价值的研究课题。在具备权威、统一、真实数据的基础上，我们将加强私募股权资本的定量分析与研究。此外，还提出了私募股权资本研究领域几个值得研究的课题。

参考文献

一、中文专著

1. 北京市道可特律师事务所、道可特投资管理（北京）有限公司：《外资 PE 在中国的运作与发展》，中信出版社 2011 年版。

2. 曹龙骐：《金融学（第四版）》，高等教育出版社 2013 年版。

3. 高鸿业：《西方经济学（宏观部分）》，高等教育出版社 2011 年版。

4. 华雷、李长辉：《私募股权基金前沿问题：制度与实践》，法律出版社 2009 年版。

5. 蒋晓杰：《我国私募股权投资基金问题研究》，东北财经大学出版社 2015 年版。

6. 靳景玉、曾胜、张理平：《风险投资引导基金运作机制研究》，西南财经大学出版社 2012 年版。

7. 黎志明、宋劲松：《深圳创业板市场融资与投资》，中国经济出版社 2009 年版。

8. 李光久：《博弈论基础教程》，化学工业出版社 2005 年版。

9. 李磊、陈传进：《私募股权投融资指引》，经济科学出版社 2009 年版。

10. 李磊：《私募股权基金运作全程指引》，中信出版社 2009 年版。

11. 李文涛：《私募有限合伙基金法律制度研究》，知识产权出版社 2009 年版。

12. 刘正民：《私募股权与科技创新》，华东师范大学出版社 2014 年版。

13. 刘志阳：《创业资本的金融政治经济学》，经济管理出版社 2005 年版。

14. 罗显华：《私募股权投资基金的运作与银行发展》，中国书籍出版社 2015 年版。

15. 孟庆君：《房地产私募基金：募、投、管、退中的疑难精解》，首都经济贸易大学出版社 2014 年版。

16. 潘启龙：《私募股权投资实务与案例》，经济科学出版社 2009 年版。

17. 任纪军：《私募股权资本》，中华工商联合出版社 2007 年版。

18. 苏启林：《家族控制、私募股权投资介入与民营上市公司治理》，经济科学出版社 2013 年版。

19. 孙志超：《境外私募股权基金操作理论与应用研究》，中国政法大学出版社 2015 年版。

20. 田惠敏：《私募股权资本与民营经济发展研究》，经济科学出版社 2015 年版。

21. 王开良：《重庆私募股权基金发展战略与模式研究》，中国社会科学出版社 2015 年版。

22. 王苏生、邓运盛、王东：《私募基金风险管理研究》，人民出版社 2007 年版。

23. 王元、王维中、梁桂：《中国创业风险投资发展报告》，经济管理出版社 2007 年版。

24. 文学国：《私募股权基金法律制度析论》，中国社会科学出版社 2010 年版。

25. 夏斌、陈道富：《中国私募基金报告》，上海远东出版社出版 2002 年版。

26. 项先权、唐青林：《私募股权投资基金实战操作与法律实务文本》，知识产权出版社 2008 年版。

27. 肖金泉：《国际私募——企业通往国际资本市场的桥梁与跳板》，中信出版社 2008 年版。

28. 杨金梅：《解构私募——私募股权投资基金委托代理问题研究》，中国金融出版社 2009 年版。

29. 张风林：《西方资本理论》，辽宁大学出版社 1995 年版。

30．张旭波：《民间资本转化为私募股权投资的影响因素研究》，经济管理出版社 2015 年版。

31．赵忠义：《私募股权投资基金监管研究》，中国金融出版社 2011 年版。

33．郑伟鹤、陈耀华、盛立军：《私募股权基金与金融业资产管理》，机械工业出版社 2004 年版。

33．周炜：《解读私募股权基金》，机械工业出版社 2008 年版。

34．庄文韬：《私募股权资本：经济增长、竞争力与财富政策》，厦门大学出版社 2009 年版。

35．卓越：《风险投资治理机制研究：基本人力资本的视角》，中国社会科学出版社 2006 年版。

二、研究报告

1．曹和平：《中国私募股权市场发展报告（2013—2014）》，社会科学文献出版社 2014 年版。

2．德邦证券有限责任公司：《中国私募基金投资年度报告 2014》，江苏人民出版社 2014 年版。

三、学位论文

1．包善骈：《论新常态下私募股权的投后管理》，硕士学位论文，首都经济贸易大学，2017 年。

2．陈宝：《资本·现代性·人——马克思资本理论的哲学诠释》，博士学位论文，2007 年。

3．陈风华：《衡阳产业投资基金发展战略研究》，硕士学位论文，南华大学，2014 年。

4．陈伟萍：《我国私募股权投资退出机制研究》，硕士学位论文，厦门大学，2008 年。

5．程文红：《信息不对称与风险投资的契约设计》，博士学位论文，复旦大学，2003 年。

6．董运佳：《美国私募股权投资基金研究》，硕士学位论文，吉林大学，2009 年。

7. 丁婉贝：《德国私募股权基金筹资和投资驱动因素分析》，硕士学位论文，复旦大学，2012.

8. 樊五勇：《风险资本市场研究》，博士学位论文，暨南大学，2001年。

9. 范鹏：《私募股权基金并购退出市场因素研究》，硕士学位论文，南京大学，2013年。

10. 范运：《私募房地产股权投资基金风险管理研究》，博士学位论文，西南财经大学，2009年。

11. 傅赵戎：《私募股权投资契约的公司法解读》，博士学位论文，西南政法大学，2015年。

12. 高立新：《我国证券投资基金的风险及其管理》，博士学位论文，中国社会科学院研究生院，2003年。

13. 郭广良：《中国产业投资基金运营体系研究》，博士学位论文，北京交通大学，2010年。

14. 古苗希：《我国商业银行介入私募股权投资问题研究》，硕士学位论文，西南财经大学，2012年。

15. 黄亮：《我国文化产业投资基金研究》，博士学位论文，中国艺术研究院，2013年。

16. 何秘茸：《西安高新区中小企业风险投资后续管理的应用研究》，硕士学位论文，西北工业大学，2007年。

17. 黄韬：《股权投资基金募集法律制度研究》，博士学位论文，南京大学，2013年。

18. 惠恩才：《我国风险投资发展障碍与对策研究》，博士学位论文，东北财经大学，2005年。

19. 姜金蝉：《中国私募股权投资基金优化发展研究》，硕士学位论文，首都经济贸易大学，2012年。

20. 蒋悦炜：《私募股权基金与中国中小企业公司治理研究》，博士学位论文，上海交通大学，2012年。

21. 旷达：《天和钻具公司的投资价值分析与投后管理服务研究》，硕士学位论文，中南大学，2013年。

22. 卢永真：《私募股权基金在国有企业改革发展中的功能研究》，博士学位论文，西南财经大学，2011年。

23. 吕洪燕：《风险投资后监控管理研究》，硕士学位论文，哈尔滨工业大学，2007年。

24. 吕炜：《风险投资的经济学考察——制度、原理及中国化应用的研究》，博士学位论文，东北财经大学，2001年。

25. 刘旸：《美国私募权益资本研究——兼论中国私募权益资本的发展方向》，博士学位论文，吉林大学，2010年。

26. 刘芳：《中国私募股权投资基金退出方式研究》，硕士学位论文，辽宁大学，2011年。

27. 刘奕询：《风险投资的IPO效应研究》，博士学位论文，华南理工大学，2011年。

28. 梅德强：《科技创业企业引入风险投资的合作效应研究》，博士学位论文，重庆大学，2011年。

29. 庞跃华：《创业投资的制度研究》，博士学位论文，湖南大学，2011年。

30. 乔小辉：《我国私募股权投资运作模式研究》，硕士学位论文，首都经济贸易大学，2008年。

31. 邱柯萍：《私募股权基金在我国的实践与发展研究》，硕士学位论文，南京理工大学，2009年。

32. 佘延双：《私募股权基金投资矿产资源勘查行业的策略研究》，博士学位论文，中国地质大学，2012年。

33. 隋振婷：《中国风险投资市场发展中的政府作用研究》，博士学位论文，辽宁大学，2012年。

34. 孙薇：《欧洲私募股权资本发展现状与经验总结》，硕士学位论文，同济大学，2007年。

35. 孙晓靓：《我国私募股权基金的融资渠道研究》，硕士学位论文，天津财经大学，2012.

36. 王磊：《我国私募股权投资的融资研究——基于中美比较的视角》，

博士学位论文，西北大学，2009 年。

37．王荣：《农业高新技术产业化风险投资研究》，博士学位论文，山东农业大学，2010 年。

38．王泽翼：《风险投资增值服务对中小企业成长绩效影响的实证研究》，硕士学位论文，暨南大学，2011 年。

39．魏景芬：《私募股权基金投融资风险评价及预警研究》，博士学位论文，北京交通大学，2016 年。

40．文先明：《风险投资中信息不对称及风险分析研究》，博士学位论文，中南大学，2004 年。

41．许健：《中国私募股权投资退出方式研究》，硕士学位论文，辽宁大学，2012 年。

42．杨君：《风险资本运作论》，博士学位论文，四川大学，2002 年。

43．岳蓉：《中国风险投资的运行机制研究》，博士学位论文，华中科技大学，2013 年。

44．曾蔚：《基于联合风险投资的创业智力资本对企业价值创造的作用机理研究》，博士学位论文，中南大学，2012 年。

45．曾韵婷：《我国上市公司海外并购的融资方式研究》，硕士学位论文，暨南大学，2014 年。

46．张博宇：《私募股权投资基金退出机制研究》，硕士学位论文，天津大学，2010 年。

47．张青：《基于契约关系的风险投资运作机制与投资决策研究》，博士学位论文，天津大学，2008 年。

48．张晓晴：《中国创业投资公司治理机制研究》，博士学位论文，西北大学，2006 年。

49．赵辉：《我国私募股权基金退出问题分析》，硕士学位论文，上海师范大学，2012 年。

50．郑庆伟：《基于双重委托——代理运作模式的我国风险投资特征及其成因研究》，博士学位论文，华侨大学，2011 年。

51．周陇：《论我国私募股权基金监管法律制度的构建——以私募股权基金在美国的最新发展为参考》，硕士学位论文，天津财经大学，2012 年。

52. 朱奇峰：《中国私募股权基金发展论》，博士学位论文，厦门大学，2009 年。

53. 朱玲：《我国商业银行私募股权基金业务发展问题研究》，硕士学位论文，山东大学，2012 年。

54. 朱晓云：《论我国保险资金的运用及风险管控》，硕士学位论文，对外经济贸易大学，2007 年。

四、期刊论文

1. 常思纯：《日本私募股权产业的安全隐患及其产生原因》，《日本学刊》2012 年第 6 期，第 95 页—110 页。

2. 常思纯：《日本私募股权投资特点与借鉴》，《贵州大学学报》2012 年第 7 期，第 28—32 页。

3. 陈宝富、周少怡：《私募与非法集资犯罪的边界》，《法学》2013 年第 11 期，第 152—156 页。

4. 陈博、陈贞：《私募股权投资机构声誉、参与程度对企业成长性影响研究》，《财会通讯》2015 年第 18 期，第 35—39 页。

5. 陈芳：《我国 VC、私募投资基金及产业投资基金的联系及发展中的对策研究》，《金融理论与实践》2010 年第 1 期，第 86—90 页。

6. 陈凤娣：《我国风险投资退出方式的纵向考察及现实选择》，《亚太经济》2013 年第 5 期，第 127—131 页。

7. 陈乐一：《再论中国经济周期的阶段》，《财经问题研究》2007 年第 3 期，第 10—17 页。

8. 陈丽萍、高艳：《我国私募股权投资基金退出方式研究》，《商业经济》2013 年第 22 期，第 107—108 页。

9. 陈晓红，刘剑：《基于银行贷款下的中小企业信用行为的博弈分析》，《管理学报》2004 年第 21 期，第 173—177 页。

10. 陈鑫：《私募股权分阶段投资决策运用研究》，《当代经济》2017 年第 34 期，第 34—37 页。

11. 陈业华、李忠盛、张倩：《我国创业投资退出途径选择》，《科技进步与对策》2012年第8期，第21—24页。

12. 戴菊贵：《敲竹杠问题的本质及其解决方法》，《中南财经政法大学学报》2011年第4期，第10—16页。

13. 戴亦一、潘越、刘新宇：《社会资本、政治关系与我国私募股权基金投融资行为》，《南开管理评论》2014年第4期，第88—97页。

14. 丁婉贝：《德国私募股权发展：回顾与展望》，《世界经济情况》2012年第6期，第24—27页。

15. 杜斌、谈毅：《德国风险投资业的发展历程与启示》，《预测》2004年第5期，第31—34页。

16. 范柏乃、袁安府：《风险投资工具、股权定价与合同设计》，《证券市场导报》2002年第6期，第30—37页。

17. 冯祥锦：《基于博弈论的贸易保护和贸易自由政策研究》，《莆田学院学报》2011年第1期，第38—41页。

18. 付钰婷：《中国的PE组织模式选择》，《企业导报》，2009年，第12161—162页。

19. 高志立：《美国私募股权基金退出机制及启示》，《财会通讯》2016年第7期，第104—106页。

20. 甘慧杰、杨荣旭：《创业企业实行有限合伙制度探析》，《学习论坛》2001年第7期，第29—30页。

21. 耿建新、续芹：《Pre—IPO基金的兴起与展望》，《财务与会计》2007年第8期，第32—33页。

22. 郭宝生：《我国私募股权投资基金投后管理研究》，《经济视角（下）》2013年第1期，第69—70页。

23. 郭贵春、刘伟伟：《博弈论语义学的方法论特征及其意义》，《中国社会科学》2012年第2期，第43—57页。

24. 郭名媛：《信息不对称条件下风险投资机构在风险投资中的代理风险规避研究》，《科学管理研究》2005年第2期，第92—95页。

25. 何大安：《市场体制下的投资传导循环及其机理特征》，《中国社会科学》2002年第3期，第63—73，205页。

26. 胡志颖、吴先聪、果建竹：《私募股权声誉、产权性质和IPO前持有期》，《管理评论》2015年第12期，第39—49页。

27. 惠恩才：《创业投资的发展演化与运行机制剖析》，《经济社会体制比较》2008年第5期，第134—139页。

28. 惠树鹏：《美国风险投资支持高技术产业发展对我国的启示》，《对外经贸实务》2014年第12期，第80—82页。

29. 姜竹、安然、杨晓华：《论政府优化私募股权投资环境的作用：国际经验与启示》，《北京工商大学学报年（社会科学版）》2013年第4期，第104—108页。

30. 李伯聪：《风险三议》，《自然辩证法通讯》2000年第5期，第48—55页。

31. 李宏舟、王惠贤：《日本促进创业投资产业发展的主要措施及其启示》，《现代日本经济》2007年第4期，第53—57页。

32. 李建伟：《有限合伙型私募股权投资基金内部治理的异化和重构》，《证券市场导报》2013年第6期，第156—162页。

33. 李靖：《我国私募股权资本募集渠道多元化研究》，《海南金融》2016年第3期，第50—53页。

34. 李君：《"自利"原则下的风险投资委托代理之博弈探讨》，《会计之友》2014年第11期，第79—82页。

35. 李琼、周再青：《我国私募股权基金投资风险成因及其管理对策》，《金融经济》2011年第6期，第97—99页。

36. 李晓龙、赵志宇：《私募股权退出机制的经济法视角探析》，《天津法学》2013年第2期，第49—55页。

37. 李新.海外私募股权基金发展经验与启示》，《商业时代》2011年第27期，第77—78页。

38. 李桢：《私募股权资本募集方式评价研究——基于层次分析法的视角》，《华北金融》2016年第5期，第42—46页。

39. 李政、李玉玲：《日本中小企业创业金融支援体系研究与借鉴》，《现代日本经济》2006年第2期，第52—55页。

40. 刘亮、秦青：《创业投资对创新的影响机制分析》，《东岳论丛》2011年第10期，第149—153页。

41. 刘旸：《私募权益资本的循环增值和宏观经济效应》，《中央财经大学学报》2010年第7期，第44—49页。

42. 刘洋、肖阳：《论我国天使投资风险预警之尽职调查》，《湖北工业大学学报》2013年第3期，第37—40页。

43. 刘懿增：《私募股权投资基金在股权交易市场中的作用探讨》，《发展研究》2014年第3期，第33—37页。

44. 刘昱洋：《提高天使投资成功率的措施研究》，《金融理论与实践》2012年第9期，第107—111页。

45. 刘志阳：《创业资本，一种新投资方式还是新资本形态?》，《上海市经济学会学术年刊》，2006年，第124—134页。

46. 吕炜：《风险投资机制博弈潜在利润的原理分析》，《经济研究参考》2001年第12期，第2—15页。

47. 马艳：《马克思主义资本有机构成理论创新与实证分析》，《学术月刊》2009年第5期，第68—75页。

48. 彭飞：《风险投资后管理概念辨析及分类模式研究》，《现代管理科学》2011年第6期，第47—49页。

49. 宋芳、柏高原：《美国私募基金监管法律制度研究及对我国的启示》，《理论与现代化》2012年第5期，第91—96页。

50. 孙天琦：《面向中小企业的贷款动员信用担保及其风险防范》，《西北大学学报（哲学社会科学版）》2001年第1期，第34—42页。

51. 田剑英：《浙江省有限合伙私募基金的投资运作及其发展对策》，《浙江金融》2011年第8期，第54—56、65页。

52. 汪波、王其康、王丹：《欧美私募股权投资运行机制探析》，《财会通讯（综合）》2013年第8期，第123—124页。

53. 汪洁、王晓梅：《中国式私募股权投资基金经营风险防范与控制》，《广西民族师范学院学报》2017年第6期，第64—67页。

54. 王敏：《论区域性股权市场的制度构建》，《湖南社会科学》2014年第

6 期，第 182—185 页。

55．王媛：《美国私募股权基金退出机制对我国的启示》，《新金融》2015年第 10 期，第 33—37 页。

56．谢胜强：《种子期风险投资项目的风险分布与风险控制研究》，《科学学与科学技术管理》2003 年第 5 期，第 83—86 页。

57．谢世清、李四光：《中小企业联保贷款的信誉博弈分析》，《经济研究》2011 年第 1 期，第 97—111 页。

58．邢会强，孙红伟：《同洲电子：中国风险投资首个成功案例》，《国际融资》2009 年第 10 期，第 40—43 页。

59．邢天才：《我国多层次资本市场体系的构建与发展思路》，《财经问题研究》2003 年第 3 期，第 26—30 页。

60．杨锴：《风险投资投后管理探究》，《中国物价》2011 年第 2 期，第37—40 页。

61．杨蕾：《美国私募股权投资发展对我国的启示》，《中小企业管理与科技》2016 年第 8 期，第 21—22 页。

62．杨中尉、孙克任：《我国私募股权投资的差别化发展》，《金融发展研究》2010 年第 2 期，第 52—53 页。

63．虞思明．德国风险投资退出机制研究》，《当代财经》2015 年第 5 期，第 57—65 页。

64．喻玲：《运用声誉激励机制破解卡特尔的稳定性》，《法商研究》2010年第 1 期，第 132—140 页。

65．袁华江：《中国矿业融资的经济选择：夹层融资》，《石家庄经济学院学报》2010 年第 2 期，第 45—49 页。

66．曾蔚、游达明：《基于联合风险投资的创业智力资本导入机理研究》，《财务与金融》2011 年第 6 期，第 24—29 页。

67．曾蔚、游达明、刘爱东等：《联合风险投资的价值溢出机理与案例分析》，《研究与发展管理》2008 年第 4 期，第 101—105 页。

68．曾云：《海外并购中知识产权尽职调查之重点》，《电子知识产权》2010 年第 6 期，第 27—30 页。

69. 张婕、于瑾凯：《我国风险投资阶段选择的博弈分析》，《云南财经大学学报》2007 年第 2 期，第 40—45 页。

70. 张绍岩：《商业银行与私募股权投资机构的竞争与合作》，《经济研究参考》2014 年第 20 期。

71. 张永敬：《刍议我国中小企业发展面临的困境与突破》，《经济研究参考》2012 年第 23 期，第 91—93 页。

72. 张亦春、林木顺：《我国私募股权基金退出方式偏好与障碍分析》，《现代管理科学》2012 年第 9 期，第 7—9 页。

73. 赵广财：《我国风险投资后管理中存在的问题及对策》，《学术交流》2004 年第 9 期，第 114—117 页。

74. 赵骏、于野：《论私募股权基金在我国企业海外投资中的角色与作用》，《浙江大学学报（人文社会科学版）》2011 年第 1 期，第 103—113 页。

75. 赵林、赵湘怀：《融资方式与风险投资企业的治理——对"有限合伙制"的一种解读》，《财经科学》2003 年第 3 期，第 43—47 页。

76. 赵英杰、张亚秋：《JOBS 法案与美国小企业直接融资和监管制度变革研究》，《金融监管研究》2014 年第 2 期，第 88—104 页。

77. 赵振宇、周海：《我国私募基金的风险防范》，《中国金融》2008 年第 23 期，第 69—70 页。

78. 周永坤、王国建：《外资私募股权投资基金问题研究》，《上海金融》2009 年第 2 期，第 53—55 页。

79. 朱鸿伟、姚文燕：《我国私募股权投资退出决策研究——基于 2003—2012 年，数据的 Logit 模型分析》，《南方金融》2014 年第 1 期，第 71—76 页。

五、中文译著

1. 布罗代尔：《15 至 18 世纪的物质文明、经济和资本主义》（第 2 卷），顾良译，施康强校，三联书店 1993 年版。

2. 弗朗斯瓦·魁奈：《魁奈〈经济表〉及著作选》，宴智杰译，华夏出版社 1981 年版。

3. 凯恩斯：《就业、利息和货币通论》，徐毓枏译，商务印书馆 1983

年版。

4. 李嘉图：《政治经济学及赋税原理》，周洁译，华夏出版社 2005 年版。

5. 庞巴维克：《资本实证论》，陈端译，商务印书馆 2009 年版。

6. 马尔萨斯：《政治经济学原理》，厦门大学经济系翻译组译，商务印书馆 1962 年版。

7. 马克思：《资本论（第一卷）》，人民出版社 2004 年版。

8. 马克思：《资本论（第二卷）》，人民出版社 2004 年版。

9. 马克思：《资本论（第三卷）》，人民出版社 2004 年版。

10. 萨谬尔森·诺德豪斯：《经济学（第十六版）》，萧琛等译，华夏出版社 1999 年版。

11. 萨伊：《政治经济学概论》，陈福生、陈振骅译，商务印书馆 1963 年版。

12. 西奥多·舒尔茨：《对人进行投资》，吴珠华译，商务印书馆 2017 年版。

13. 西尼尔：《政治经济学大纲》，萧受百译，商务印书馆 2009 年版。

14. 希克斯：《经济学展望》，余皖奇译，商务印书馆 1986 年版。

15. 威廉·配第：《赋税论》，邱霞、原磊译，华夏出版社 2006 年版。

16. 亚当·斯密：《国民财富的性质与原理（一）》，赵东旭、丁毅译，中国社会科学出版社 2007 年版。

17. 亚当·斯密：《国民财富的性质与原理（二）》，赵东旭、丁毅译，中国社会科学出版社 2007 年版。

18. 亚当·斯密：《国民财富的性质与原理（四）》，赵东旭、丁毅译，中国社会科学出版社 2007 年版。

19. 亚里士多德：《政治学》，吴寿彭译，徐大同选编，商务印书馆 2006 年版。

20. 约翰·肯尼思·加尔布雷思：《权力的分析》，陶远华、苏世军译，河北人民出版社 1988 年版。

21. 詹姆斯·穆勒：《政治经济学要义》，吴良健译，商务印书馆 2010 年版。

六、英文资料

1. Acharya V. V., Gottschalg O. F., Hahn M., et al., "Corporate governance and value creation: Evidence from private equity", *The Review of Financial Studies*, 2013, Vol. 26, No. 2, pp. 368—402.

2. Bloom N., Sadun R., Van Reenen J., "Do Private Equity Owned Firms Have Better Management Practices?", *The American Economic Review*, 2015, Vol. 105, No. 5, pp. 442—446.

3. Cumming D., Helge H., Schweizer D., "Private equity benchmarks and portfolio optimization", *Journal of Banking & Finance*, 2013, Vol. 37, No. 9, pp. 3515—3528.

4. Cumming D., Walz U., "Private equity returns and disclosure around the world", *Journal of International Business Studies*, 2010, Vol. 41, No. 4, pp. 727—754.

5. Cumming D., Fleming G., Johan S. A., "Institutional Investment in Listed Private Equity", *European Financial Management*, 2011, Vol. 17, No. 3, pp. 594—618.

6. De Bettignies J. E., Brander J. A., "Financing entrepreneurship: Bank finance versus venture capital", *Journal of Business Venturing*, 2007, Vol. 22, No. 6, pp. 808—832.

7. Fang L., Ivashina V., Lerner J., "The disintermediation of financial markets: Direct investing in private equity", *Journal of Financial Economics*, 2015, Vol. 116, No. 1, pp. 160—178.

8. Gompers P., Lerner J., "An analysis of compensation in the US venture capital partnership", *Journal of Financial Economics*, 1999, Vol. 51, No. 1, pp. 3—44.

9. Harris R. S., Jenkinson T., Kaplan S N., "Private equity performance: What do we know", *The Journal of Finance*, 2014, Vol. 69, No. 5, pp. 1851—1882.

10. Hellmann T., Puri M., "Venture capital and the professionalization of

start - up firms: Empirical evidence", *The journal of finance*, 2002, Vol. 57, No. 1, pp. 169—197.

11. Katz S. P., "Earnings Quality and Ownership Structure: The Role of Private Equity Sponsors", *The Accounting Review*, 2009, Vol. 84, No. 3, pp. 623—658.

12. Kaplan S. N., Schoar A., "Private equity performance: Returns, persistence and capital flows", *The Journal of Finance*, 2005, Vol. 60, No. 4, pp. 1791—1823.

13. Kaplan S. N., Strömberg P., "Leveraged buyouts and private equity", *The Journal of economic perspectives*, 2009, Vol. 23, No. 1, pp. 121—146.

14. Keasey K., Wright M., "Issues in corporate accountability and governance: An editorial", *Accounting and business research*, 1993, Vol. 23, No. 91A, pp. 291—303.

15. Kelly R., "Drivers of private equity investment activity: are buyout and venture investors really so different?", *Venture Capital*, 2012, Vol. 14, No. 4, pp. 309—330.

16. Kortum S., Lerner J., "Assessing the contribution of venture capital to innovation", *The RAND journal of Economics*, 2000, Vol. 31, No. 4, pp. 674—692.

17. Leeds R., Sunderland J., " Private Equity Investing in Emerging Markets", *Journal of Applied Corporate Finance*, 2003, Vol. 15, No. 4, pp. 111—119.

18. Lee P. M., Wahal S., " Grandstanding, certification and the underpricing of venture capital backed IPOs", *Journal of Financial Economics*, 2004, Vol. 73, No. 2, pp. 375—407.

19. Lerner J., Leamon A., Hardymon F., "Venture capital, private equity, and the financing of entrepreneurship", John Wiley & Sons 2012.

20. Lerner J., Schoar A., "The illiquidity puzzle: theory and evidence from private equity", *Journal of Financial Economics*, 2004, Vol. 72, No. 1, pp. 3—40.

21. Lerner J., Sorensen M., "Strömberg P. Private equity and long—run investment: The case of innovation", *The Journal of Finance*, 2011, Vol. 66, No. 2, pp. 445—477.

22. MacMillan I. C., Kulow D. M., Khoylian R. "Venture capitalists' involvement in their investments: Extent and performance", *Journal of business venturing*, 1989, Vol. 4, No. 1, pp. 27—47.

23. Mason C., "Editorial Venture capital: Rationale, aims and scope", *Venture capital*, 1999, Vol. 1, No. 1, pp. 1—46.

24. Meles A., Monferrà S., Verdoliva V., "Do the effects of private equity investments on firm performance persist over time?", *Applied Financial Economics*, 2014, Vol. 24, No. 3, pp. 203—218.

25. Mietzner M., Schweizer D., "Hedge funds versus private equity funds as shareholder activists in Germany—differences in value creation", *Journal of Economics and Finance*, 2014, Vol. 38, No. 2, pp. 181—208.

26. Peneder M., "The impact of venture capital on innovation behaviour and firm growth", *Venture Capital*, 2010, Vol. 12, No. 2, pp. 83—107.

27. Phalippou L., Gottschalg O., "The performance of private equity funds", *The Review of Financial Studies*, 2009, Vol. 22, No. 4, pp. 1747—1776.

28. Sorensen M., Wang N., Yang J Q., "Valuing private equity", *The Review of Financial Studies*, 2014, Vol. 27, No. 7, pp. 1977—2021.

29. Talmor E., Vasvari F., "International private equity", John Wiley & Sons, 2011.

30. Weir C., Jones P., Wright M., " Public to private transactions, private equity and financial health in the UK: an empirical analysis of the impact of going private", *Journal of Management & Governance*, 2015, Vol. 19, No. 1, pp. 91—112.

31. Yates G., Hinchliffe M., "A practical guide to private equity transactions", *Cambridge University Press*, 2010.

后 记

本书是在 2012 年度国家社会科学基金一般项目"我国私募股权资本的运行机理研究"（项目编号：12BJL020）课题成果的基础上整理、修改而成的。

《我国私募股权资本的运行机理研究》一书是集体智慧的结晶。首先，要感谢多年来培养我的老师，感谢他们为我"传道、授业、解惑"。其次，要感谢课题组全体成员以及参与资料收集、文字校对的成员，感谢他们的辛勤劳动。成果的出版是课题组全体成员共同努力的结果，就具体工作而言，贵州师范大学经济与管理学院李靖主要负责课题的设计与统筹安排，并负责全书 96％以上内容的撰写；课题组成员郭红梅参与了本书资料的收集与整理；康文峰参与了第五章、第六章部分内容的撰写，本书采用 3000 字左右；王飞参与了第二章、第三章部分内容的撰写，本书采用 4000 字左右；李桢参与了第四章、第七章部分内容的撰写，本书采用 4000 字左右；陶刚博士校对了本书的部分数学公式；贵州师范大学经济与管理学院研究生马静霞、李腊梅、万云丹、严杰、肖萍、谢静、赵泽鑫参与了本书文字的校对。

此外，本书的出版得到了遵义师范学院院长刘肇军教授、贵州师范大学经济与管理学院党委书记陈橡教授、院长吕萍教授、王立伟副教授、贵州师范大学学报编辑部主任唐昆雄教授、副主任彭国胜教授、贵州师范大学社科处处长杨斌教授、副处长胡安徽教授、贵州省社科规划办副主任钟西辉老师等领导、同事与朋友的无私关怀；得到了贵州师范大学社科处、财务处等部门的周到服务；得到了独立经济学家鲍银胜博士的鼎力相助，在此表示由衷的感谢。

感谢人民出版社对本书的出版给予大力支持，人民出版社新学科分社社长陈寒节老师、责任编辑王艾鑫老师以及装帧设计徐晖老师等领导与编辑的耐心指导和细心校对，使本书增色不少。

本书对我国私募股权资本的运行机理进行研究，借鉴参考了国内外大量文献资料研究成果，在书后的参考文献中列出或在文中用脚注标注，我们对所有的文献作者一并表示感谢。由于各方面条件的限制，特别是本人的水平有限，书中所涉及的内容、观点、资料、数据与案例的疏漏与不足在所难免，敬请专家、学者不吝赐教。

李　靖

2019 年 4 月